농촌
다문화가정
결혼이주여성의
지역사회
참여 연구

이 저서는 2008년 정부(교육과학기술부)의 재원으로
한국학술진흥재단의 지원을 받아 수행된 연구임
(KRF – 2008 – 332 – B00251)

농촌
다문화가정
결혼이주여성의
지역사회
참여 연구

이형하 지음

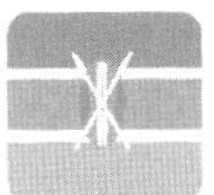

이담 Books

한국 남성의 국제결혼이 급증하면서 결혼을 통해 한국으로 이주해 오는…

한국 남성의 국제결혼이 급증하면서 결혼을 통해 한국으로 이주해 오는 여성결혼이민자에 대한 사회적 관심이 매우 높아지고 있다. 특히, 여성결혼이민자의 출신국가도 이전에는 일본과 중국이 다수를 이루었으나, 2000년 이후부터는 베트남, 필리핀, 러시아, 태국, 몽골, 우즈베키스탄 등으로 다양해지고 있다. 그러나 결혼이주여성의 또 다른 이름인 다문화여성과 관련한 담론 뒤에는 여전히 개발도상국 출신의 결혼이주여성에 대한 무지와 편견이 자리하고 있음을 부인할 수 없는 것이 현실이다. 더구나 '위장결혼'에 대한 가족의 우려는 결혼이주여성의 외부활동 참여를 어렵게 하며, 그것은 곧 결혼이주여성의 한국어 교육이나 한국문화의 이해교육에 참여할 수 있는 기회를 박탈하고, 자조적인 네트워크 형성을 가로막는 요인이 되고 있다. 특히, 동남아시아 국가를 비롯한 제3세계 출신의 여성에 대한 강한 차별현상 때문에 이들의 남성배우자나 가족은 결혼이주여성이 외부세계에 노출되는 것을 싫어하여 심지어 외부세계와의 분리와 단절이라는 경계망을 만들어 결국 그들의 국내 적응을 어렵게 하고 있다. 또한 결혼이주여성의 경우 한국 사회가 지닌 가정이라는 독특한 사적 영역 안에서 남편이나 시댁식구들과의 종속적인 관계가 성립되며, 사회적인 차원에서도 일방적인 한국문화의 학습을 요구받고 동화를 강요받게 된다. 이러한 측면에서 결혼이주여성은 지역사회로부터 한국문화의 동질성 학습에 대한 강요를 받으면서 동시에 지역사회의 이웃들로부터 제한된 교류나 심지어 고립이라는 이율배반적인 고통을 겪게 되고, 지역사회 참여나 활동에 어려움을 경험하면서 지역사회의 유용한 자원으로의 접근마저 어려운 실정이다. 따라서 이 책에서는 결혼이주여성이 경험하는 삶의 공간으로서의 지역사회에 대한 생각, 사회적 연결망(social network)을 통해 새로운 사회적 자본의 형성과 확대의 공간으로서의 지역사회의 체험, 문화적 차이와 편견으로 인한 갈등의 장으로서의 지역사회와 단절과 배제의 경험에 대한 체계적 접근 그리고 이러한 문제해결을 위한 실천방안을 제시하고자 하였다. 또한, 질적 연구방법인 근거이론을 활용해서 결혼이주여성이 생활세계로서의 지역사회에 정착해 나가는 과정에 대한 체계적이고 다면적인 이해를 위해 그들이 가진 생각의 창을 통해 조망하고 재해석하여 지역사회복지 실천의 장에서 활용 가능한 함의를 제공하는 데 그 의의가 있다 하겠다.

이 책은 2008년 정부(교육과학기술부, KRF - 2008 - 332 - B00251)의 재원으로 한국학술진흥재단의 지원을 받아 수행된 결과이다. 비록 연구결과는 본 저자의 책임이지만, 연구과정에 많은 교수님과 학문적 선배, 그리고 결혼이주여성들의 도움이 있었기에 가능한 일이었다. 우선 결혼이주여성과 관련한 다문화 분야에 있어 들어가는 길을 열어 후학들의 배움과 실천의 단초를 제공하신 평택대학교 김범수 교수님께 감사를 올린다. 농촌지역 총체적 다문화 분야의 연구항로에 좌표를 설계하고 항해 중인 동신대학교 조원탁 교수님의 한결같은 격려와 지지도 너무나 큰 힘이 되어 주었다. 2009년 베트남

Vision Trip 문화활동에 참여하고 베트남 사회와 문화에 대한 이해의 지평을 넓혀준 광주대학교 이용교 교수님의 따뜻한 실천력도 저자에게 남겨진 본받아야 할 과제이다. 처음 질적 연구에 입문하여 허우적거리는 저자를 질적 연구의 깊고 넓은 바다로 안내해 주신 침례신학대학교 권지성 교수님, 사회복지 질적연구회원으로 활동하며 질적연구로 박사학위논문을 진행한 조선대학교 주영신 박사님의 조언도 큰 도움이 되었다. 연구원으로 활동하며 인터뷰와 개념정리에 꼼꼼하고 세심한 능력을 보여준 한을희 연구원의 여러 계절에 걸친 수고로움을 소중하게 간직하고 싶다. 또한, 인터뷰에 동행하고 내용을 전사하느라 뜬눈으로 밤을 지새운 이춘화 학생에게도 고마움을 전한다. 인터뷰 대상 소개를 본인의 일처럼 여기고 도움을 주신 나명희 영암행복한가정상담소 소장님, 홍기술 전 나주시다문화가족지원센터장님, 장성군다문화가족지원센터 직원 여러분의 도움이 있었기에 이 책이 나올 수 있었다. 무엇보다도 이 책의 주인공은 인터뷰에 응해준 16명의 결혼이주여성이다. 이분들의 진솔한 이야기와 희망들이 현실로 실현되어 함께 살아가는 다문화지역사회 공동체가 실현되는 날이 가까워질 수 있도록 열심히 연구하고 노력할 것이다. 이 책이 나올 때까지 긴 날 동안 거친 원고를 읽어주고 교정을 도와준 아내 송선화 님에게도 고마움을 전하고 싶다.

흔쾌히 출판을 맡아주고 학술연구원고로 품격을 올려준 문진현 선생님과 한국학술정보(주) 관계자 여러분께 마음 깊이 감사함을 전한다.

2010년 5월
어등산 자락에서
이 형 하

연구요약

본 연구의 목적은 농촌지역 결혼이주여성의 지역사회 참여과정에 대한 의미와 본질을 밝힘으로써 이들의 경험에 대한 공감적 토대에 기반한 실체이론을 개발하고자 한다. 이러한 연구목적을 달성하기 위해 한국에서 생활한 지 3년 이상 된 결혼이주여성 14명을 연구 참여자로 선정하여 심층면접을 통한 질적연구를 수행하였다. 자료분석은 질적연구 방법 중 Strauss와 Corbin(1998)이 제시한 근거이론 패러다임 모형에 따라 결혼이주여성의 지역사회 참여과정에서의 경험과 참여유형에 대해 살펴보았다.

연구 참여자들과 심층면접을 통해 얻은 원자료를 이론적 민감성을 가지고 지속적 비교방법을 통해 개방코딩을 한 결과 총 13개의 범주와 27개의 하위범주 그리고 71개의 개념을 추출하였다. 축코딩의 경우 패러다임 절차에 따라 분석한 결과, 농촌지역 결혼이주여성의 지역사회 참여과정에서의 인과적 조건은 '국제결혼을 선택함', '현실문제에 직면함'이었고, 중심현상은 '지역사회활동에 참여함'이었다. 이러한 현상에 영향을 미치는 맥락적 조건은 '국제결혼을 후회함', '갈등을 경험함', '부정적 선입견으로 바라봄'으로 나타났고, 작용/상호작용 전략으로는 '삶의 돌파구 찾기', '적응해 나감'이었다. 중심현상에 대한 작용/상호작용 전략을 촉진시키거나 억제하는 중재적 조건은 '사회적 지지체계', '지역적 한계'로 나타났으며, 그 결과 농촌지역 결혼이주여성의 지역사회 참여과정은 '미래를 준비함', '지속적 사회활동을 희망함', '공적 지원체계에 기대를 가짐’으로 나타났다.

농촌지역 결혼이주여성의 지역사회 참여과정에 대한 과정분석은 ‘현실문제 직면 과정’, ‘삶의 돌파구 찾기 과정’, ‘미래를 위한 준비 과정’의 3단계로 나타났다. 유형분석을 실시한 결과 ‘자기성장 주도형’, ‘현실 안주형’, ‘유동형’, ‘사회적 지원 기대형’의 네 가지의 유형으로 구분되었다. 이러한 연구결과를 토대로 농촌지역 결혼이주여성의 지역사회 참여 단계별 사회복지실천 개입방안과 참여 유형별 사회복지서비스 개입전략을 논의하였다.

본 연구결과는 농촌지역 결혼이주여성들이 지역사회 참여를 통해 새로운 사회에서의 현실의 어려운 여건을 극복하고 미래설계를 위한 삶의 돌파구를 모색하고 적응해 나가기 위한 실체이론 개발에 기여하고, 지역사회 차원에서 결혼이주여성을 위한 구체적이고 실질적인 사회복지 실천적 개입방안을 마련하고 구축하는 데 기여할 것이다.

결혼이주여성이 경험하는 삶의 공간으로서의 지역사회에 대한 생각, **사회적 연결망(social network)**을 통해 새로운 사회적 자본의 형성과 확대의 공간으로서의 **지역사회의 체험, 문화적 차이와 편견으로 인한 갈등**의 장으로서의 지역사회와 단절과 배제의 경험에 대한 체계적 접근 그리고 이러한 문제해결을 위한 실천방안을 제시하고자 하였다.

CONTENTS

01

서론

오늘날 우리가 살고 있는 사회는 국가간 **경제, 정치, 문화, 사회참여** 등 활동공간의 지리적 장벽이 무너지는 세계화의 흐름 속에 국가와 인종의 경계를 가로질러 서로 다른 국적, 인종, 성별, 계급, 문화적 상징자본을 가진 두 개인이 결합되는 초국가적(transnational) 성격의 결혼 가능성이 더욱 확대되고 있다.

제1절 연구의 필요성

농촌지역에서 까만 피부와 큰 눈을 가진 결혼이주여성들이 오토바이를 타고 마을 어귀를 지나는 모습이 더 이상 낯설지 않다. 베트남 신부가 마을주민 그리고 시어머니와 자연스럽게 어울리는 일상도 TV에 자주 방영되고 있다. 이들 여성들은 초기 정착단계를 지나 이제 마을 부녀회장까지 맡아 앞장서서 노인들을 돌보는 등 주도적인 역할을 담당하고 있다(경남일보, 2007. 12. 24).

오늘날 우리가 살고 있는 사회는 국가 간 경제, 정치, 문화, 사회참여 등 활동공간의 지리적 장벽이 무너지는 세계화의 흐름 속에 국가와 인종의 경계를 가로질러 서로 다른 국적, 인종, 성별, 계급, 문화적 상징자본을 가진 두 개인이 결합되는 초국가적(transnational) 성격의 결혼 가능성이 더욱 확대되고 있다. 국경을 넘어 이루어지는 국제결혼은 언어와 일상생활은 물론 가족관계와 새로운 사회의 적응에 필요한 재문화화(re-culturalization)[01]를 위한 상당한 노력을 경

---

[01] 문화적 다양성에 대한 관심의 계기를 제공한 외국인 이주민은 한국사회와 보다 본격적이고 긴밀한 관계를 형성해가야 하는 존재들로 주류사회로서나 이주민 자신들로서나 일정한 과정을 통해 주류사회에 통합될 것으로 기대된다. 이러한 이주자들은 출신문화의 특수성을 전면적으로 내세우거나 유지하기보다는 사회통합의 전제 조건이 되는 문화의 습득 또는 재문화화에 관심의 초점을 두고 있다. 결혼이주여성들의 한국어와 한국문화에 대한 관심, 재문화화를 위한 노력은 이러한 점을 단적으로 보여준다(김이선, 2008: 10).

주하였음에도 불구하고 출신사회에서처럼 완전한 사회적 존재로서 인정받지 못한 채 심리적으로 위축되고 사회적 활동에도 상당한 어려움을 겪게 된다.

우리나라는 1990년대 들어서면서 외국인 노동자를 중심으로 다문화 이주자들이 본격적으로 유입되기 시작하였고, 2000년대에는 국제결혼 이주자의 증가로 이들 다문화 이주자의 수는 2008년 초에 이미 전체 인구의 2%를 넘어설 정도로 규모가 커졌다. 최근 몇 년 사이에 발생한 이러한 급격한 변화는 우리나라도 이제 다문화 사회[02]로 진입하고 있다는 증거이다(지종화 외, 2009: 472).

한국 남성의 국제결혼이 급증하면서 결혼을 통해 한국으로 이주해 오는 여성결혼이민자에 대한 사회적 관심이 매우 높아지고 있다. 특히, 여성결혼이민자의 출신국가도 이전에는 일본과 중국이 다수를 이루었으나, 2000년 이후부터는 베트남, 필리핀, 러시아, 태국, 몽골, 우즈베키스탄 등 출신 국가도 다양해지고 있다. 이러한 동남아시아 지역출신 여성의 이주화(feminization of immigration)라는 특징과 국가 간 지역 간의 불균등한 경제적 발전 안에는 인종, 계급, 젠더 등의 관계가 복잡하게 얽혀 있다.

통계청의 『2006년도 혼인·이혼 통계 결과』에 따르면, 2006년 외국인과 혼인은 39,690건으로 2005년 43,121건에 비해 7.96% 감소(3,431건)하였으나 2000년 이후 지속적으로 증가하고 있는 추세이다. 2006년도 국제결혼 중 한국 남성과 외국 여성의 혼인은 총 30,208

---

02 최근 법무부 정책자료에 따르면 다문화 사회란 "언어, 종교, 관습, 가치관, 국적, 인종, 민족 등 다양한 문화적 배경을 지닌 이민자 등이 사회구성원으로 참여하여 이루어진 사회"를 뜻하는 것으로 규정하고 있다(장지표, 2008: 1-2). 보다 구체적으로 문화적 차이를 기초로 한 주류집단과 소수자 집단이 구분되고 이들 간의 관계 구조나 그 속에서 집단의 위상과 소수집단의 가치가 투여된 문화 등이 중요한 관심사로 등장한 사회라고 할 수 있다. 현실적으로 정책의 영역에서 사용되는 '다문화'는 이주민 집단의 존재나 이와 함께 일어나는 사회구성의 변화 등 객관적 측면을 과연 어떻게 받아들이고 그러한 변화에 어떤 가치를 부여할 것인가의 차원과 연관되기도 한다(장미혜 외, 2008: 36-37).

건으로 국제결혼의 76.1%를 차지하고 있고, 한국 여성과 외국 남성의 혼인은 총 9,482건으로 23.9%를 차지하고 있다.

국제결혼을 통해 이주하는 여성들의 이주 동기는 잘사는 국가에서 시민권을 얻고 가난한 가족에게 경제적 도움을 주기 위한 것으로 설명된다(Smith and Kaminskas, 1992; Hofstede, 1996; Imamura, 2000; 김오남, 2006: 6 재인용). 이는 남성의 경제력과 여성의 성적 교환을 통한 거래로서의 결혼이 국제결혼의 상품화와 결합되면서 이주여성을 열악하고 약한 위치에 놓이게 하였다. 물론 글로벌(global) 차원의 국가 간 위계가 아시아 저개발 국가의 여성과 한국이나 대만과 같은 아시아 신흥 부유국의 남성들의 결혼을 구조화하는 유일한 요소는 아니다. 이들의 결혼은 국가 간 경제적 불균형뿐 아니라 여성 본국의 노동시장, 그리고 아시아 지역의 로컬(local) 가부장제가 서로 복잡한 방식으로 상호 교직하는 과정을 통해 구조화된다(김은실·김정선, 2007: 205).

개발도상국 출신의 결혼이주여성에 대한 무시나 편견은 가족 구성원만이 아니라 이웃과 많은 한국인들에 의해 이루어지고 있다. 생활방식이나 사고방식의 차이로 인한 상황임에도 불구하고 결혼이주여성들은 못사는 나라 출신이므로 문화적으로 열등하고 머리가 나쁘다는 근거 없는 무시와 구박을 당하기도 한다. 또 이들이 무조건 돈을 위해 한국에 온 사람이라고 생각하거나 도망을 갈 것이라는 생각, 일방적으로 불쌍한 사람들이라는 인식을 하고 그에 근거하여 이들의 행동을 해석하기도 한다(김영주, 2006: 41-42). 더구나 '위장결혼'에 대한 가족원의 우려는 결혼이주여성의 외부활동 참여를 어렵게 하며, 그것은 곧 결혼이주여성의 한국어 교육이나 한국문화의 이해 교육에 참여할 수 있는 기회를 박탈하며, 외부지원 네트워크 형성을 가로막고 있다(박재규·이윤애, 2005). 특히, 동남아시아 국가를 비롯한 제3세계 출신의 여성에 대한 강한 차별현상 때문에 이들의 남성배우자나 가족원은 결혼이주여성이 외부세계에 노출되는 것을 싫어하여 외부세계와 단절을 자초하여 결국 국내 적응을 어렵게 하고 있다(박재규, 2006). 또한 결혼이주여성의 경우 한국사회가 지닌 가정이라는 독특한 사적 영역 안에서 남편이나 시댁식구들과 종속적인 관계가 성립되며 사회적인 차원에서도 일방적인 한국문화의 학습을 요구받고 동화(assimilation)[03]를 강요받게 된다.

결혼이주여성들은 환경체계들과도 반자의적으로 고립되어 생활하고 있다. 즉 이웃을 만들기 힘들며, 친해지고자 하여도 한국어가 서툴러 접근하기 부끄러워하고, 벽이 있어 친해지기 어려움을 경험하며 외국인이라 차별하는 이웃은 필요 없다며 스스로 거리감을 두기도 한다(구차순, 2007: 135). 이러한 결과로 한국인 이웃과는 매우 제한된 교류를 가질 수밖에 없게 되어 지역사회로부터 멀어지는 경험을 하게 된다. 이러한 측면에서 결혼이주여성은 지역사회로부터의 한국문화의 동질성 학습에 대한 강요를 받음과 동시에 지역사회의 이웃들로부터 제한된 교류나 심지어 고립이라는 이율배반적인 고통을 겪게 되면서 지역사회 참여나 활동에 어려움을 경험하고 결과적으로 지역사회의 유용한 자원접근마저 어렵게 만든다.

한편, 후기 산업사회의 중요한 특징의 하나는 인구 대부분이 도시에서의 삶을 영위하는 도시성에 있다. 글로벌 시대 도시는 초국가적인 정보, 자본, 하이테크놀로지, 문화, 소비, 여가와 더 나아가 네트워크의 중심으로서 과잉 부유화의 이미지를 지니며, 농촌은 주변화된 공간의 인구를 빠르게 흡입해 내고 있다(김은실·김정선, 2007: 201). 특히 일부 농촌지역의 경우 지역경제의 저발전과 여성의 도시 이동으로 성비 불균형을 초래하여, 농촌지역 남성의 결혼문제가 농촌 지

---

03 사전적 의미로 동화란 '비슷하게 되어 가는 과정'(Cashmore, 1996: 43)을 의미한다. 이주와 관련해서는 이주민 집단이 주류 사회에 순응적으로 편입되어 주류 문화를 받아들이고 문화적으로 동질성을 가지게 되는 과정을 말한다(최명민 외, 2009: 65).

역사회 내부적으로 해결될 수 없는 구조적 한계에 직면하자 그 대안으로서 외국인 여성과의 결혼을 고려하게 되었고, 일부 지방자치단체는 농촌 노총각의 국제결혼을 장려하는 상황에 이르렀다(박재규, 2006: 68 - 69). 이와 함께 한국어를 배울 기회조차 없이 한두 차례의 만남으로 결혼하고 국내에 들어온 경우, 의사소통의 문제를 비롯한 한국의 가부장제적 성문화와 가족관계를 이해하는 데 걸림돌로 작용하게 되며, 외부세계와의 단절을 경험하면서 한국사회의 적응이 어려워지는 요인으로 작용한다.

따라서 결혼이주여성이 삶의 공간으로서의 지역사회에 대한 생각, 사회적 연결망(social network)을 통해 새로운 사회자본04의 형성과 확대의 공간으로서의 지역사회의 체험, 문화적 차이와 편견으로 인한 갈등의 장으로서의 지역사회와의 단절과 배제의 경험에 대한 체계적 접근 그리고 이러한 문제해결을 위한 연구가 필요한 시점이다. 더욱이 국제결혼이 증가하고 한국사회가 다문화사회로 급변하면서 이제 결혼이민자들은 장기간 내지 영구적으로 한국사회에 거주하면서 사회적으로 일정한 역할을 수행하고 사회 발전에 참여하는 주체로서의 역할이 기대되고 있다. 이들이 한국생활에 원활히 적응하여 사회 구성원으로서의 역할을 확고히 하는 것은 단지 결혼이민자 개인이나 가족단위의 문제가 아니라 사회적 차원에서도 중요한 과제로서 정책적 대응이 필요한 부분이다(장명선, 2008: 4).

그러나 결혼이주여성의 한국사회 적응에 관한 연구동향을 보면 국제

---

04 사회자본 개념의 현대적 출현은 1960년대 초 미국의 경제학자인 존슨(Johnson, 1960), 슐츠(Schultz, 1961), 베커(Becker, 1962; 1964) 등이 인적자본이라는 개념을 도입하고, 이들과 비슷한 시기에 Bourdieu(1967)가 문화자본(cultural capital)이라는 개념을 사용하기 시작한데서 연원한다. Bourdieu는 문화자본 개념을 발전시켜 나가다가 1980년대 들어 사회자본이라는 개념을 소개하였다. 체계적인 학술개념으로 가장 먼저 사회자본 개념을 소개하고, 이를 이론적으로 규정한 Bourdieu는 사회자본을 "지속적인 네트워크 혹은 상호면식이나 인정이 제도화된 관계, 즉 특정한 집단의 구성원이 됨으로써 획득되는 실제적인 혹은 잠재적인 자원의 총합"이라고 정의하였다(박세경 외, 2008: 28).

결혼을 한 여성이 겪는 어려움에 관한 연구(강유진, 1999; 양철호 외, 2003; 신경희, 2004; 윤형숙, 2004; 임경혜, 2004; 신란희, 2005; 이태옥, 2005; 최금해, 2005), 국제결혼가정의 부부 만족도와 부부 갈등요인 등에 관한 연구(권복순·차보현, 2006; 김오남, 2006; 박재규, 2006; 양순미, 2006), 문화적 적응에 관한 연구(김이선 외, 2006; 최금해, 2006; 구차순, 2007) 등이 주류를 이루었다. 또한 정부와 지방자치단체의 연구는 실태조사와 거시적 측면에서의 정책지원 방안 연구(설동훈, 2005)가 주류를 이루면서 거주지역의 차이에 따른 삶의 질의 문제에 대한 연구는 부족한 편이다. 이러한 선행연구들은 결혼이주여성의 지역성을 고려하지 않고 연구된 결과들이다. 부언하자면, 결혼이주여성이 지역사회에서 어떻게 적응하고 살아가는지, 이들이 느끼고 있는 지역사회 참여의 장애요소가 무엇인지, 이들이 살아가고 있는 지역공동체에 적극 참여할 수 있는 지역사회 차원의 개입방법에 대한 연구는 매우 미흡한 실정이다. 이렇게 이전에 연구하지 않은 영역을 연구하는 데는 근거이론 연구가 유용한 연구방법 중 하나이다(신경림·김미영 역, 2003, Scheriber and Stern).

근거이론의 목적은 이론을 발전시키는 데에 있는데, 현상에 적합한 개념들이 아직 확인되지 않고 개념 간의 관계에 대한 이해가 부족하거나 특정한 현상에 대하여 적합한 변수와 그렇지 않은 변수들이 구체화되지 않은 경우에 현장의 자료를 기반으로 하여 기존의 이론적 기반이 갖추어지지 않은 분야들이나, 기존이론이 있으나 수정되거나 명확화 할 필요가 있는 분야에 적용될 수 있다(최금해, 2007). 또한 근거이론의 철학적 배경이 되는 상징적 상호작용론이 갖고 있는 언어와 상징을 매개로 결혼이주여성이 이웃과의 새로운 관계를 설정하고, 자신의 반응을 조절하는 과정을 통해 다양한 지역사회 참여경험을 포착하는 데는 그 어떤 방법보다 근거이론이 적절하다고 판단된다.

따라서 본 연구에서는 근거이론 방법을 활용하여 결혼이주여성의 주체적인 입장에서 진술한 지역사회 참여과정에 대한 경험을 토대로 이들이 한국사회에 적응해 나가는 과정에 관한 이론적 틀을 제시할 수 있을 것이다. 또한 지역사회 차원에서도 결혼이주여성의 주관적인 경험에 대한 공감적 이해는 지금까지의 결혼이주여성에 대한 무시와 무지의 단계에서 벗어나 참여와 동행의 계기를 마련하고 지역사회 참여과정에 대한 사회복지적 지원을 위한 논의의 확대와 기초지식 마련에 기여할 수 있을 것이다. 또한, 실천가들이 결혼이주여성에 대한 지역사회 주민과의 관계를 개발하는 데에 실천적 토대를 마련할 것으로 기대된다.

제2절 연구의 목적과 연구 질문

본 연구는 근거이론 연구 방법을 사용하여 농촌지역 결혼이주여성의 지역사회 참여과정에 대한 의미와 본질을 밝힘으로써 이들의 경험에 대한 공감적 토대에 기반한 실체이론을 개발하고자 한다. 나아가 결혼이주여성의 지역사회 참여과정에 대한 주관적인 경험을 시계열적·공감적 이해를 통해 사회복지적 지원에 필요한 다양한 함의를 제시하고자 한다. 구체적인 연구목적은 다음과 같다.

첫째, 농촌지역에 거주하고 있는 결혼이주여성을 대상으로 이들의 지역사회 참여과정이 이들의 새로운 삶에 의미하는 바가 무엇인가를 이해하고자 한다. 특히, 지역사회 참여과정에 어떠한 가족 간 상호작용이 있는지, 참여과정의 주요 요인들은 무엇인가를 밝히고자 한다.

둘째, 생태학적·문화적 차이와 다양성을 가진 결혼이주여성이라는 사회적 맥락 속에서 이들이 지역사회와의 갈등과 배제, 단절을 어떻게 스스로 대처해 나가는지에 대해 분석하고자 한다.

셋째, 결혼이주여성의 지역사회 참여 과정에 대해 근거이론 연구방법을 활용하여 지역사회 참여를 통해 지역사회 공동체 성원으로서 경험하는 삶의 유형을 발견하며 실체이론을 개발하고자 한다.

이러한 연구목적을 이루기 위한 연구질문은 "결혼이주여성이 지역사회 참여과정에서 경험하는 것은 무엇인가?"이다. 연구문제를 구체적으로 서술하면 다음과 같다.

- 연구문제 1 : 결혼이주여성이 지역사회 참여과정에서 어떠한 경험을 하는가?
- 연구문제 2 : 결혼이주여성이 지역사회 참여과정에 영향을 미치는 상황 및 조건들은 무엇인가?
- 연구문제 3 : 결혼이주여성의 지역사회 참여과정의 결과는 무엇인가?

제3절 연구의 의의

본 연구는 다음과 같은 의의를 갖는다.

첫째, 결혼이주여성이 한국 남성과 결혼 후 사회참여 단위 중 가장 일차적인 접근영역인 지역사회 차원의 참여과정에 대한 주관적인 경험을 더욱 더 면밀히 이해할 수 있을 것이다. 지금까지의 연구는 가족을 중심으로 한 적응과정과 적응유형, 혹은 부부만족 등의 연구로 제한된 반면, 본 연구는 결혼이주여성의 적응과정에 대한 체계적이고 다면적인 이해를 지역사회라는 창을 통해 어떻게 조망되고 재해석되어지는가에 대한 맥락적인 이해를 하는 데 도움이 될 수 있다.

둘째, 결혼이주여성들의 지역사회 참여과정에 영향을 미치는 인과적, 맥락적 조건, 중재적 조건, 작용/상호작용 전략들을 파악함으로써 지역사회 참여를 통해 새로운 사회에서의 현실의 어려운 여건을 극복하고 미래설계를 위한 삶의 돌파구를 모색하기 위한 구체적이고 실질적인 유용한 사회복지적 개입의 틀을 마련하는 근거가 되는 이론을 구축하는 데 기여할 것이다.

셋째, 본 연구는 '환경 속의 인간(person-in environment)'에 대한 사회복지실천 지식을 기초로 하여 일선 사회복지사들에게 다문화 사회복지실천의 핵심요소인 문화적 역량(cultural competency, Weaver, 2005: 63 - 64), 문화 간 의사소통(Lacroix, 2003: 34 - 35)이라는 실천원리를 토대로 사회복지 실천현장에서 적용 가능한 실천지식을 제공하는 데 기여할 것이다.

근거이론 방법을 활용하여 결혼이주여성의 주체적인 입장에서 진술한
지역사회 참여과정에 대한 경험을 토대로 이들이 한국사회에 적응해 나가는
과정에 관한 이론적 틀을 제시할 수 있을 것이다.

02

연구의 이론적 배경

지역사회(community) 라는 용어는 학자, 법률가, 행정가, 정치인, 전문가 등에 따라 다양하게 사용되고 있다. 일반적으로 지역사회는 특정 국가와 지역에 거주하는 주민들은 물론 특정 종교의 인종집단과 관련이 있으며, 그 지역사회에 대한 정치적·사회적·경제적·문화적 관심과 이해를 공유하는 이익집단 등의 속성을 반영한다.

제1절 지역사회와 참여의 개념

1. 지역사회의 정의

지역사회(community)라는 용어는 학자, 법률가, 행정가, 정치인, 전문가 등에 따라 다양하게 사용되고 있다. 일반적으로 지역사회는 특정 국가와 지역에 거주하는 주민들은 물론 특정 종교의 인종집단과 관련이 있으며, 그 지역사회에 대한 정치적·사회적·경제적·문화적 관심과 이해를 공유하는 이익집단 등의 속성을 반영한다. 모리스와 헤스(Morris & Hess, 1975: 6)는 지역사회를 주관적인 관점에서 다음과 같이 언급하였다.

> 지역사회란 지역사회의 규모가 어느 정도든 간에 지역주민의 소속감과 구성요소로서 공유하는 생활터전을 의미한다. 즉, 지역사회는 '영역(area)', '공통적 연결(common tie)', '사회적 상호작용(social interaction)' 등의 구성요소를 포함한다.

맥키버(MacIver, 1928: 3)는 지역사회의 정의에 대해 '공동생활의 영역(area of common life)'을 언급하면서 지역성과 지역사회의식 등이 기초가 되어야 한다고 하였다. 다시 말해서, 지역사회의 공통적 전통·관습·소속감 등과 지역사회의 주민의식, 역할의식, 의존의식 등을 강조한다. 따라서 지역사회의 정의는 지역주민들의 협력적인 공동체이며, '지역사회의 연대의식(sense of community)'이라는 의미가 함축되어 있다. 여기서 지역사회는 크게 '지리적인 지역사회(geographic community)'와 '기능적인 지역사회(functional community)'로 구분할 수 있다(Rose, 1967: 41－45; 박용순, 2006: 15 재인용).

· '지리적인 지역사회'는 한 지역의 지리적인 토대를 중심으로 추진하는 활동범위다.

· '기능적인 지역사회'는 복지, 교육, 농업, 종교 등에서 공동의 관심과 기능을 함께하는 구성원의 집단이다. 그러나 지역적인 경계를 제시하지 못하기 때문에 다른 기능집단의 위원회, 연합회, 협회, 협의회 등과 구별하기가 쉽지 않다.

이상의 맥락에서 지역사회의 정의는 사회과학 문헌에서도 언급하듯이 다음의 두 가지 속성을 가진다(최일섭·류진석, 1996: 4－6).

· 지역사회는 다른 지역과 달리 '특수성(uniqueness)'과 '분리성(separatedness)' 등을 지닌 지역적인 경계를 지닌다.

· 지역사회는 사회적인 '동질성(homogeneity)', '합의성(consensus)', '자조성(self－help)' 등의 상호작용을 한다.

이에 따라 지역사회는 크게 세 가지 범주, 즉 '지리적인 지역사회', '동질적인 지역사회', '자연적인 지역사회'로 정의할 수 있다.

· '지리적인 지역사회'는 한 지역사회를 구성하는 주민들과 조직체의 지리적 분포로서 이루어지는 활동영역이다. 모든 지역사회는 사회지만, 모든 사회가 지역사회는 아니다. 파크와 버제스(Park & Burgess, 1921: 161)는 지리적인 지역사회를 언급하면서 지역사회의 생활은 이른바 '사회를 움직이는 힘(social forces)'의 집합체라고 강조하였다.

· '동질적인 지역사회'는 지역주민들 간의 합의성, 일체감, 공동양식

등 공통적인 관심사와 가치관을 강조한다. 즉, 동질적인 지역사회는 다른 지역과 구별될 수 있는 사회적 특성을 지닌, 완비된(self-contained) 지역사회를 말한다. 이러한 지역사회는 첫째, 지리적 한계를 두지 않으며, 둘째, 민주주의 실현으로서 작은 지역사회이고, 셋째, 사회적 상호작용의 역동성 등을 강조한다(Green, 1954: 28).

- '자연적인 지역사회'는 지리적인 특성과 동질적인 특성을 동시에 고려하는 개념이다. 이는 지역사회가 다소 잘 구성되고 쉽게 접촉할 수 있으며, 공동관심사를 위해 서로 행동하는 사람들로 구성된 지역성과 상호작용성을 강조한다. 스테이너(Steiner)는 자연적 지역사회를 상호 접촉이 가능한 지역 내에 거주하는 일단의 사람들로, 상호 복리를 위해 여러 형태의 사회조직이라고 하였다. 따라서 지역사회를 구체적으로 이해하기 위해서는 지역사회의 유형과 기능에 대한 복잡하고 다양한 요인의 결합을 인식해야 한다(박용순, 2006: 16-17). 한편, 윤혜미(2009: 94-95)는 결혼이민여성이 취업, 언어, 보건 및 교육과 관련하여 지역사회를 "가정의 정상적 기능수행과 안정에 공식적·비공식적으로 영향을 미치는 사회·문화·경제적 적응의 장이다. 비공식적 지원체계이며 대인관계망인 이웃, 공식적 지원체계로서의 사회복지와 보건 서비스, 교육기관의 소재지이며 취업현장이어서 지원의 중심이 될 수 있는 동시에 사회적 배제를 경험하게 되는 가장 근접한 환경이기도 하다."라고 정의하였다.

2. 참여의 정의

국립국어원 표준국어대사전에 의하면 아래와 같다.

- 참여(參與)「명사」

「1」어떤 일에 끼어들어 관계함.

「2」『법률』재판 따위가 벌어지는 현장에 나가 지켜봄.

일반직인 참여(participation)의 개념은 정치학, 행정학, 사회학, 사회복지학 등에서 각자의 학문 분야에 따라 다양하게 논의되어 왔다. 다양한 참여의 개념에 있어서 공통적인 것은 개인과 의사결정에 대한 영향력 - 권력(Churchman, 1987; 인진미, 2006: 13 재인용)으로서, 참여란 사람들이 자신들에게 중요한 영향을 미치는 광범한 영역의 결정에 효과적으로 관여하는 것이며, 동시에 어떤 공동 목적을 달성하기 위한 과정으로 정의할 수 있다. 이러한 참여가 중요한 것은 참여한 사람들의 개인적 만족감과 공동의 정신을 증진시키고 의사결정 과정에 참여한 경우 결정에 대한 이해와 동의가 높아져 내용을 시행할 때 효과성을 높일 수 있는 등의 참여의 효과 때문이다. 참여는 사람들이 거대사회에서 느끼는 소외감을 감소시키고 인간의 잠재능력을 개발시키는 교육과정으로 그 자체가 목적이 되기도 한다 (김종해, 1995: 7 - 9).

참여는 행동으로서 지역사회에 대한 사람들의 가치에 기반하고, 강한 네트워크, 강한 지역사회연대감, 강한 지역사회감, 지역사회에 대한 믿음 및 자발적 활동과 참여를 통하여 증가하고(Dochery & Goodlad et al., 2000) 또한 실제 삶의 활동에서 잠재적 유대관계를 실현할 때 일어난다. 그러므로 사회적 행사 참여, 직업적 역할 참여, 교회에 다니는 것, 시민사회조직 참여뿐만 아니라 친구와 어울리기, 이웃에게 자그마한 혜택을 주는 것 등의 일대일 대면적 원조 모두 지역사회 참여의 예가 될 수 있다. 즉, 지역사회 참여도 주민들이 형성하는 문화인 것이다(강대선 · 류기형, 2007: 33 - 34).

# 제2절 한국농촌과 농촌지역의 국제결혼 현황

1. 한국농촌의 현실

한국의 농촌은 농업생산성은 지속적으로 증대되고 있지만 개방화와 농산물가격 하락, 영농비용 상승 등의 요인으로 농사를 지어 농촌에서 생활하기는 점점 어려워지고 있다. 농촌은 '먹고살기 어려운 곳', '생활하기 불편한 곳', '아기 울음소리가 나지 않는 곳'이라는 이미지를 지니게 되었다. 하지만 다른 관점에서 본다면, '풍부한 자연', '아름다운 경관', '품격 높은 문화적 자원'을 가진 지역으로 농촌은 '살 만한 곳, 살고 싶은 곳'의 이미지도 있다. 상대적으로 쾌적한 자연생태환경, 친밀한 이웃관계 등은 농촌은 살고 싶은 곳으로서의 조건도 다양하다. 과밀도 집중으로 높은 사회적 비용을 지출해야 하는 도시의 문제를 해결할 수 있는 국토의 소중한 자산이기도 하다(한국농촌경제연구원, 2007). 그럼에도 불구하고 1960년대 이후 추진된 도시기반 산업화로 한국사회는 놀라운 경제성장을 이룩했지만 한국농촌사회는 총체적 위기에 직면하고 있다. 특히, 농촌지역의 가족형태는 급격한 사회구조적 변화에 대응하는 가운데 눈에 띄게 변화되고 있는데 그 변화의 양상이 긍정적이라기보다는 가족의 불안정성이

나 취약성을 드러내고 있다. 가족유형별로 보면 분산가족, 노인부부가족, 독거노인가족, 조손가족, 1인 가족, 국제결혼가족 등이 증가하고 있으며 이러한 가족 대부분이 가족구조나 기능 면에서 문제에 노출될 가능성이 높다. 즉 농촌지역에서 증가하고 있는 다양한 취약가족들이 안고 있는 문제들로는 빈곤, 가족해체, 자녀양육 및 교육, 노인부양문제들이다. 문제의 심각성은 도시와는 달리 농촌지역에서는 가족 기능을 원활하게 수행할 수 있도록 지원하거나 문제해결을 위해 도움을 줄 수 있는 서비스 지원기관이나 전문 인력이 부족하기 때문에 가족의 해체, 나아가 농촌공동체의 해체 위기에 처해 있는 현실이다.

2. 농촌지역의 국제결혼 현황

국제결혼의 일반화는 1990년대 초까지만 하더라도 전혀 예측되지 못했던 것으로, 당시 한국인과 외국인 간의 결혼은 전체 결혼의 1% 수준에 불과했다. 이 경우에도 한국인 여성과 외국인 남성 간의 결혼이 주를 이루었고, 한국인 남성과 외국인 여성의 결혼은 소수에 불과했다. 그러던 것이 1990년대 중반부터 한국인 남성과 외국인 여성의 결혼이 현저히 증가하여 한국인 여성과 외국인 남성간의 결혼을 앞지르기 시작했고, 2000년대 이후에는 그 증가세가 더욱 두드러지면서 일반적인 결혼의 한 형태로 자리 잡고 있다(<표 2-1> 참조).

〈표 2-1〉 국제결혼 추세 및 인구구성 전망(10년)

단위 : 건, %

연도	총 결혼 건수	국제결혼		외국인 아내		외국인 남편	
		결혼건수	구성비율	결혼건수	구성비율	결혼건수	구성비율
1997	388,591	12,488	3.2	9,266	2.4	3,182	0.8
1998	375,616	12,188	3.2	8,054	2.1	4,134	1.1
1999	362,673	10,570	2.9	5,775	1.6	4,795	1.3
2000	334,030	12,319	3.7	7,304	2.2	5,015	1.5
2001	320,063	15,234	4.8	10,006	3.1	5,228	1.6
2002	306,573	15,913	5.2	11,017	3.6	4,896	1.6
2003	304,932	25,658	8.4	19,214	6.3	6,444	2.1
2004	310,944	35,447	11.4	25,595	8.2	9,853	3.2
2005	316,375	43,121	13.6	31,180	9.9	11,941	3.8
2006	332,752	39,690	11.9	30,208	9.1	9,482	2.8
2007	345,592	38,491	11.1	29,140	8.4	9,351	2.7
1997~ 2007	3,698,141	261,079	7.1	186,758	5.1	74,321	2.0

자료 : 통계청, 인구동태(혼인), 2007.

한편, 한국농촌의 열악한 경제적 상황은 농촌총각이 배우자로서 기피의 대상이 되게 하였고, 농촌총각의 국제결혼이 증가하면서, 한국농촌의 국제결혼은 사회문제로 부각되기 시작하였다. 그런데 한국농촌의 국제결혼은 그 출발점부터 대부분이 열악한 경제적 상황과 연계되어 있다는 문제점이 있다(임형택, 2007). 농촌지역에서의 소위 아내 부족현상을 초래한 사회인구학적 맥락을 고려하면, 농업인의 아내 그리고 국제결혼가족이라는 집단은 매우 중요한 집단이다(양순미, 2006). 그러나 결혼이주여성에게 한국사회에서의 적응을 위해 언어교육과 문화에 대한 학습기회가 반드시 필요하지만 농촌의 특성상 교육시설 등의 여건이 개개 국제결혼 가족단위 차원에서 해결하기 어려운 실정이다(정은희, 2004). 농림어업 종사자의 국제결혼 현황을 살펴보면 <표 2-2>와 같다.

〈표 2-2〉 농림어업종사자(남성)와 외국 여성과의 혼인(2006년)

단위 : 건, %

구분	총혼인 (A)	외국女와 혼인男(B)	외국女와 혼인농림男(D)	농림男 (C)	구성비 (D/B)	구성비 (D/C)	구성비 (C/A)
전국	332,752	30,208	3,525	8,596	11.7	41.0	2.6
서울	73,924	6,168	54	149	0.9	36.2	0.2
부산	20,017	1,468	43	216	2.9	19.9	1.1
대구	13,892	1,070	41	93	3.8	44.1	0.7
인천	17,261	1,572	47	124	3.0	37.9	0.7
광주	8,487	643	26	65	4.0	40.0	0.8
대전	9,502	687	16	40	2.3	40.0	0.4
울산	7,493	620	24	69	3.9	34.8	0.9
경기	77,231	6,492	289	933	4.5	31.0	1.2
강원	8,731	795	189	517	23.8	36.6	5.9
충북	9,291	953	208	470	21.8	44.3	5.1
충남	13,373	1,472	395	958	26.8	41.2	7.2
전북	10,429	1,343	341	771	25.4	44.2	7.4
전남	10,507	1,582	598	1,272	37.8	47.0	12.1
경북	16,178	1,885	645	1,285	34.2	50.2	7.9
경남	20,789	2,240	547	1,039	24.4	52.6	5.0
제주	3,576	277	60	287	21.7	20.9	8.0

자료 : 통계청(2007), 2006 혼인·이혼 통계결과.

제3절 결혼이주여성 연구 동향

1. 다문화주의 담론

다문화주의(multiculturalism)는 일반적으로 주체와 타자의 관계 문제로 보아야 하며, 구체적으로는 다수자와 소수자의 관계 문제로 접근하여야 한다. 근대의 역사를 볼 때, 다수자는 지배적 집단을 형성하면서 단문화주의(monoculturalism)를 주장해 왔다. 근대의 모든 지배적 민족은 자신만의 국민 - 국가를 형성하길 원했고, 그 과정에서 수많은 민족집단들을 소수자로 만들었다. 근대의 국민 - 국가 만들기 경험을 먼저 한 서구의 경우 소수자는 크게 보아 셋으로 갈린다. 원주민(indigenous peoples), 준국가 - 국민 집단(substate nationalist groups), 이민자 집단(immigrant groups)이 바로 그것이다.

서구에서는 이렇듯 존재하는 세 소수자를 어떻게 통합할 것인가 하는 다문화주의 담론이 발전되어 왔다. 이는 구체적으로 도덕(morality)과 윤리(ethics), 또는 정의(justice)와 자기실현(self - realization)의 대립이라는 도덕철학의 문제로 나타난다. 도덕의 입장에서 다문화주의는 근대성이 성취한 보편적인 원리, 즉 자유와 평등의 원리를 지금까지 국민-국가에 의해 누리지 못한 소수집단들에게까지 확대하고자 하는 '정의의 문제'로 된다. 이때 정의는 주로 절차적 정당성에 기반을 둔다. 반면 윤리의 입장에서 다문화주의는 자기 문화공동체에서 지기를 실현하는 삶을 '선한 삶(good life)'이라 보고, 기존의 국민-국가에 의해 이런 선한 삶을 누리는 걸 방해받아온 소수집단들에게까지 확대하고자 하는 '자기실현의 문제'로 된다. 도덕의 범위는 보편적이어서, 자기 고유의 가치가 무엇이든 모든 개인과 집단은 이를 따라야만 한다. 반면 윤리의 범위는 제한적이어서, 개인은 자신이 속한 문화집단 안에서 특유의 인정을 추구한다.

정의의 시각에서 다문화주의를 바라보는 대표적인 학자는 프레이저(Fraser, 2003)와 킴리카(Kymlicka, 2007)이며, 자기실현의 관점에서 다문화주의를 바라보는 대표적인 학자는 테일러(Taylor, 1994)와 호네트(Honneth, 2003)이다(최종렬, 2008: 70-73)(<표 2-3>참조).

<표 2-3> 다문화주의 담론의 두 흐름

구분	정의의 문제	자기실현의 문제
정치학	재분배의 정치학, 계급 정치학	인정의 정치학, 정체성의 정치학
철학적 (규범적 전통)	계몽주의 전통: 자유주의 전통, 특히 20세기 후반 앵글-미국 자유주의 전통에서 나온 것: 분석철학	대항계몽주의 전통: 헤겔주의 철학, 특히 의식 현상학으로부터 나옴: 실존철학
문제와 영역	'옳음(the right)'의 문제로 이해되며, 이는 '도덕(morality)'의 영역에 속함 절차적 정의의 '옳음(rightness of procedural justice)'	'선(the good)'의 문제로 이해되며, '윤리(ethics)'의 영역에 속함: '자기실현'이라는 실질적인 목적과 선한 삶을 촉진하는 것으로 여김
범위	정의의 규범은 보편적으로 구속적 행위자가 특정의 가치에 헌신하는 것과 독립	보다 제한적 문화적으로 역사적으로 특수한 가치의 영역이며, 이는 보편화될 수 없음
대표적인 학자	낸시 프레이저, 윌 킴리카	찰스 테일러, 액셀 호네트

2. 결혼이주여성 관련 담론과 경험세계

결혼이주여성에 대한 최근의 연구는 콘스타블(Constable, 2003) 등
이 필요성을 역설한 개인의 행위와 구체적 경험세계를 주로 다루고
있으며, 이를 통해 이주여성에 대한 지배적인 담론의 한계를 지적하
는 데 주안점을 주고 있다. 이러한 연구는 남편과 부인의 출신국가
와 계급, 거주 지역, 결혼 유형 등과 관련하여 매우 다양한 연구들이
진행되고 있어 일괄적으로 정리하는 데에는 한계가 있는 만큼, 많은
연구가 집중된 필리핀 출신 결혼이주여성을 중심으로 그 경향을 분
석한 김이선 외(2006: 20 – 22)의 연구결과가 주목된다.

필리핀 여성은 1970년대 말부터 호주와 미국, 유럽 등의 남성과 국
제결혼을 하기 시작하였으며, 1980년대 중반부터는 일본으로 국제결
혼을 통해 이주하기 시작하고, 한국과 대만에는 1990년대 이후 이주
하고 있다. 이 가운데 일본으로 결혼해 간 필리핀 여성들에 대한 사
례연구는 오늘날 한국 결혼이주여성 연구에 중요한 준거집단이 되기
에 주목되는데, 일본의 국제결혼은 동질적인 사회문화적 구성, 농촌
의 신부난, 지방정부의 개입 등의 측면에서 볼 때 한국의 상황과 여
러 가지로 유사한 측면이 있기 때문이다.

우선 결혼을 통한 필리핀 여성의 이주 동기에 대한 경험분석으로 주
목되는 것은 이주와 결혼의 의미가 어떻게 맞물려 작동하는지 두 명
의 여성 이주사례를 통해 분석한 콘스타블(Constable, 2003)의 연구
이다. 홍콩의 이주노동자 여성과, 서구남성과 결혼을 꿈꾸며 아직 필
리핀에 거주하고 펜팔을 하는 여성은, 가톨릭 가족법으로 인해 법적
이혼이 불가능한 필리핀에서 여성이 결혼상의 지위를 스스로 만들어
가기 위해 초국가적 지대를 선택하는 것으로 보인다. 이 논문은 법
이라는 구조적 제약과 함께 여성의 행위력(agency)을 분석하고자 하

며, 이주를 계획하는 것은 부인의 지위를 얻고 이와 동시에 필리핀에서는 불가능한 '인정받을 수 있는' 결혼상의 지위를 획득하기 위해 현실과 법 간의 불일치를 창조적으로 이용하는 것으로 해석된다. 즉, 경제적 이득이나 이주의 수단으로서 외국 남성과 결혼한다는 통상적인 전제와는 달리, 사례 여성에게서 이주는 결혼(또는 재혼)이라는 가치 있는 목표를 얻기 위한 수단이 되고 있다.

결혼을 통해 이주한 국가에서 필리핀 여성들에 대한 이미지와 담론은 긍정적이지 않으며 고정화되어 있는 편이다. 그러나 스즈키(Suzuki, 2003)의 연구는 일본의 필리핀 부인들에 대한 담론분석을 통해 이들이 어떻게 '희생자' 이미지를 넘어서 성적 주체성과 경제적 자율성을 보여주는지 분석한다. 1980년대 중반부터 일본의 지방정부가 중개한 국제결혼에서 필리핀 부인들은 농촌의 신부난을 해결하기 위해 '들여온' 사람들로서, 대중매체에서 이들은 사회경제적 희생자이자 성적으로 정복당한 사람으로 그려졌다. 그러나 이들에 대한 이미지와 묘사는 실제로는 지방과 농촌의 삶에 대한 이면을 비틀어 제시하는 결과이기도 하다. 가족 내에서 여성에게 부과된 생물학적 사회적 재생산의 의무를 지고 있는 농촌사회의 필리핀 부인들은 다른 현대 일본 여성과 마찬가지로 감정적인 인간관계와 풍족한 생활양식을 누리고 싶어 한다. 일부 여성들은 희생자의 이미지를 넘어서 자유와 자율성을 획득하고자 하며 이는 의도하지 않게 일본 사회 재생산의 기본단위인 가(家)에 도전하는 결과를 가져온다.

한편, 영어권에 속한 필리핀 이주여성들은 비영어권 아시아 국가에서 문화자본상 우위에 위치한 상황도 목격된다. 란(Lan, 2003)은 대만의 고용주와 필리핀 이주 가사도우미가 언어를 통해 어떻게 계급적 지위와 정체성을 협상하는지 분석한다. 대만의 신흥 부유층 고용주는 이주 가사도우미를 고용하고 자녀의 영어교육에 투자하는 방식으로 자신들의 중산층성을 공고히 하고자 한다. 이에 반해 필리핀 이주여성은 불안정한 국가 경제 속에서 저평가되는 자신의 중산층 직업을 버리고 가사도우미로 이주해 온 경우이며, 미국 식민지 지배라는 역사경험을 통해 얻은 영어에 대한 자신감을 가지고 대만 고용주 앞에서 자신의 지위를 높이고자 한다. 남(南) - 남(南) 고용관계라고 할 수 있는 이러한 현상을 통해 계급 경계의 미세한 재생산이 모호해지는 것을 알 수 있는데, 여기서 영어는 일상적 대화와 직업상의 협상에서 상징적 지배와 저항의 수단으로 작동한다.

권영희(Kwan, 2005)의 글은 한국으로 결혼하여 이주해 온 필리핀 여성의 삶과 한국을 떠나 유학 온 영문학도 한국 여성으로서 자신의 삶을 비교하고 연결하는 자기 성찰적 연구이다. 권(Kwan)은 우연히 인터넷에서 한국에서 산후 우울증을 앓다가 스스로 음식을 먹지 않아 사망한 필리핀 여성의 기사를 읽게 되고, 그 고통에 감정이입하는 자신을 분석함으로써 세계화의 질서 속에서 일어나는 국제결혼의 맥락을 느끼는 갈등, 자율에 대한 의지의 좌절 등의 측면에서 그녀와 자신의 문제점을 공유하고 있다고 설명한다. 한편 그녀와 자신의 차이는 그녀가 선택할 수 없는 대안을 자신은 가지고 있다는 점인데, 이는 본질적인 차이가 아니라 바로 그녀와 자신이 전 지구적 체계의 반대편에 서로 위치하고 있기 때문에 생기는 차이라고 분석한다.

쯔지모토(Tsujimoto, 2006)는 한국으로 이주한 필리핀여성들의 저항과 전략에 대해 분석했다. 한국남성과의 결혼으로 인해 한국으로 오게 된 여성은 보다 동등한 관계를 바라며 저항한다. 이들이 바라보는 동등한 관계의 기초에 있는 것은 이들이 생각하는 필리핀에서의 부부관계이며 보다 전통적이고 가부장적이라고 이들이 생각하는 한국의 부부관계를 비판한다. 이들의 저항방식은 말로 대답하거나 자신을 낮게 보는 남편을 오히려 돈 없고 집도 없는 가난한 한국인으로서 오히려 그들을 낮게 보는 것 등의 이데올로기적 저항이다. 이들의 저항의 목적은 꼭 이혼을 목적으로 하는 것이 아니라 더 동등한 관계가 되기 위하여 협상해 나가는 것이었다. 이들은 스스로 한국사회에서 동화(assimilation)하는 것을 지향하지 않고 필리핀으로 돌아가거나 한국과 필리핀 사이에서 혹은 또 다른 나라로 가는 것을 지향한다. 한국인과 결혼한 여성이어도 이들이 나중에 남편과 필리핀으로 이주하고 노후생활을 보낼 것을 계획하고 있는 여성도 있었다. 다양한 삶의 조건을 넓히고자 하는 것으로 생각된다.

3. 결혼이주여성의 한국사회 적응에 관한 선행 연구

문화적으로 서로 다른 배경을 가진 사람들이 만나게 되면 문화접촉(culture contact)이 발생하게 되는데, 문화접촉 상황에서의 적응문제에 대한 관심은 문화적응(acculturation)이라는 개념을 탄생시켰다(정진경·양계민, 2004). 문화적응 현상은 아주 오래전부터 발생되어 왔고, 최근 들어 범세계화된 상황에서 파견근무, 여행, 다민족국가의 형성, 다국적기업 활동, 국제결혼 등과 같이 이민족(異民族), 이문화(異文化) 간 상호교류가 증가하면서 문화적응은 매우 큰 관심과 연구의 대상이 되고 있다. 그러나 이에 대한 개념정의, 연구방법, 그 결과는 동시대에서도 다양하고 시간의 흐름에 따라서 많은 변화를 보이고 있다(채정민, 2003).

한편, 문화적 정체성(identity)은 개인이 가진 사회인구학적 특성과 모국 및 이주국가인 한국의 사회경제적, 정치적 상황에 따라, 또한 모국과 한국사회의 상호작용으로 서로 영향을 주고받으며 역동적으로 일어난다. 즉, 이주자는 자신의 고유한 문화에 따른 특성을 유지하면서도 새로운 사회의 특성을 배워나가게 된다. 따라서 이론적으로 문화적응 과정 중의 변화는 접촉하는 두 집단 모두에게 일어날 수 있으나, 실제 한 집단이 다른 집단의 지배를 받게 되며 더 많은 문화적 영향을 받게 된다(Berry, 1980; 권복순·차보현, 2006: 115 재인용).

결혼이주여성의 한국사회 적응에 관한 연구동향을 보면 국제결혼을 한 여성이 겪는 어려움에 관한 연구(강유진, 1999; 양철호 외, 2003; 신경희, 2004; 윤형숙, 2004; 임경혜, 2004; 신란희, 2005; 이태옥, 2005; 최금해, 2005), 국제결혼가정의 부부만족도와 부부갈등요인 등에 관한 연구(권복순·차보현, 2006; 김오남, 2006; 박재규, 2006; 양순미, 2006), 문화적 적응에 관한 연구(김이선 외, 2006; 최금해, 2006; 구차순, 2007, 권복순, 2009; 최혜지, 2009), 다문화 정책 이론 확립을 위한 탐색적 연구(홍기원, 2006; 한승준, 2008; 지종화 외, 2009), 다문화 배제 태도에 관한 연구(김이선 외, 2007; 황정미 외, 2007; 맹진학, 2009) 등으로 구체적인 연구동향은 다음의 <표 2 -4>와 같다.

이러한 연구들에서 공통적으로 지적되는 이들의 어려움은 문화적 차이 및 의사소통의 어려움에서 오는 이질감과 소외감, 남편과 시댁 식구와의 갈등, 가정폭력, 아내에 대한 남편의 행동통제, 경제적 어려움, 양육 자녀에 대한 교육문제, 법적 신분의 불안정과 국적법 같은 제도상의 차별, 사회적 지지망의 부족, 한국사회시스템에 대한 이해 부족, 정보소외로 인한 사회참여 기회의 어려움 등을 들 수 있다. 그러나 이러한 선행연구들은 결혼이주여성의 지역성을 고려하지 않고 연구된 결과들이다. 결혼이주여성들은 이주와 동시에 거주지역이 결정된다. 지역사회의 제 여건은 여성과 가족의 삶을 규정하는 데 지대한 영향력을 미친다. 또한, 도시지역에 비해 문화와 교육서비스 접근이 어려운 농촌지역 결혼이주여성들의 자조모임이나 이주여성들의 연대모임의 활성화를 위해서라도 농촌지역 거주 결혼이주여성의 지역사회 참여과정에 대한 연구는 매우 필요하다고 판단된다.

<표 2-4> 결혼이주여성의 한국사회 적응에 관한 연구 동향

구분	연구자(연도)	연구문제	연구대상	연구방법
국제결혼 한 여성이 겪는 어려움에 관한 연구	강유진(1999)	한국 남성과 결혼한 중국 조선족 여성의 생활실태	한국 남성과 결혼한 강원도 내 조선족 여성 300명	질문지를 통한 양적 연구
	양철호 외(2003)	광주·전남의 외국인 주부 생활실태	광주·전남의 외국인 주부와 그들을 위한 프로그램 현황 분석	지방자치단체와 민간단체 프로그램 분석
	신경희(2004)	결혼이주여성의 부부갈등 요인	가정폭력으로 인해 입소한 필리핀 출신 여성	개별 심층면접에 의한 질적 연구
	윤형숙(2004)	결혼이주여성의 갈등과 적응	광주·전남지역에 거주하는 필리핀 출신 여성	개별 심층 면접에 의한 질적 연구
	신란희(2005)	국제결혼 여성의 가족, 일, 정체성	우즈베키스탄과 필리핀 여성	개별 인터뷰에 의한 생애사 연구
	최금해(2005)	한국 남성과 결혼한 중국 조선족 여성의 생활체험과 욕구	기준 표본추출 방법을 통한 조선족 8명의 여성	현상학적 연구방법
국제결혼 가정의 부부만족도와 갈등 요인에 관한 연구	권복순·차보현(2006)	농촌지역 코시안 가정주부의 의사소통능력과 결혼만족도	경상북도 예천군과 봉화군 거주 코시안 가정주부 160명	자기기입식 설문방법을 통한 양적 연구
	김오남(2006)	한국남성과 결혼한 이주여성의 부부갈등 결정요인과 설명모델	전남과 광주인근에 거주하는 한국남성과 결혼한 이주여성 174명	유의표집과 눈덩이표집의 설문방법을 통한 양적 연구
	박재규(2006)	국제결혼 이주여성의 농촌 생활 실태	전북 농촌지역 국제결혼 이주여성 608명	설문지에 의한 양적연구
	양순미(2006)	농촌 국제결혼부부의 적응과 생활실태비교	전국 6개도의 중국, 일본, 필리핀 이주여성 부부 150쌍	설문지에 의한 양적연구
문화적 적응에 관한 연구	김이선 외(2006)	한국남성과 결혼한 외국인 여성들의 문화적 차이와 경험연구	전국 각지의 한국어교실과 이주여성단체 등의 소개에 의한 개별사례 38명과 이들 사례의 가족원 30명	심층 인터뷰 방식의 질적 연구
	최금해(2006)	한국남성과 결혼한 중국 조선족 여성들의 한국생활 적응의 유형과 과정 분석	전국 각지에 거주하고 있는 17명의 중국 조선족 결혼이주 여성	눈덩이 표본추출 방법에 의한 연구자 선정 후 질적 연구방법 중 근거이론 방법연구
	구차순(2007)	결혼이주여성의 적응유형과 적응과정에 관한 이론 개발	부산광역시 결혼이민자지원센터의 소개에 의한 결혼이주여성 8명과 가족 2명	이론적 표본추출 방법에 의한 연구자 선정 후 질적 연구방법 중 근거이론 방법연구

4. 결혼이주여성과 지역사회 참여 연구

언어나 생활습관, 가치관 등 상이한 문화적 배경을 지닌 결혼이주여성들은 이주해온 한국사회에서 그들을 둘러싼 가장 직접적인 생활세계로서의 가족은 물론 친지나 이웃, 부녀회와 같은 지역모임의 성원, 지역사회의 공공 서비스 및 정책관계자 나아가 자녀 성장에 따른 학부모 모임 등 사회적·인적 관계망 속에서 다양한 형태의 대면의 기회와 범위를 넓혀가는 과정을 통해 지역사회 참여과정을 경험하게 된다.

박재규(2006)의 이주여성 농촌생활 적응에 관한 연구결과, 이주여성의 외부활동 참여에 대한 가족의 지지가 국내생활 적응에 중요한 요인으로 작용하였다. 예를 들면, 외부교육이나 모임에 참여하고자 했을 때 가족의 적극적인 지지를 받은 여성의 경우 부부생활이나 이웃관계에 긍정적이었다. 또한, 이웃관계에 만족하고 있는 여성들 중에는 국내에 오랫동안 거주하거나, 조선족 및 필리핀 국적의 여성, 경제적으로 부유하게 살고 있는 여성이 많은 반면, 부정적으로 평가한 이주여성 중에는 국내 거주기간이 짧거나 베트남 혹은 제3세계 국적의 여성, 나이가 젊은 여성, 경제적으로 어려운 여성이 많았다.

양애경 외(2007)의 여성결혼이민자에 대한 지역주민의 수용성과 이들에 대한 지역주민의 태도에 대한 연구결과, 소극적으로 결혼이주여성을 지역주민으로 인정해 주고 있으며, 주민들 다수가 빈곤상태의 여성결혼이민자에 대한 생계지원이 옳다고 생각하고 있었으나, 결혼이주여성들은 한국에 온 이상 한국문화를 따라야 한다고 보는 경향이 많았다. 여성결혼이민자들의 지역활동 참여와 관련하여 조사대상 지역(경기도 안산시, 전남 영암군)의 경우 일부 여성결혼이민자들이 지역주민과 함께 부녀회 등에 같이 참석하는 것으로 나타났으며, 이러한 지역사회 참여를 통해 여성결혼이민자들이 지역 사회의 구성원으로 받아들여지기 위해서는 무엇보다 지역주민의 도움이 절실히 필요한 것으로 조사되었다. 따라서 결혼이주여성들이 지역사회 성원으로서 지역사회환경과 지역주민 등과의 관계 속에서 타당성을 갖추어야 할 정책으로서의 수용성 확보가 필요하다. 이를 위해 지역사회에서 서로 다른 문화에 대한 차이 인식과 존중에 기반한 쌍방향 문화소통을 위한 다문화 수용성 증진 교육의 필요성을 강조한다.

또한, 이용균(2007)은 결혼이주여성들에게 한국으로의 동화를 무조건 강요하기보다는 그들의 타자성을 인정해주면서 지역사회로의 적응을 유도하는 것이 바람직하다고 강조한다. 결혼이주여성은 한국사회에 비교적 빠르게 적응하고 있으나 아직까지 그들의 사회적 관계는 같은 지역의 출신국 친구들과의 교류에 제한되는 모습을 보여주고 있다. 이러한 현상을 반영하는 아래의 사례는 여성결혼이민자들의 한국인 이웃관계에서 교류가 많지 않음을 단적으로 보여준다.

> 이웃과 잘 지내려고 앞집 아줌마도 자주 문을 열어 주면, 남편이 있는데도 불쑥 들어오고 아주 난처했어요. 그래서 이젠 아무나 문 안 열어줘요. 그리고 언니 언니 하면서 아주 가깝게 지내던 이웃이 있었는데, 배신당한 것 같은 일이 있었어요. 이젠 이사 갔지만 그 집 애기 젖도 물려줄 정도로 마음을 주었는데, 한국사람들은 그렇게 안 해요. 우리 집 물건 함부로 쓰려고 했어요. 한국은 다 그런가 했어요[중국 한족부인의 사례](경기도여성개발원, 2007).

따라서 농촌지역의 결혼이주여성이 지역사회 참여과정을 통해 결혼이주 초기 디딤돌 지역사회(stepping-stone community) 차원의 접근을 극복하고 조직화되어 있는 지역사회(organized community)에 적응하며, 공동체 성원으로서 활동해 나갈 수 있도록 사회통합 과정에 대한 연구가 필요하다. 특히, 농촌지역에서 국제결혼의 급증과 이에 따른 다문화 가정의 증가는 국적별 인구구성의 변화만이 아니라 지역사회의 문화와 생활 그리고 지역주민의 네트워크 등 다양한 측면에서 변화를 주는 요인이 될 수 있다. 이에 결혼이주여성의 지역사회 참여과정에 대한 연구는 농촌 지역사회에 활력을 가져오는 지역사회 인적자원 개발이라는 측면에서도 유용한 시사점을 제시할 수 있을 것이다.

농촌지역에서 국제결혼의 급증과 이에 따른 다문화 가정의 증가는 국적별
인구구성의 변화만이 아니라 **지역사회의 문화와 생활 그리고 지역주민의
네트워크** 등 다양한 측면에서 변화를 주는 요인이 될 수 있다.

03

연구방법

질적 연구방법은 기존의 여러 요인들 간의 인과관계를 밝히는 가설검증적 양적연구방법과 달리 자연스러운 환경 속에서 보여주는 상호작용과 그 이면의 복잡하고 미묘한 의미와 문화적 특성을 이해하는 데 유용한 연구방법이다.

# 제1절 질적 연구의 필요성

본 연구에서는 질적 연구방법을 사용한다. 질적 연구방법은 기존의 여러 요인들 간의 인과관계를 밝히는 가설검증적 양적연구방법과 달리 자연스러운 환경 속에서 보여주는 상호작용과 그 이면의 복잡하고 미묘한 의미와 문화적 특성을 이해하는 데 유용한 연구방법이다 (유태균 외 역, 2004). 질적 연구는 단순화와 한계설정을 최소화하고 현상의 복잡성을 최대한 '있는 그대로' 파악하려는 입장을 취하는 반면 양적 연구는 현상의 사소하거나 예외적인 특성을 배제하고 일반적인 경향성을 확률의 논리 속에서 규명하는 입장을 취한다(조용환, 1999). 즉, 양적 연구는 실증주의적 인식론에 바탕을 둔 반면에 질적 연구는 현상학적 인식론에 바탕을 둔다.

본 연구에서 질적 연구방법을 채택한 이유는 다음과 같다. 첫째, 본 연구의 연구문제는 농촌지역 한국남성과의 결혼을 선택한 결혼이주여성의 지역사회 참여 과정에 대한 의미와 참여유형을 살펴보는 것이다. 외국여성이 결혼이라는 제도를 통해 고국에서 멀리 떠나 낯선 이웃과 문화와 관습 그리고 지역적 전통이 다른 특색을 간직한 한국 농촌지역 사회에서 적응해나가고 지역사회에 참여하는 주관적 경험과 그 의미를 좀 더 깊고 정확하게 이해하는 데는 질적 연구방법을 사용하는 것이 표준화된 측정도구를 이용한 양적인 접근방법보다 유용한 연구방법이다. 둘째, 결혼이주여성의 지역사회 참여는 사회문화적인 맥락 속에서 경험하게 된다. 즉, 지역적이고 집단성을 중시하는 농촌지역에서 결혼이주여성 자신의 지나온 삶의 방식 비교, 결혼이주한 지역의 구성원으로서의 삶의 적응 방법의 변화와 새롭게 만들어지는 사회적 관계망 형성과 지역사회 참여라는 일련의 사회문화적인 맥락을 이해하기 위해서는 질적 연구가 적합하다. 셋째, 본 연구주제와 관련한 직접적인 국내 연구가 없는 상황에서 이제까지 연구되지 않았던 부분의 메커니즘을 새로이 연구하는 발견론적인 이해에는 질적연구 방법이 유용하다.

1. 상징적 상호작용

근거이론의 철학적 배경이 되는 상징적 상호작용은 사회심리학자 G. H. Mead(1934)와 H. Blummer(1969)에 의해 창시되었다. 사회심리학자 G. H. Mead는 인간은 사회적 역할, 기대, 학습의 형태 속에서 다른 사람과의 사회적 상호작용을 통해 자신의 입장을 밝힌다고 하였으며 G. H. Mead의 제자인 H. Blummer는 이를 상징적 상호작용주의라고 불렀다(김주현, 2006: 22).

상징적 상호작용은 인간이 사용하는 모든 기호에는 의미가 있고, 또 인간은 생활환경을 구성하는 모든 사물에 주관적으로 의미를 부여한다. 따라서 인간에게서 모든 대상은 주관적으로 해석된 의미 즉 상징성을 지니고 있다. 결국 인간의 모든 행위는 대상과 의미를 주고받는 것일 뿐이다. 즉 사회적 상징작용을 통해서 의미를 얻게 된다. 상징적 상호작용 이론을 세 가지 전제에 의해 설명하면 다음과 같다

(이효선, 2005: 124-126). 첫째, 사회현실을 구성하는 실체-인간 자신과 사회제도를 포함한-는 상상적으로 나타난다. 따라서 인간은 객관적으로 실재하는 사물에 반응하는 것이 아니라, 그 사물이 자기에게 가지는 의미에 기초하여 행동한다. 여기서 사물이란, 물질적 대상뿐 아니라 자신과 부딪히는 모든 인간, 제도, 이념, 명령, 요구, 타인의 행동, 일상생활에서 경험하고 감지할 수 있는 모든 것을 포함한다. 둘째, 사물이 갖고 있는 의미는 타자와의 사회적 상호작용을 통하여 형성된다. 즉 의미는 개인에 의해 구성되는 사회현실로부터 나오는 것으로 어떤 사물에 내재하거나, 이미 존재하는 사물에 대해 단독으로 부여되는 것이 아니며 본질적으로 항상 사회적 속성을 지닌다. 셋째, 상호작용을 통해 생성되는 의미들은 해석적 과정을 통해서 처리되고 변형되며 해석은 또한 상호작용에 의해 얻어지고 변화되기 때문에 인간 행동은 상호작용을 해석하는 과정에서 이해될 수 있다.

상징적 상호작용은 자기가 태어난 사회에서 공유되고 있는 의미의 체계를 습득하는 사회화 과정을 뜻하며 일반화된 타자[05]의 관점을 내면화하는 과정이다. G. H. Mead는 인간 행동을 이해하는 데, 행동주의에서 주장하는 것처럼 인간이 자극을 받으면 행동하는 것이 아니라, 자극에 대한 의미를 부여하고 그 의미에 기초한 행동을 하게 되며, 이러한 의미는 사회적 상호작용을 통해서 얻어진다고 주장

---

[05] '일반화된 타자'란 한 집단의 보편적 태도가 조직화된 것으로서 각 개인에 의해 자신의 행위 기준으로 받아들여지게 되는 것을 의미한다. 미드는 정신, 자아, 사회를 중심 개념으로 상호작용의 과정과 연결시켜 일반화된 타자를 내면화하는 자아 형성 과정에 대한 이론적 체계를 제시하였는데 그 이론을 간단히 소개하면 다음과 같다.
어린아이의 사고능력은 타자와의 상호작용을 통해서 형성되는데, 유희(play) 단계에서는 어린아이가 제한된 타자의 입장을 취해보고 게임(game) 단계에서는 한꺼번에 여러 타자들의 입장을 취하며 마지막 단계에서는 일반화된 타자의 역할을 취함으로써 정체감 형성이 일어난다. 이것은 그때그때 실제로 존재하는 관계인물과 집단을 넘어서서 '제3의 형태' 즉, 모든 잠재적으로 존재하는 주체들을 포함하는 형태의 역할을 받아들이는 것을 의미한다(Garz, 1989; 이효선, 2005: 125 재인용)

한다.

따라서 개인의 행동은 그가 구성원으로 속한 전체 사회집단의 맥락 속에서만 이해될 수 있다. 또한 상호작용은 모든 사람에게 동일한 의미를 제시해 줄 수 있는 의미 있는 상징(기호, 몸짓, 언어 등)의 역할을 중시한다. 의미란 행동적으로 규정되는 것이며, 의미 있는 상징으로서의 행위를 통해서만 인지가 가능하여 자기 자신이나 다른 사람의 반응을 예측할 수 있다. 이러한 예측을 통해 반응의 조정, 적응이 가능하게 되어 타자의 위치에 설 수 있으며, 무엇보다 언어의 상징을 매개로 하는 상호작용은 상대의 반응에 따라 자신의 반응을 조절하는 과정이기 때문에 특히 중요하다. 요컨대, 이 의미와 상징은 인간 고유의 행위와 상호작용을 알 수 있게 해주며, 인간의 행동은 사회적 상호작용을 거쳐 구축되고 행위와 상호작용의 과정 속에서 집단과 사회를 구성하게 된다.

2. 근거이론 방법

근거이론(grounded theory)[06] 접근방법은 1960년대 말부터 상징적 상호작용주의의 관점에서 복잡한 사회현상을 연구하기 위해 개발된 연구방법으로서, '현실기반 이론', 또는 '현장이론'이라고 불리기도 한다(조용한, 1999). 즉 경험적 자료로부터 이론을 도출해내기 위해 고안된 일련의 체계적인 과정을 통하여 어떤 현상에 대해 귀납적으로 이끌어진 하나의 근거이론을 발전시키는 질적 연구방법이다

[06] 근거이론이라는 용어는 원자료를 근거로 해서 이론을 개발하였다는 뜻이다. 이는 실증주의에서 이론개발을 하는 과정이 선행연구를 기반으로 도출된 가설에서부터 시작한다는 점에 대한 비교적 용어로 해석가능하다. 즉, 근거이론은 원자료로부터 도출된 이론이고 이러한 이론은 현상의 현실성에 보다 가까우며, 원자료부터 이론을 도출하였기 때문에 직관력과 이해, 그리고 행동에 대한 의미 있는 지침을 제공준다는 것이다(홍현미라, 2005: 47).

(Strauss & Corbin, 1990).

근거이론의 목적은 이론을 발전시키는 데에 있으므로, 현상에 적합한 개념들이 아직 확인되지 않고 개념 간의 관계에 대한 이해가 부족하거나 특정한 현상에 대하여 적합한 변수와 그렇지 않은 변수들이 구체화되지 않은 경우에 현장의 자료를 기반으로 하여 기존의 이론적 기반이 갖추어져 있지 않는 분야들이나, 기존이론이 있으나 수정되거나 명확화 될 필요가 있는 분야에 적용될 수 있다(최금해, 2006: 31).

한편, Kelle(1994)는 근거이론의 논리는 나선형 연구라고 했는데 그것은 초기단계에 귀납법과 나선형법에 의하여 연구가 진행되고 가설이 만들어졌을 때 또 연역법으로 검증되는 과정이 계속하여 반복되기 때문이라고 했으며, Strauss도 후에 나선형 연구로 정정하였다(박성희, 2004: 129에서 재인용).

근거이론 방법론은 새로운 지식을 창조하며, 실무를 안내(Morse, 신경림, 김미영 공역, 2003 재인용)하는 역할을 하게 된다. 이런 의미에서 근거이론을 통해 개발한 이론을 실체이론이라 칭한다(홍현미라 외, 2008).

본 연구에서 근거이론 방법을 선택한 이유는 다음과 같다.

첫째, 본 연구에 참여하고 있는 결혼이주여성이 지역사회라는 생활터전 속에서 경험하는 체험의 본질이 개별적 속성이 아닌 관계적 속성에 기초하고 있다는 점이다. 이러한 관계적 속성이라는 상징적 상호작용의 이해는 근거이론의 철학적 기반이기 때문이다.

둘째, 결혼이주여성의 지역사회 공동체 성원과의 소통을 통한 사회적 행위는 복수적 관점(triangulation)을 가질 수 있다. 사회적 상황과 연결되어 해석하는 관점에 대한 설명에는 근거이론 연구방법의 활용이 적합하다고 판단된다.

셋째, 조직단위로서의 지역사회라는 공간 속에서 결혼이주여성이 지역공동체 구성원들의 관점을 어떻게 이해하고 수용해 나가는지의 과정을 탐색하고, 자신의 역할정의를 어떻게 구성해 나가는지를 경험 주체자의 입장에서 분석하여 실체이론을 개발하는 데는 근거이론 연구방법이 유용할 것으로 사료되기 때문이다.

근거이론 연구는 특정 상황에 관련된 어떤 이론, 즉 어떤 현상에 대한 추상적 분석적 구조를 생성하거나 발견하고자 하는 것이다(Creswell, 1998). 그 현상에 속하는 자료를 체계적으로 수집하고 분석하면서 발견되고, 발전되고, 잠정적으로 증명될 수도 있는 것이다. 연구자는 면접 자료를 수집하며, 현장을 여러 차례 방문하고, 정보의 범주들을 개발하고 상호 관련시키며, 이론적 명제 혹은 가설을 쓰거나 이론에 대한 시각적 그림을 제시한다.

3. 근거이론을 이용한 이론(유형)도출 과정

근거이론 연구방법을 사용하여 본 연구는 연구주제 탐색하기, 연구질문 정하기, 현장 들어가기 및 자료수집하기, 해석하기 및 분석하기, 이론 개발하기 등의 순으로 진행한다.

연구주제는 결혼이주여성의 이주 후 새로운 지역사회에 참여하는 과정에 관한 기초지식화의 연구목적을 위해 스트라우스와 코빈(1998), 코빈(2004)의 근거이론 접근방법에 따라 설계한다(최금해, 2006: 39 재인용, <그림 3 - 1> 참조).

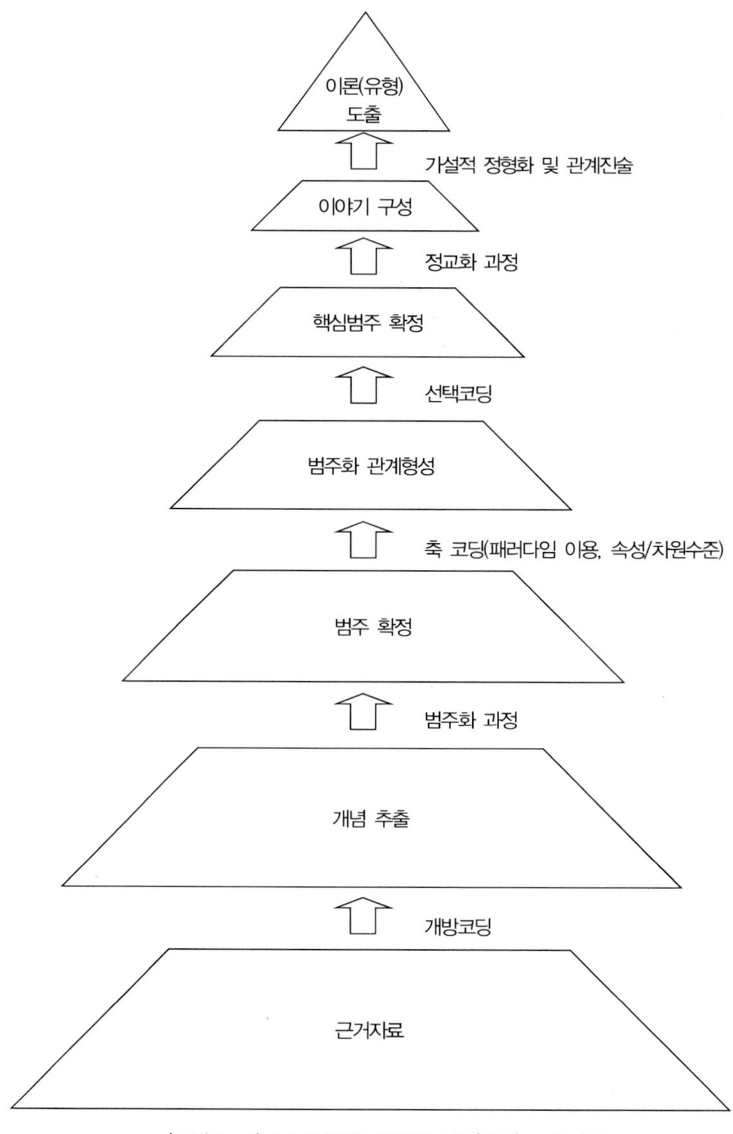

〈그림 3-1〉 근거이론을 이용한 이론(유형) 도출과정

제2절 연구자 준비

질적 연구에서는 자료의 수집과 분석에 이르기까지 전 과정에 걸쳐 연구자 자신이 중요한 도구가 된다. 질적 연구를 수행하는 연구자는 기본적인 자질로서 이론적 민감성을 갖추어야 하는데 이것은 전문적, 개인적인 경험뿐만 아니라 문헌에 기초해서도 얻을 수 있다(Strauss & Corbin, 1998). 질적 연구자는 자신의 개인적 선입견, 가치, 신념에 대해 알고 있어야 하는데, 이는 자료를 수집하기 전 그리고 연구 과정 중에 필요하다. 동시에 생각들을 앞세운 구조화된 접근은 피하고 개방적인 태도를 취하는 것이 중요하다. 그리고 자료로부터 중요한 의미를 분석해 낼 수 있는 통찰력 있는 시각이 요구되는데 이를 위해 많은 훈련과 연구경험이 뒷받침되어야 한다. 특히 연구자의 배경이나 경력은 연구 참여자와의 상호작용에 영향을 미치게 되며, 면담기술 등은 자료수집 등에 결정적인 영향을 미치게 된다.

본 연구자는 2001년 2월부터 9월까지 D종합사회복지관의 사회사업 팀장으로 근무 중에 외부 지원기관의 공모사업으로 지역사회 거주 독거노인 16명을 대상으로 지나온 삶의 흔적을 이야기하고 이를 기록하여 분석하는 프로그램을 운영하면서, 이들 노인 개인과 집단을 대상으로 상담을 실시한 경험을 갖고 있다. 2003년 8월부터 10월까지 G시 영구임대주택에 거주하는 수급자가구원 44명을 대상으로 한 빈곤요인별 사례분석을 위한 질적 사례 연구를 공동으로 수행한 바 있다. 2006년 5월부터 11월까지 미혼 양육모 6사례에 대한 양육체험 연구에서 질적 연구방법의 하나인 현상학적 연구방법을 적용하여 석사학위 논문지도를 수행한 바 있다.

2008년 3월부터 사회복지질적연구학회 가입 후 회원활동으로 충청지역 질적연구학회 참석, 질적연구 분석기법 연구학회 참석, 서울지역 질적연구학회 등에 참석하였으며, 2009년 1월부터는 질적연구에 관심 있는 학자(간호학, 언어치료학, 상담학, 사회복지학 분야)와 박사과정 학생들의 모임인 Triangulation의 워크숍에 참여하고 있다.

제3절 연구 참여자 선정

연구의 참여자는 스트라우스와 코빈(1998) 그리고 코빈(2004)의 근거이론 방법에 근거하여 선정하였다. 이들이 제시하고 있는 참여자 선정방법은 이론적 표본추출(theoretical sampling)과 눈덩이 표본추출(snow balling sampling)이다.

본 연구의 참여자는 농촌지역에서 생활하며 거주하고 있는 결혼이주여성이다. 또한 연구주제가 결혼이주여성의 지역사회 참여과정의 경험에 대한 연구인 관계로 지역사회의 주요 주민서비스 및 교육활동의 장인 군청 사회복지과, 다문화가족지원센터, 지역아동센터에서 추천받은 결혼이주여성 신분인 5명을 1차 참여자로 선정하였다. 1차 선정기준은 한국사회에 결혼이주 기간이 3년이 경과한 결혼이주여성으로 한정하였다. 이는 본 연구의 주제인 지역사회의 참여활동을 하기 위해서는 한국어 소통이 수월하고, 출산한 자녀를 교육기관에 맡긴 후 사회활동 참여가 가능하다는 현실적인 여건을 고려한 것이다.

# 제4절 자료수집

본 연구의 자료수집 절차와 방법은 세 단계로 진행되었다. 첫 번째 단계에서는 연구질문과 주제 그리고 언어적 민감성을 확보하기 위한 단계이다. 이 단계에서는 결혼이주여성이 한국생활 경험을 저술한 단행본, 이주여성의 사회참여 관련 TV 출연내용을 담은 비디오 자료, 결혼이민자가족지원센터 및 자조모임의 인터넷 카페 등 비학술적 문헌이나 글에 대해 고찰하였다. 결혼이주여성의 지역사회 참여 경험에 대한 직관과 통찰력을 위한 농촌지역의 결혼이주자가족지원센터의 실무자들과 사전 인터뷰를 진행하였다.

두 번째 단계에서는 연구의 1차 참여자 선정과 심층 인터뷰 단계이다. 이 단계에서는 1차로 선정된 참여자들에 대한 비구조화된 개방형 질문을 가지고 심층 인터뷰를 진행하였다. 연구자는 연구 참여자와의 면담을 일관성 있게 이끌어가기 위해 연구문제에 따라 연구 흐름표를 작성하여 활용하였다. 인터뷰 결과에 대한 필사작업(transcript), 그리고 1차 인터뷰 결과에 대한 분석작업을 동시에 진행하였다. 분석내용을 토대로 이론적 샘플링을 위한 2차 질문지를 형성하고 1차 참여자로부터 지역사회 활동에 참여하고 있는 결혼이주여성을 소개받아 최종 참여자를 선정하였다(<그림 3 - 2> 참조).

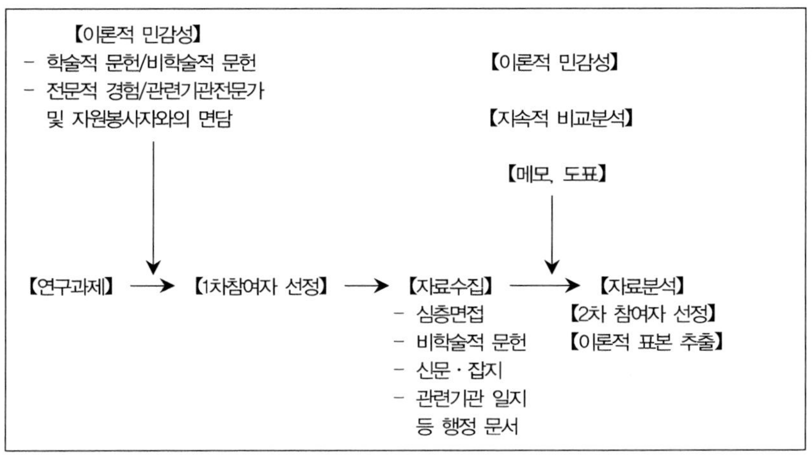

〈그림 3-2〉 자료수집 과정

세 번째 단계에서는 2차로 선정된 참여자들에 대한 심층 인터뷰와 분석작업을 토대로 실체이론 개발의 기본이 되는 개념형성과정에 필요한 자료를 수집하였다. 동시에 자료를 수집하는 동안 연구자가 인식한 연구 참여자의 감정, 태도, 경험, 반응 등을 현장에서 메모한 현장노트 역시 자료로 함께 사용하였다.

자료수집은 2008년 9월부터 2009년 5월까지 진행되었다. 면담 장소는 다문화가족지원센터 상담실, 지역아동센터 센터장실, 점심식사를 함께한 후 조용한 시간에 식당주인의 안방, 결혼이주여성의 직장 휴게실 등에서 이루어졌다. 면담은 휴대용 녹음기를 사용하여 녹음하였고, 녹음 내용은 연구보조원이 필사한 내용을 연구자가 다시 녹음을 들으면서 확인하였다. 면담시간은 1회에 60분에서 120분 정도 걸렸으며, 면담횟수는 1회에서 3회에 걸쳐 이루어졌고, 이메일(e-mail)이 가능한 결혼이주여성의 경우 전사한 내용에 대한 의견교환의 내용을 분석과정에 포함하였다.

# 제5절 자료분석 방법

다음으로 자료분석의 과정은 개방코딩, 축코딩, 선택코딩에 따라 분석(Strauss & Corbin, 1998)하였으며, 자료수집과 동시에 이루어졌다(<그림 3 - 3> 참조).

1. 개방코딩

개방코딩(Open Coding) 단계는 이론구축의 기초단계로서 첫째, 개념화를 통해서 많은 양의 자료를 더 적고 관리 가능한 양의 자료로 축소시킨다. 둘째, 개념의 공통속성에 의해 떠오르는 의미를 추상화하는 범주를 발전시키고 셋째, 범주화한 것이 속성과 차원에 따라 어떻게 변화하는지를 보여주는 과정이다.

개방코딩은 이론을 구축하기 위해서 자료를 분석하는 첫 단계로서 개념화하는 작업으로 시작한다. 개념이란 이름에 붙여진 현상을 말하는 것으로 개념화를 추상화하는 것이다. 자료는 분리된 사건, 사고, 상황, 행동들로 분해되고 이들을 대표할 수 있는 이름을 부여받는다.

이때 개념화는 사건이 위치한 맥락(context)에 의해 제시되는 것이 중요하다(신경림 역, 2001).

개념이 축적되기 시작하면, 이들을 보다 추상적인 설명적 용어, 즉 범주 아래로 무리를 짓거나 분류히는 과정, 즉 하위범주로 묶어 추상적인 이름을 부여한다. 이때 범주는 분석자의 관점이나, 연구의 초점 그리고 연구의 맥락에 따라서 서로 다른 이름으로 주어지게 된다. 범주가 밝혀지면 구체적인 속성과 차원에 의해 범주를 발전시켜 나간다.

2. 축코딩

축코딩(Axial Coding)은 개방코딩에서 분해된 자료를 재조합하기 위해서 한 범주의 축을 중심으로 속성과 차원의 수준에서 범주를 하위범주와 연결시키는 과정이다.

연구자는 현상을 맥락화하기 위해 왜, 어떻게, 어디서, 언제, 어떤 결과와 같은 질문에 대한 대답을 찾으며, 그렇게 함으로써 범주들 간의 관계를 밝혀낸다. 범주들 간의 구조는 현상과 연관된 문제, 사건, 쟁점이 위치하고 일어나는 상황을 만드는 것으로 '왜'라는 질문에 대한 해답을 제공하고, 과정은 특정문제, 사람, 기관, 지역사회의 작용/상호작용을 시간의 흐름에 따라 나타내는 것으로 '어떻게'에 대한 해답을 준다. 이와 같은 구조(structure)를 과정(process)과 연결시키는 통합과정에 사용되는 분석적 도구를 패러다임이라고 한다. 패러다임의 기본구성요소는 인과적 조건(casual condition), 현상(phenomenon), 맥락적 조건(contextual condition), 중재적 조건(intervening condition), 작용/상호작용(actions/interactions), 결과

(consequences)가 있다. 조건(condition)은 현상에 영향을 미치는 사건이나 일을 대변하는 인과적 조건, 인과적 조건이 현상에 미치는 영향을 경감시키면서 변화시키는 중재적 조건, 현상에 속하는 속성으로 어떤 특정한 현상에 대응하기 위해 취해지는 구체적인 조건으로 맥락적 조건이 있다. 작용/상호작용은 현상에 대처하거나 다루기 위해 취해지는 의도적이고 고의적인 행위이며, 결과는 작용/상호작용의 결과물을 말한다.

3. 선택코딩

선택코딩(Selective Coding)은 이론을 통합시키고 정교화하는 과정이다. 통합은 오랜 시간에 걸쳐 일어나는 지속적인 과정으로 분석자와 자료 간의 상호작용이다. 통합의 첫 번째 단계는 연구의 중심주제인 핵심범주(Core Category)를 결정하는 것으로 이것은 하나의 추상화 작업이다. 이때 개념의 통합을 촉진하는 기법으로 이야기 윤곽 적기, 도표 사용하기, 메모 정리하기, 검토하기 등이 있다.

이론적 도식의 틀이 잡히면 연구자는 이론을 정교화하고 부실하게 발견된 범주를 메우기 위해 메모 또는 가공되지 않은 자료를 검토하거나 선택적으로 이론적 표본추출을 통해 수행할 수 있다. 마지막으로 이론은 그것을 원자료와 비교하거나 연구 참여자에게 제시해서 반응을 알아보는 것에 의해 검증된다. 자료에 기초한 이론은 참여자가 동의할 수 있어야 하고, 이것이 사례의 모든 측면과 일치하지 않더라도 큰 개념은 적용될 수 있어야 한다.

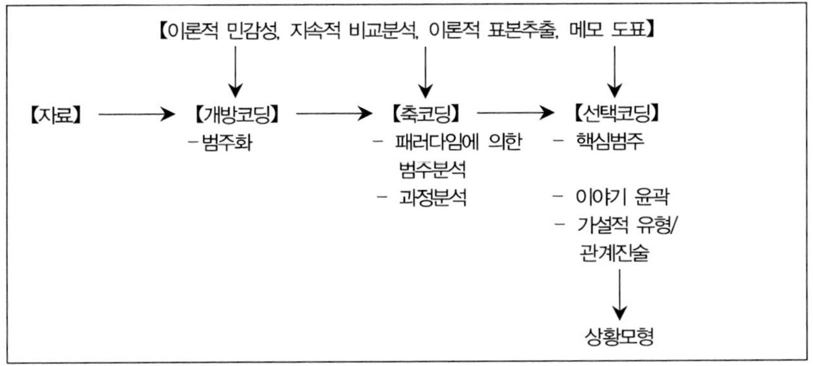

【이론적 민감성, 지속적 비교분석, 이론적 표본추출, 메모 도표】

【자료】 → 【개방코딩】 → 【축코딩】 → 【선택코딩】
－범주화 － 패러다임에 의한 － 핵심범주
범주분석
－ 과정분석 － 이야기 윤곽
－ 가설적 유형/
관계진술

상황모형

<그림 3-3> 자료분석 과정

제6절 연구의 엄격성 및 윤리적 이슈

질적 연구는 철학적 배경, 방법적 배경, 연구목적 등에서 양적 연구와 구별되기 때문에 연구를 평가하는 기준 또한 양적 연구와는 구별되어야 한다. 본 연구에서는 Lincoln & Guba(1985)가 제시한 사실적 가치(truth value), 적용성(applicability), 일관성(consistency), 중립성(neutrality)을 평가기준으로 고려하여 연구의 질을 관리하고자 하였다.

첫째, 사실적 가치는 양적 연구의 내적 타당도에 해당하는 것으로, 이는 경험을 한 연구 참여자 또는 독자들로 하여금 자신의 경험으로 믿을 수 있는가를 측정하는 것이다. 본 연구에서 연구자는 면담 기록내용과 분석결과를 이메일 혹은 전화로 연구 참여자에게 보내주어 연구자가 기술한 내용과 분석결과가 참여자의 체험내용과 일치하는지를 확인하였다.

둘째, 적용성은 양적 연구의 외적 타당도에 해당하는 것으로 연구결과가 다른 맥락이나 장소 또는 다른 집단에 의미 있고 적용 가능한지를 보는 것이다. 이를 위해 참여자 선정에서 지역사회 참여 경험을 잘 드러낼 수 있는 참여자를 선정해 나갔고, 각 연구 참여자의 진술이 반복적으로 나타나서 더 이상 새로운 자료가 나오지 않을 때까지 자료를 수집하고 그 의미를 발견하는 과정을 통해 달성하였다. 셋째, 일관성은 양적 연구의 신뢰도에 해당하는 것으로 연구결과의 일관된 징도를 평가하는 기준으로 이는 다른 연구자도 연구자의 자료, 시각, 상황에 따라 전혀 모순되지 않는 비슷한 결론에 도달할 수 있을 때 일관성이 높다고 볼 수 있다. 본 연구에서는 연구방법과 자료수집 및 분석과정을 자세히 기술하고 질적연구로 사회복지학 박사학위 소지자 2인, 질적연구회 멤버들에게 연구결과의 평가를 의뢰하였고 협의와 평가를 통해 일관성을 높이고자 하였다. 또한, 언어적 일관성을 위하여 국문학 박사학위 교수 1인으로부터 분석내용에 대한 언어적 감수를 받아 연구결과를 수정함으로써 본 연구의 일관성을 높이고자 노력하였다. 그리고 연구결과에 대한 교육학전공자 교수 1인의 감수도 받았다.

넷째, 중립성은 양적 연구의 객관성에 해당하는 것으로 연구과정과 결과에서 편견이 배제되어야 함을 전제로 한다. 본 연구자는 연구에 들어가기 전에 어떤 결과에 도달하려 하거나 시각을 증명하려는 의도 없이 연구를 시작하였으며, 자료에 드러난 실재에 충실하고자 하였다. 결혼이주여성의 지역사회 참여 경험의 실재를 더 잘 이해하고 반영할 수 있기 위하여 본 연구과정에서 드러난 자료에 적절한 거리를 유지하면서 비교하여 생각하기, 회의적인 태도 유지하기, 연구절차 따르기의 과정을 통해 연구의 엄밀성을 높이고자 하였다.

질적 연구는 **철학적 배경, 방법적 배경, 연구목적** 등에서 양적 연구와 구별되기 때문에 연구를 평가하는 기준 또한 양적 연구와는 구별되어야 한다.

04

연구결과

질적 연구에서 표본 추출의 두 가지 원리는 **적절성과 충분성**이다. 적절성이란 연구에서 이론적 필수 조건에 따라서 연구에 가장 좋은 정보를 제공해줄 수 있는 참여자를 알아내어 선택하는 것이고, 충분성이란 연구하고자 하는 현상들에 충분하고 풍부한 설명을 하기 위해서 충분한 자료(포화 상태)를 수집해야 한다는 것이다.

# 제1절 연구참여자의 특성

질적 연구에서 표본 추출의 두 가지 원리는 적절성과 충분성이다. 적절성이란 연구에서 이론적 필수 조건에 따라서 연구에 가장 좋은 정보를 제공해줄 수 있는 참여자를 알아내어 선택하는 것이고, 충분성이란 연구하고자 하는 현상들에 충분하고 풍부한 설명을 하기 위해서 충분한 자료(포화상태)를 수집해야 한다는 것이다. 즉, 적절함과 충분함의 기준을 충족시키지 않는다면, 질적 연구 결과는 깊이가 없는 것으로서 연구의 신빙성과 타당도도 위협받게 될 가능성이 있다(Morse, 1991; 신경림 역, 2003: 109 재인용). 본 연구에서 표본 추출의 적절성은 연구 목적에 따라 국제결혼을 통해 한국에서 생활한 지 3년 이상인 결혼이주여성을 연구 참여자로 선정함으로써 확보하였고, 연구 참여자와 심층 면담을 통해 더 이상 새로운 자료가 나오지 않을 때까지 자료의 충분성을 확보하고자 하였다.

본 연구의 참여자는 연구목적과 연구방법을 설명 듣고 연구참여에 동의한 결혼이주여성 14명이다[07]. 연구참여자의 일반적 특성은 <표

---

[07] 연구 〈참여자 4〉는 처음 인터뷰에 응하였으나, 가족과 관련한 사항이 외부에 유출될 염려로 부득이 녹음내용을 지워주고 연구대상자에서 철회를 요구하여 분석에서 제외되었다. 연구 〈참여자 5〉는 여러 차례 남편의 폭력으로 가출 후 일시적인 일자리를 갖고 있으면서 상담센

4-1>과 같다. 즉, 참여자들의 연령은 26세부터 46세로, 20대 2명, 30대 7명, 40대 5명이다. 결혼이주여성의 남편의 연령은 39세부터 51세로, 30대 1명, 40대 12명, 50대 1명이다. 결혼 후 한국에 체류 기간은 3년부터 16년으로 평균 9.1년 정도 되었다. 결혼관계는 결혼 유지 13명, 별거 1명이었다.

참여자의 학력은 중학교 졸업 2명, 고등학교 졸업(중퇴 포함) 6명, 전문대학 졸업 2명, 대학교 졸업 4명이었다. 참여자의 직업상태는 직업을 가지고 있는 사람이 8명, 자활사업 참여 2명, 가족단위 농업에 종사 2명, 통번역사 1명, 자원봉사활동 1명이다. 남편의 직업상태는 농업 6명, 농기계수리 1명, 건축분야 2명, 회사원 1명, 기사 2명, 일용직 2명이다. 연구 참여자 중 자녀가 없는 경우 3명, 자녀가 1명인 경우가 3명, 자녀가 2명인 경우가 4명, 자녀가 3명인 경우가 3명, 자녀가 4명인 경우가 1명이었다. 시부모와 동거한 경우는 3명이었다.

종교의 경우 종교 없음이 5명, 통일교 4명, 기독교 2명, 천주교 2명, 이슬람교 1명이었다. 한국어 의사소통능력은 상중하로 구분하였을 때 한국말을 잘하는 상위수준 7명, 중간수준 6명, 하위수준 1명이었다. 주관적인 경제상태는 기초수급 2명, 저소득 4명, 중간정도 8명이었다.

참여자의 출신국가는 필리핀 4명, 중국(조선족) 3명, 일본 2명, 베트남 2명, 인도네시아 1명, 미얀마 1명, 과테말라 1명이었다. 거주지역은 전남의 1개 시의 면단위 지역 5명, 5개군 지역 9명이었다.

〈표 4-1〉 연구 참여자의 일반적 특성

구분	출신국	연령	학력	결혼 기간	본인직업	남편직업	가족	거주지	비고
참여자 1	일본	46	전문대졸	13년	일본어강사	농업	2남 1녀	전남 군	
참여자 2	필리핀	40	고졸	8	자활사업	농업	3남	전남 군	
참여자 3	베트남	29	고졸	8	자원봉사	회사원	1남	전남 군	
참여자 6	중국 (조선족)	36	고중퇴	11	학교 조리원	건축	2남	전남 군	
참여자 7	중국 (조선족)	31	중졸	5	농업	농업	없음	전남 군	
참여자 8	필리핀	30	대학졸	5	영어강사	일용직	없음	전남 시	
참여자 9	인도네시아	35	고졸	10	계약직 공무원	기사	1녀	전남 시	
참여자 10	과테말라	35	고졸	10	보조교사	건축	2남	전남 시	
참여자 11	미얀마	44	대학졸	16	농업	농업	2남	전남 시	
참여자 12	일본	41	대졸	11	한국어강사	농업	2남 2녀	전남 군	
참여자 13	중국 (조선족)	39	고졸	11	유치원 조리원	기사	1남 2녀	전남 시	
참여자 14	필리핀	35	대졸	9	계약직 공무원	일용직	2남	전남 군	
참여자 15	필리핀	43	전문대졸	11	영어강사	농업	1남 1녀	전남 군	남편 별거
참여자 16	베트남	26	중졸	3	통번역사	농기계 수리	없음	전남 군	

연구 참여자의 특성을 개인별로 간략히 요약하여 제시하면 다음과
같다.

<참여자 1>

<참여자1>은 종교를 통해 30대 초반의 나이에 결혼을 하게 되었다.
처음 시집왔을 때부터 시부모님은 참여자를 매우 예뻐해 주셨다. 참
여자가 한국며느리들처럼 잘해드리지 못한 것이 많은데도 시어머니
는 바깥에 나가서 주변 분 들이나 친척들에게 한국며느리들보다 잘
한다고 항상 칭찬해주서서 고마웠지만 양심상 부담을 느끼기도 했다.
한국에 시집와서 가장 어려웠던 점은 언어문제였다. 의사소통이 제

대로 되지 않으니 알아듣지 못하고 본인의 생각도 제대로 전달하지 못해 답답했다. 그러나 다른 사람들이 알아듣지 못하는 말도 남편은 다 알아듣고 통역해주는 것이 신기했다. 한국 사람들은 말이 빠르고 목소리가 커서 이야기를 할 때도 서로 싸우는 것처럼 들리고 상대방의 특징을 농담 삼아 이야기하는 것도 참여자에게는 상처가 되었다. 문화적 차이와 생활 습관 등에서 오는 갈등이었다. 외국에서 와서라기보다는 한 번도 해 본 적이 없는 농사를 지어야 한다는 점에서도 처음에는 적응하기가 어려웠다. 지역사회활동은 남편과 시어머니의 전폭적인 지지에 의해 일본어 강의를 하게 되었고, 지역사회활동을 하다 보니 기분전환도 되고 자신감과 자부심이 생겼다는 점에서 만족해하였다. 다만 강의시간이 주로 저녁시간이다 보니 아이들과 대화할 시간이 부족하고 아이들을 제대로 챙겨주지 못한다는 것이 힘든 점이다. 남편은 무엇이든지 해보라고 격려하지만 공부도 더 많이 하고 운전면허증도 따려면 경제적인 어려움도 고려해야 한다. 이제는 한국인으로서 타인과 교류하고 지역문화에 동참하기 위해서는 본인 의지가 무엇보다 중요하겠지만 외국인들이 적극적으로 참여하고 적응할 수 있도록 이끌어주는 사람들도 필요하다고 본다. 그리고 농촌에서 젊은 사람끼리 모임을 통해 서로 정보도 교환하고 교제를 나누는 것도 도움이 된다고 생각한다.

<참여자 2>
<참여자 2>는 결혼에 대해 진지하게 고민하던 30대 초반에 필리핀에 왔던 남편을 처음 만났다. 3일간의 짧은 데이트가 아쉬웠고 전화와 편지를 통해 교제하다가 1년 후 다시 필리핀을 찾은 남편과 결혼하게 되었다. 친정 부모님은 모든 결정권을 참여자에게 일임했으므로 가족의 반대는 전혀 없었다. 처음 한국에 와서 가장 적응하기 어려웠던 것은 언어였다. 한국에 오기 전 참여자가 다니던 필리핀의

교회에서 한국의 음식과 노래 등 한국문화를 조금이나마 접해보았기에 언어문제 이외의 불편함은 모르고 살았다. 남편도 잘해주었고 주변 사람들도 모두 친절했다. 필리핀의 친정 부모님도 논농사를 지으시고 남편도 농업에 종사하지만 참여자는 농사일을 하고 싶지 않았다. 참여자는 필리핀에서 백화점 직원으로 일하며 비교적 자유로운 생활을 누려서인지 농촌생활에 대한 답답함을 많이 느꼈다. 참여자는 지역사회활동으로 현재 자활사업단에서 3년째 도자기 빚는 일을 하고 있다. 아이들도 이제 어느 정도 컸고 일하고 싶다는 욕구가 강하게 들 때쯤 필리핀 친구를 따라 자활사업단에 놀러 갔다가 실장님의 제의로 일을 시작하게 되었다. 남편도 흔쾌히 승낙했고 아이들도 엄마가 일하는 것에 대해 호의적이라 쉽게 결정할 수 있었다. 영어 강사 일에 비해 수입은 턱없이 적지만 스스로 무엇인가를 만든다는 성취감 때문에 이 일을 좋아한다. 시어머니는 며느리가 일을 그만두고 농사일이나 거들었으면 하고 바라신다. 참여자 역시 비가 올 때나 추운 겨울에 오토바이를 타고 2~30분 되는 거리로 출근하기가 쉽지는 않지만 사회생활을 하면서 한국어도 배울 수 있고 기술도 습득할 수 있다는 점에서 어려움을 감수한다. 참여자는 모든 수입을 본인이 관리하고 있다고 했다. 참여자는 남편의 이러한 배려에 오히려 책임감을 강하게 느꼈다. 본인의 월급으로는 자녀들의 대학 등록금을 위해 적금을 들고 있다. 그래서 아이들이 대학에 입학할 때까지는 건강한 몸으로 일할 수 있었으면 하는 작은 바람을 내비쳤다. 참여자는 경제활동 이외에도 기회가 된다면 무슨 일이든 하기를 원하고 있었고, 동네 어르신들을 위한 자원봉사도 희망했다.

<참여자 3>
<참여자 3>은 국제결혼을 하게 된 동기를 한국 드라마를 보며 한국 사람들은 모두 선하고 인간적일 것이라는 환상 때문이었다고 말하였

다. 또, 한국에 시집만 가면 잘살 것 같은 생각이 들어서 한국인과 결혼하려는 꿈을 일찍부터 갖고 있었다. 그러나 실제로 결혼을 하고 보니 그것은 망상이었고 한국도 베트남처럼 잘사는 사람과 가난한 사람이 양존한다는 사실을 깨닫게 되었다. 참여자가 한국 사람이랑 결혼하겠다고 하자, 부모님은 딸이 베트남과 가까운 나라를 두고 왜 먼 곳으로 가려 하는지 이해를 못 하였다. 베트남에서는 잘살든지 못살든지 부모, 형제가 옆에 있으니 괜찮지만 먼 나라로 가서 못살 면 어떻게 하느냐며 만류하였다. 참여자는 오랫동안 부모님을 설득 했고 결국은 결혼 승낙을 받아냈다. 결혼 후 한국에 와서 어려웠던 점은 한국과 베트남 간의 문화 차이와 의사소통에서 오는 불편함이 었다. 큰며느리였던 참여자는 한국말을 전혀 알아듣지 못했고 가족 과도 대화가 이루어지지 않았다. 이로 인해 시부모님도 처음에는 실 망을 많이 하셨고 참여자도 오로지 베트남으로 돌아가고 싶다는 생 각뿐이었다. 게다가 결혼 직후 임신을 하게 되었고 입덧이 심해짐에 따라 한국 음식은 입에 댈 수조차 없는 상황이었다. 날마다 베트남 에서 먹던 음식 생각만 간절해 한 달 동안이나 밥을 제대로 먹지 못 했다. 가족 중에서도 특히 시동생이 참여자가 한국 생활에 적응할 수 있도록 지원을 아끼지 않았다. 짬짬이 한국어 교본을 구입하여 공부하고, 텔레비전을 보면서도 따라서 듣고 익히라며 많이 도와주 고 가르쳐주었다. 참여자가 지역사회활동을 하게 된 것은 교회에 다 니면서부터다. 교회에서 여러 사람을 만나고 교제를 나누며 한국어 실력이 많이 늘었다. 재가복지를 통해서 도시락 배달 자원봉사도 하 게 되었다. 그 밖에도, 참여자는 한국어를 모르는 외국인 근로자나 이주여성을 위한 통역과 인력개발공단 및 여러 회사의 외국 관리를 채용할 때도 면접관으로 참여하는 등 다양한 사회활동을 하고 있다. 또한, 이런 통역이나 자원봉사활동을 하면서 부부간에 서로 불만이 있어도 조금 양보하며 맞춰 살게 되었고 내 가족을 위해 더 열심히

노력하여 행복한 가정을 만들고 싶다는 생각도 하게 되었다. 참여자
는 자원봉사나 프리랜서로 하는 통역도 좋아하는 일이지만, 수입이
많진 않더라도 커가는 아이와 보다 나은 생활을 위하여 매달 고정적
인 수입이 들어오는 직업을 갖기 원한다.

<참여자 6>

<참여자 6>은 친척의 소개로 나이 차이가 많이 나는 남편과 국제결
혼을 하였다. 당시에는 신부의 환심을 사기 위해 빚을 얻어 부자행
세를 했던 남편이 실제로 결혼하고 보니 빈털터리였다는 현실은 참
여자에게 심한 상실감을 안겨 주었다. 한국에 가면 잘살 것이라는
기대는 무너지고 경제적인 어려움과 실망감으로 인해 많이 힘들었다.
경제적인 어려움에다 남편의 톡 쏘는 말투에 스트레스를 많이 받았
으며, 더구나 남편이 일을 하다가 다쳐 몇 달간 쉬게 되는 지경에
이르자 참여자가 가계를 책임져야 했다. 집안 사정을 잘 아는 동네
분들은 면담자가 힘들어서 도망갈지도 모른다는 부정적인 생각을 갖
고 있었고, 이러한 인식을 바꾸기 위해 최선을 다해 노력했다. 참여
자는 생활에 보탬이 되고자 간병인 활동과 여러 가지 부업도 해 보
았고, 현재는 초등학교 급식조리사로 활동하고 있다. 학생 수가 적고
하루에 4시간씩 파트타임으로 일하기 때문에 보수가 그리 넉넉하지
는 않지만 일에 보람을 느끼며 즐겁게 일한다. 참여자는 중국교포모
임에는 적극적으로 참석하는데 남편은 자기보다 나이가 어린 사람들
과는 얘기를 나누기 싫어해서 부부동반 모임에는 단 한 번도 참석하
지 않았다. 또한 참여자는 자녀의 학교 운동회나 축제에도 빠짐없이
참여한다. 군청에서 지원하는 한글공부와 공예, 요리 등도 열심히 배
우고 있다. 특히 요리에 관심이 많아 조리사자격증을 취득하기 위해
준비 중이다. 그나마 중국에서 취업하기 위해 한국에 온 남동생에게
정서적으로 많이 의지하는 편이다. 한국에서 돈을 많이 벌어 사업자

금을 모은 다음에 남동생과 중국에서 사업을 하겠다는 꿈도 갖고 있다. 이를 위해서 참여자는 군청에서 생활이 어려운 사람을 우선으로 일자리를 제공해주고, 10년 이상 고향에 가지 못한 결혼이주여성을 위한 보조금을 지원해주긴 바란다.

<참여자 7>

<참여자 7>은 한국에서 열심히 일하면 중국에서보다 잘살 것이라는 막연한 희망으로 국제결혼을 선택하였다. 남편은 전에 중국 조선족과의 결혼생활에 실패한 적이 있는 재혼남이었다. 하지만 이러한 핸디캡을 속이지 않고 솔직하게 얘기해주는 착한 남편의 모습에 망설임 없이 결혼을 결심하게 되었다. 부모님은 하나밖에 없는 딸이 중국에서 살기를 바랐지만 부모님의 반대를 무릅쓰고 중국에서 결혼하여 한국에 왔다. 조선족인 참여자는 처음 한국에 왔을 때 언어적인 어려움은 없었으나 낯선 곳에서의 외로움 때문에 견디기가 힘들었다. 노인인구가 많은 시골이라 동네 분들과는 인사 정도만 하고 다닐 뿐 특별한 교류나 왕래는 하지 않았다. 남편은 아내가 한국생활에 적응할 때까지 묵묵히 지켜봐줄 따름이었고 한국에 살고 있던 친정 식구들이 참여자에게 의지가 되어 주었다. 보수적인 시골 어르신들이 많은 동네에서 살다 보니 문화적인 차이에서 오는 오해도 있었다. 중국에서는 모르는 사람한테는 인사를 하지 않는 것이 보편적인데 한국에서는 어른을 보면 무조건 인사해야 한다는 것을 몰랐고 이러한 문화가 익숙하지 않았다. 한국보다 못사는 중국에서 왔다는 열등감을 갖고 있던 참여자는 집안의 중요한 결정을 할 때 남편과만 상의하는 시어머니에게 며느리로서 인정받지 못한다는 서운함마저 느끼기도 하였다. 일 자체에서 삶의 보람을 느끼고 딸기농사의 비전을 품으며 착실하게 농사일에만 전념했다. 또한 같은 일을 하고 있는 사람들의 모임에 나가 정보를 서로 나누기도 한다. 결혼이주여성들

모임의 총무로 활동하며 같은 처지의 그들과 정서적인 유대관계를 맺고 있다. 또한 여성농업경영인 단체에 가입하여 활동할 계획도 갖고 있다. 개인적인 바람은 정부차원에서의 자연재해로 인한 피해보상과 불임수술에 대한 보조금 지원 및 중국이주여성들에 대한 빠른 국적취득을 기대한다.

<참여자 8>

<참여자 8>은 농촌총각으로서 결혼하는 데 어려움을 겪는 아들을 염려하는 시어머니의 부탁으로 목사님과 여동생이 중매를 하여 국제결혼을 하게 되었다. 술, 담배를 전혀 하지 않고 신앙생활을 열심히 하는 남편의 성실함을 믿고 결혼을 결심하였다. 친정어머니는 외국으로 시집가려는 딸의 의견에 반대하셨지만 지금은 행복하게 잘 사는 딸의 모습에 만족해하신다. 보수적인 사고방식을 가진 전형적인 시골 분이신 시어머니는 바깥에 나가 며느리를 험담하거나 깎아내리는 말씀은 하지 않으셨지만 외국인 며느리에 대한 선입견을 갖고 계셨다. 의사소통이 전혀 되지 않는데다 익숙하지 않은 살림까지 맡아서 해야 하니 참여자는 이래저래 스트레스가 심했다. 집안일이 너무 버거워 고향으로 돌아가고 싶은 마음이 간절했지만 동생의 설득으로 마음을 돌리게 되었다. 결혼하기 전에 필리핀에서 아동교육 관련학과를 나와 보육교사로 일했던 면담자는 지역의 대학부설 평생교육원에서 3개월의 교육과정을 이수하여 원어민강사로 활동하고 있다. 원어민강사로 활동한지는 1년쯤 되었다. 그 전에는 버섯공장에 다니기도 하고 테이프공장, 박스공장, 자동차 스티커 이니셜을 만드는 공장에서도 일한 경험이 있다. 참여자는 수입의 상당부분을 고향에 계신 친정어머니의 약값과 동생의 학비로 지출하는데 남편이 이를 이해하고 도와주기에 가능한 일이다. 필리핀 모임에서 정서적 유대감을 쌓으며 마을축제에도 참여하는 면담자는 원어민강사와 영어 개인지도

 농촌 다문화가정 결혼이주여성의 지역사회 참여 연구

를 하며 집에서는 맞벌이를 하는 이주여성들의 자녀들을 돌보는 일을 하고 있다. 아이들의 영어에 대한 흥미를 유발하기 위해 노래, 게임, 연극, 드라마, 발표회 등 다양한 내용으로 수업을 준비하는 등 원어민강사를 하면서 일에 대한 보람을 느낀다. 국제결혼의 긍정적인 면을 살렸으면 하는 바람과 함께 결혼이주여성들이 지역사회에 뿌리를 내리고 성취감을 느끼면서 일정한 수입을 창출할 수 있는 제도가 요구되며, 경제가 어렵고 정부도 예산을 삭감하는 추세라서 이주여성들이 혜택을 받을 수 있는 다양한 사업들이 이루어지지 못하고 있음을 아쉬워하였다.

<참여자 9>

<참여자 9>는 친구의 소개로 인도네시아에서 직장에 다니던 남편을 만나 교제하다가 국제결혼을 선택했다. 특별히 부모님의 반대는 없었다. 참여자는 남편을 사랑하는 마음과 행복하게 살 것이라는 믿음으로 시집을 오게 되었다. 인도네시아에서 교제할 때 남편에게 간단한 한국어는 배웠지만 막상 한국에 오니 의사소통이 전혀 되지 않아 외출도 거의 하지 않고 지냈다. 그나마 같은 아파트에 살던 이웃들이 정서적인 지지자였다. 그 후 한국 친구들을 사귀면서 한국어를 배웠다. 그리고 시어머님이 처음에는 반찬도 만들어서 갖다 주셨는데 나중에는 시어머님께 한국음식 만드는 법을 배워 직접 음식을 해 먹게 되었다. 참여자는 남편의 계모임에는 참석하지 않는 편이고 친목도모를 위해 만나는 아시아 모임에만 혼자 참석한다. 특히 다문화축제에는 적극적으로 참여하여 한국문화와 풍습, 한국음식을 많이 배우고 느끼는 문화교류의 기회로 삼는다. 또한 자녀의 학교 운동회 때는 한국문화를 체험하고 학부모들과 교제를 나누는 시간을 갖는다. 간혹 학부모 모임을 통해 자녀의 학습에 관한 정보를 듣기도 한다. 그동안 여러 가지 일들을 경험해보았고 집에서 쉬었던 적이 거의 없

었다. 시부모님은 이처럼 생활력 강한 며느리를 대견해 하신다. 남편
과 자녀의 이해와 격려도 일하는 데 많은 힘이 된다. 일을 하면서
보람도 많이 느낀다. 가정경제에 보탬이 되기도 하지만 한국문화도
체험할 수 있어서 가능하다면 계속 일을 하고 싶어 한다. 참여자는
나중에 사회복지를 공부하여 자국민을 위한 봉사를 할 꿈도 갖고 있
다. 이주 여성들이 한국사회에 뿌리내리고 활동할 수 있도록 다양한
기회가 제공되기를 면담자는 희망한다.

<참여자 10>
<참여자 10>은 과테말라에 파견 나온 남편을 만나 서로 사랑하여
국제결혼을 선택하게 되었다. 시댁이 가까운 곳에 있어도 의사소통
이 되지 않으므로 손짓으로만 대화할 수밖에 없었다. 친구도 없고
대화할 사람도 없었다. 성격상 사람을 사귀는 것도 쉽지 않았다. 동
네에서 친하게 지내는 사람은 거의 없다. 남편의 한국 친구들과의
부부동반 모임에는 1년에 한두 번쯤 참석하고 있다. 참여자가 직장
생활을 하기 때문에 자녀들에게 학업 면에서 신경을 못 써주는 부분
이 많다. 큰아들이 동생의 숙제를 도와주고 참여자가 모르는 것이
있으면 오히려 자녀들이 엄마에게 설명해준다. 남편도 자녀들을 잘
챙겨주고 참여자가 사회활동을 하는 데 적극적인 지지자가 되어 준
다. 직장에서는 원장님을 비롯하여 동료 선생님들이 어려운 일은 자
세히 가르쳐주고 설명을 해주기 때문에 일하는 것이 어렵지는 않다.
그러나 학부모들은 이주여성에 대한 선입견 때문에 외국인이 아이들
을 가르치는 것을 별로 달가워하지 않는다. 원장님은 신경 쓰지 말
라고 하지만 보육교사 자격증을 취득하여 당당하게 일을 하고 싶어
한다. 참여자는 어린이집에서 틈틈이 아이들에게 동화책을 읽어주기
도 하고 식사하는 것을 도와주는 일을 주로 하는데 그 성실함을 인
정받고 있다. 일을 하지 않을 때는 집에서 답답하기 때문에 스트레

스가 쌓이고 남편과도 자주 다투는 일이 많았는데 일을 시작하면서 부터는 싸울 시간도 없고 남편과의 사이도 더 좋아졌다. 휴가를 받아 고향인 과테말라에 갔다 오느라 한 달 정도 쉬었는데 없는 동안 참여자를 찾는 학부모들이 많았다는 소리를 전해 듣고 기분이 좋았다. 직장에서 자신의 존재감을 확인하고는 일하는 보람을 느꼈다. 면담자가 사회활동 하는 것을 인정하고 배려해주는 가족들 덕분에 마음 놓고 사회활동을 계속 할 수 있을 것이라고 생각한다. 참여자는 앞으로 어린이집에서 영어를 가르치는, 선생님이 되고 싶은 소망을 갖고 있다. 이 꿈을 위해서 차근차근 준비 중이다.

<참여자 11>

<참여자 11>은 남편과 일본에서 어학연수 중에 만나 교제하다가 국제결혼을 하게 되었다. 양가 부모님이 모두 심한 반대를 했기 때문에 결혼 결정을 내리기가 몹시 힘들었다. 그러나 참여자는 남편에 대한 확고한 믿음이 있었고 남편도 적극적으로 부모님을 설득한 끝에 결국에는 결혼 승낙을 받아 냈다. 한국에 와서 가장 적응하기 힘들었던 점은 언어문제였다. 한국어를 전혀 몰랐던 참여자는 벙어리 신세였고 의사소통의 어려움으로 마음고생이 매우 심한 상태였다. 더구나 시댁식구들의 냉담한 태도는 낯선 곳에서 정착해야 하는 참여자를 더욱 힘들게 했다. 농촌에서 자녀들을 교육시키기도 녹록지 않았다. 아이가 다섯 살이 될 때까지 그 마을에는 유치원도 없는 실정이라 아이가 교육받을 곳조차 마땅히 없었다. 사정이 이러니 자녀들이 말을 배우는 속도도 느렸다. 참여자는 TV 드라마를 보기도 하고 동네 할머니들과 대화를 나누며 한국어를 배우기 시작했다. 한국어가 익숙해지자 배 농사를 잘 짓는 집에서 일을 도와주며 농사 방법도 열심히 배웠다. 남편과 함께 배 농사에 열정을 쏟으며 농사에 대한 보람도 느꼈다. 남편의 적극적인 지지에 힘입어 앞으로도 꾸준

히 개발하고 노력하여 배를 이용한 전통음식을 지역특화상품으로 사업화시키고 싶은 꿈을 갖고 있다. 이러한 꿈을 이루기 위해 참여자 개인이 헤쳐 나가기에는 역부족인 문제들이 많은데 참여자는 지역사회 차원의 다각적인 지원을 희망하고 있다.

<참여자 12>

<참여자 12>는 국제결혼을 하기 전까지 참여자는 어릴 때부터 아프리카에 가서 해외봉사를 하는 것이 꿈이었고 결혼도 안 하고 아프리카에서 살려는 계획을 갖고 있었다. 이런 생각을 품은 참여자에게 실망하셨던 친정 부모님은 지리적으로도 가깝고 비슷한 외모를 가진 한국 사람과 결혼한다고 하니 무척 좋아하셨다. 결혼하여 가장 어려웠던 점은 언어문제였지만 시골이라서 한국어를 배울 곳이 없었다. 어르신들밖에 안 계신 동네라 대화상대도 없었고 교통도 너무 불편해서 움직임이 자유롭지 못했다. 그 후 차를 구입해 이동하는 데 불편함은 없어졌지만 경제적으로 힘든 생활 때문에 3년 동안 출신국가로 돌아가 돈을 벌기도 했다. 남편과는 갈등이 심했지만 시부모님이 참여자를 예뻐해 주셨고 특히 시아버님과는 모든 문제들을 터놓고 상의하며 조언을 구했다. 이렇게 도와주시는 시부모님과 함께 살았기에 아이 넷을 낳아 키우며 사회생활도 할 수 있었다. 참여자는 1년 전부터 한국어 지도사로 활동하고 있다. 결혼이민자지원센터를 통해 지역사회활동에 참여하면서 경제적으로도 여유가 생겼고 결혼이주여성을 보는 시각도 긍정적으로 바뀌었다. 자녀들도 TV나 신문에 나오는 엄마를 자랑스럽게 생각하며 면담자도 사회활동을 하면서 자신감과 보람을 찾았다. 미래에는 대학에서 사회복지를 공부한 후 결혼이주여성을 위한 봉사활동을 하겠다는 꿈을 갖고 있다. 결혼이주여성들은 대부분 경제적 어려움을 안고 사는데 시·군·구에서 이들에게 필요한 일자리를 많이 제공해주었으면 하고 바란다.

<참여자 13>

<참여자 13>은 결혼 대상자를 찾기 위해 당시 중국을 방문했던 남편을 지인의 소개로 선을 보게 되었다. 친정어머니와 동생으로 인한 스트레스가 심했던 참여자는 빨리 현실에서 벗어나고 싶어 조건은 보지 않고 국제결혼을 결심했다. 참여자는 조선족이었지만 한국어를 알지 못했다. 조선족 학교가 거리상 너무 멀리 있었기 때문에 근처에 있는 한족 학교에 다닐 수밖에 없었고 국제결혼을 결심하고서야 한국어를 배우기 시작했다. 아는 사람 하나 없는 타국에서 경제적으로 힘들었고 의사소통도 되지 않아 마음고생이 이만저만이 아니었다. 그러나 천성이 부지런하고 생활력 강한 참여자는 남편과 안 해본 일이 거의 없을 정도로 온갖 궂은일을 함께하며 한 푼 두 푼 알뜰하게 돈을 모아 얼마 전에는 조그마한 다섯 식구의 보금자리도 마련하였다. 남편이 일을 하다 몸을 다친 후로는 참여자가 적극적으로 생활전선에 뛰어들었다. 자녀들 교육에도 관심이 많은 참여자는 예체능 학원을 제외하고는 저녁마다 자녀들에게 중국어를 비롯한 여러 교과목을 직접 가르친다. 모르는 단어는 자녀들과 사전을 찾아가며 공부한다. 이러한 엄마의 보살핌 덕분에 세 자녀 모두 우등생이다. 또한 자녀들에게 현장체험을 할 수 있는 기회를 주고 뜻을 같이하는 학부모들과 서로 정보교환도 하기 위해 한 달에 한 번씩 <참교육학부모회>라는 모임에도 가입하였다. 본인도 중국어 강사의 꿈을 이루기 위해 독학으로 한자공부를 하며 미래를 준비하고 있다. 농촌이라는 지역 특성상 본인의 능력을 살려 일할 수 있는 환경도 마련되어 있지 않고 또한 교육이나 훈련을 받을 수 있는 배움의 장소가 부족하다 보니 아쉬움이 많다는 참여자는 시·군에서 직업(일)으로 연결될 수 있는 교육의 기회가 많이 제공되었으면 하는 희망을 내비쳤다. 그리고 기초생활 수급자인 참여자는 경제적 여건상 아직까지 어머니의 나라에 한 번도 가본 적이 없는 자녀들을 위해 결혼 10년 이상

된 결혼이주여성들에게 자녀들과 함께 고국을 방문할 수 있는 제도를 마련해주었으면 하는 간절한 소망도 품고 있다.

<참여자 14>

<참여자 14>는 통일교를 통해 결혼한 친구의 소개로 남편을 만나게 되었다. 한국어가 안 되기 때문에 결혼을 망설였지만 남편의 적극적인 구애로 국제결혼을 선택하게 되었다. 가톨릭인 참여자와 같은 종교를 가진 시부모님은 별다른 반대를 하지 않으셨다. 한국에 와서 가장 큰 어려움은 언어였다. 남편을 제외한 가족은 물론 동네 어르신들과도 의사소통이 잘 이루어지지 않았고 인사 예절 등 한국 고유의 문화를 잘 알지 못해서 겪는 어려움도 컸다. 시부모님을 모시고 살았던 참여자는 외출할 때도 어른들의 식사를 준비해놓고 나가야 하며 친구를 만날 때도 어른들의 허락을 받아야 하는 등 필리핀과는 다른 문화와 환경으로 인해 적응하기에 힘든 점이 많았다. 1년이 지나서 어느 정도 대화가 되고 시부모님으로부터 분가 후에는 이런 갈등들이 다소 해소되어서 음식도 직접 만들며 한국생활에 적응하게 되었다. 참여자는 이주여성들이 한국에서 겪는 정서적, 교육적 고충들을 함께 나누고 지지해주는 필리핀여성모임과 천주교이주여성모임에서 활동하고 있다. 한국의 초등학교와 공부방에서 영어를 가르친 경험이 있는 참여자는 현재 00군청 사회복지과에서 이주여성을 위한 상담 업무를 맡고 있다. 한국어 때문에 문서 작성하는 데 어려움이 많으므로 이를 위해 군에서 언어교육의 지원을 해주길 희망하며 이주여성을 위한 상담공무원을 하고 싶은 사람들은 언어와 인간관계를 잘해야 한다고 조언한다. 앞으로의 꿈은 영어 학원을 운영하는 것이다.

<참여자 15>

<참여자 15>는 홍콩에서 가이드를 하다 국제결혼을 하게 되었으며 참여자는 친정 부모님의 완강한 반대를 무릅쓰고 한국에 왔다. 한국어가 전혀 되지 않은 상태로 결혼을 하였지만 당시 위암 말기였던 시어머니의 병수발까지 하였다. 남편의 형제들은 돈 문제로 서로 갈등이 심했다. 참여자가 고등학교만 졸업했다는 이유로 시댁 식구들이 멸시를 하다가 원어민 강사로서 능력을 인정을 받게 되면서 사람들의 시선도 달라졌다. 뒤늦게 대학을 다니며 자원봉사활동도 쉬지 않았고 열심히 사회활동을 하며 이름을 날렸다. 직접 말은 않지만 남편도 참여자를 자랑스러워했다. 그러나 남자는 하늘이고 여자는 땅이라는 한국문화 또한 이해하기 어려웠고 처음 해보는 농사일도 만만치 않았다. 게다가 시숙이 부도를 내면서 3년 동안 시숙네 식구들과 함께 살며 조카까지 키워야 했다. 설상가상으로 남편의 부도로 집이 경매로 넘어갔지만 참여자가 겨우 살려 내었다. 자존심이 상한 남편은 그 길로 집을 나갔고 현재 별거 중이다. 주위에서는 이혼을 염려하지만 참여자는 이혼은 생각도 해본 적이 없다. 농사를 쉬는 겨울철에 일을 찾아 자활에 들어갔다가 우연히 원어민 강사 일을 맡게 되었다. 그 후 필리핀 친구들에게 가입을 권유하여 함께 교육을 받고 이주여성들이 원어민강사 모임을 결성하게 되었다. 회원들을 단합시키기 힘든 점도 있지만 서로 공감대가 형성되어 모임이 잘 활성화되고 있다. 원어민 강사를 하면서 영어뿐만 아니라 필리핀의 음식과 문화도 소개하는 등 아이들에게 많은 것들을 가르쳐주려고 노력하는 선생님을 아이들도 무척 따르고 좋아한다. 일을 하면서 보람과 행복을 느낀다는 참여자는 일요일은 교회에서 다문화가정 어린이들을 위한 자원봉사활동도 한다. 배우기를 간절히 원하지만 경제적인 여유가 없어서 뜻을 이루지 못하는 이주여성들에게 교육비 지원이 필요하며 군청에서 이러한 지원을 해주기를 희망한다.

<참여자 16>

<참여자 16>은 베트남에서 다니던 회사 사장님의 소개로 국제결혼을 하게 되었다. 친정 부모님은 딸이 언어도 다르고 가정 형편도 그다지 좋지 않은 남자와 결혼한다고 하니 걱정이 많으셨다. 한국에 처음 와서 가장 힘든 것은 언어문제였다. 한국어도 전혀 모르고 문화와 풍습이 다른 곳에 와서 살다 보니 외롭고 베트남에 있는 가족들 생각만 간절하였다. 한국어를 익히게 되면서부터는 이런 마음이 점차 없어져 갔다. 한국생활에 일찍 적응할 수 있었던 데에는 시댁식구들과 남편의 도움이 컸다. 늘 따뜻한 말로 위로하며 친딸처럼 대해주시는 시어머님과 한국어를 빨리 배우도록 지지해주는 남편이 있었기에 가능한 일이었다. 다른 이주여성들이 도시에서 살고 싶어 하는 것과는 달리 면담자는 시골이 좋다고 한다. 젊은이들이 별로 없어 심심하기는 하지만 동네 주민들의 많은 관심과 시부모님과 함께 농사지을 수 있는 논, 밭 그리고 수확하여 얻어지는 쌀, 채소 등이 넉넉한 시골생활에 아주 만족한다. 참여자는 결혼 전 베트남에서 제봉공장에 다녔으며 현재는 통번역사 일을 하고 있다. 통번역사로 활동한 지는 약 한 달이 되었는데 의사소통이 어려운 이주여성들을 돕고 싶어서 자원하였다. 한국어는 문법이 너무 어려워 번역하는 데도 힘든 점이 많지만 센터 선생님들의 도움을 받아 자신감을 갖고 노력한다. 통번역을 하면서 보는 사례 가운데 고부간의 갈등과 한국어의 어려움 때문에 발생하는 문제가 가장 많다. 이러한 경우에는 이주여성들에게 통역뿐만 아니라 자신의 경험을 얘기해주며 위로와 격려, 조언도 아끼지 않는다. 따로 모임은 없고 한 달에 한 번 센터에서 주관하는 자조모임에 남편과 함께 참석한다. 참여자는 한국어능력시험을 준비하여 대학에 진학하기를 희망하며 대학 졸업 후에도 베트남 이주여성들을 위해 봉사하기를 꿈꾼다. 아직은 한국의 정치, 경제, 법률, 역사 등 사회 전반 분야에 대한 폭넓은 지식이 부족하지만 남편의 도움으로 점차 인식의 범위를 넓혀가고 있다.

# 제2절 개방코딩: 근거자료의 범주화

본 연구는 참여자의 면담을 통해 얻은 자료를 근거로 줄 단위 분석을 통해 지속적인 질문과 비교분석의 절차를 거쳐 밝혀진 개념을 명명하고, 유사한 개념끼리 통합하고 추상화하여 범주화시켰으며, 이러한 범주를 속성과 차원에 따라 계속 발전시켜 나가는 과정을 반복하였다. 그 결과 최종 71개의 개념과 27개의 하위범주, 13개의 범주가 도출되었다.

1. 국제결혼 선택함

국제결혼을 선택한 연구 참여자들은 다양한 결혼동기와 태도를 보여준다. 참여자들 가운데 상당수가 종교적 믿음으로 결혼을 선택하였으며, 결혼 적령기가 지나 다급한 마음에 배우자의 상황이나 경제적 상태를 자세히 알아보지 않고 국제결혼을 결정한 참여자도 있었다. 한국 드라마를 보고 막연하게 모든 한국 남자들이 그럴 것이라는 환상과 선망을 품고 가족의 반대를 무릅쓴 채 한국에 온 여성들도 많았다. 물론 오랜 연애 끝에 오직 사랑하는 사람만을 바라보고 낯선 한국에 온 여성들도 있었다. 반대하는 가족을 적극적으로 설득하여 결정한 결혼이지만 전혀 다른 언어와 문화의 현실 속에서 새로운 환경에 부딪히며 생활해야 하는 결혼생활을 경험하였다.

위와 같은 내용들은 '종교를 통해 결혼함', '결혼적령기가 지나 결혼함', '사랑으로 맺어진 결혼', '가족의 반대를 무릅쓰고 결혼함' 등으로 개념화 했고 이들 개념들을 다시 '국제결혼'으로 하위범주화 했고 이는 다시 '국제결혼을 선택함'이라는 보다 큰 범주로 묶었다.

1) 국제결혼

국제결혼을 선택한 연구 참여자들은 다양한 결혼동기와 태도를 보여준다. 통일교를 통해 결혼한 참여자들 가운데 상당수가 배우자에 대해 잘 알지 못한 상태에서 단순히 종교적 믿음으로 결혼을 선택하였으며 결혼 적령기가 지나 불안하고 다급한 마음에 배우자의 상황이나 경제적 상태를 자세히 알아보지 않고 국제결혼을 결정한 참여자도 있었다. 또한 한국 남자들은 잘생기고 친절하며 부자로 나오는 한국 드라마를 보고 막연하게 모든 한국 남자들이 그럴 것이라는 환상과 선망을 품고 가족의 반대를 무릅쓴 채 한국에 온 여성들도 많았다. 결혼 상대자에 대해 많은 정보를 가지고 심사숙고해서 결정한 것이 아니기 때문에 대부분의 결혼이주여성들이 국제결혼에 대한 후회와 한국생활의 적응에 있어서 여러 가지 어려움을 토로했다. 물론 오랜 연애 끝에 오직 사랑하는 사람만을 바라보고 낯선 한국에 온 여성들도 있었다. 반대하는 가족을 적극적으로 설득하여 결정한 결혼이지만 전혀 다른 언어와 문화의 현실 속에서 새로운 환경에 부딪히며 적응해야만 하는 국제결혼이란 이들에게 있어 어쩔 수 없는 모험이요 도전일 수밖에 없는 경우가 많았다.

(1) 종교를 통해 결혼함

통일교를 통하여 결혼한 이주여성들은 배우자가 어떤 사람인지 아무 것도 모르는 상태에서 종교단체에서 맺어준 결혼상대자와 직접 대면 한 번 한 적 없이 사진만 보고 결혼을 결정했다. 종교적 신념 하나 만 가지고 본인의 의사와는 무관하게 국제결혼을 선택한 것이다. 그 러나 종교의 특성을 잘 알고 믿음으로 선택한 결혼이기 때문에 다른 경위로 결혼한 여성들에 비해 결혼을 후회하거나 별다른 불만이나 갈등 없이 한국생활에 적응하기 위해 최선을 다하는 모습을 보여 주 었다.

> 그때는 아…… 종교, 저희 종교가 그러니까. 스타일이 그러니까요. 어느 정도 국제결혼은 그 생각은 있었습니다만. 어디 나라인지 그런 생각은 안 해봤습니다.(참여자 1)

> 알다시피 일본사람들은 통일교를 통해서……. (참여자 12)

(2) 결혼적령기가 지나 결혼함

모국에서 열심히 직장생활을 하다 결혼적령기를 훌쩍 넘기게 되어 조급하고 불안한 마음에 조건이나 상황을 따져 보지 않고 한국이 더 나을 것이라는 미온적인 생각으로 쉽게 결혼을 결정하게 되었다.

> 필리핀 있을 때 계속만 일하고 있어요. 애인도 없고, 허…… 갑자기 서른 살. 결혼해야 되겠다. (참여자 2)

> 친정 부모님이요? 저는 나이 있으니까. 제 인생 자기 알아서 하라고 했어요. 나 이가 있으니까 너 인생, 너 인생이니까 알아서 해라. (참여자 2)

> 그 당시는 26살이니까 나이도 있고 하니까. 부모 조금 걱정이 되잖아요. 그냥 딸 나이 많고 시집을 안 가니까. 집에 있었을 때는 아는 언니가 왔어요. 한국

한번 와 있는데 한번 만나보겠냐고. 그래서 가봤는데 만나게 됐어요. (참여자 13)

(3) 사랑으로 맺어져 결혼함

외국에서 만나 연애를 하다 국제결혼을 선택한 여성들은 오로지 사랑하는 남자 하나만 믿고 머나먼 한국을 선택했다. 시댁식구들의 냉담한 반응에도 배우자에 대한 신뢰가 있으니 흔들리거나 꺾이지 않을 수 있었다. 사랑이 이들을 버티게 하는 힘이자 원동력이었다.

> 친척이…… 친척도, 그냥 저는 제일 큰 딸이고요. 동생들이 많아요. 다섯 명. 저희는 여섯 명. 그래서 저도 한국 사람하고 이 사람이…… 나하고 살면서 이렇게 행복한…… 나중에 행복할 수 있으면 저도 그냥…… 아무튼 처음에는 사랑이라고 그랬나 봐요. 그래서 그냥 그 사람만 믿고 그냥…… 한국 가자, 그랬을 때는 믿고 한국 여기까지 왔어요. (참여자 9)

> 저랑 같이 사는 친구와 자기랑 같은 반이에요. 저는 옆에 반에…… 저는 6개월 먼저 와가지고 먼저 앞서서 배우고 있는데 뒤에 와 가지고 우리 애기 아빠하고 같이 다녔어요. 그때 친구한테 전화 왔는데 그래서 제가 아는 사이에서 통역해주면서 그렇게 친해졌어요. 같은 학교 다니는데 친구는 아니었어요. 나중에 친구가 돼가지고, 그랬어요. 서로가 외롭고, 서로가 이해해주고 그래서 서로가 빠지는 것 같아요. (참여자 11)

(4) 가족의 반대를 무릅쓰고 결혼함

참여자들이 모국이 아닌 먼 타국으로 시집간다고 했을 때 가족들의 반대가 심했다. 자주 만날 수도 없고 말조차 통하지 않는 낯선 곳에서 딸이 고생할 생각을 하니 부모님들은 쉽게 허락을 할 수 없었다. 잘살든 못살든 부모형제 곁에서 살기를 바랐다. 그러나 참여자들은 부모님을 끝까지 설득해 결국 허락을 받아내었다. 이들의 적극적인 태도에 부모님들도 승낙을 하게 된 것이다.

엄마는 너무 갑작스럽게 이렇게 하니까 놀랐어요. 엄마, 아빠 주변 사람들도 '왜 시집 먼 나라 가냐. 여기 베트남 가까운 나라에서 시집가야지.' 걱정 많이 해주셨어요. 그래서 저는 선택해서 그냥 '잘살라고 마음먹고 그냥 한국 시집간다.' 말씀 드릴 때에는 아빠는 걱정 많이 하셨죠. 반대 처음에. 만약에 베트남에서 결혼하면 이렇게 잘살든 못살든 아직 모르잖아요. 만약에 못살 정도라 하면 엄마 아빠 있으니까 형제도 있고 한국나라 가면 만약에 '못살면 어떻게 하냐' 반대하셨어요. 근데 저는 '그냥 가고 싶어' 이렇게 하는데, 엄마 아빠는 '그냥 네가 하고 싶으면 해라.' (참여자 3)

아휴~ 반대했죠. 친정엄마는 반대해갖고, 남편도 중국에 갔는데 막, 쫓아내 버렸어요. 남편을……. 친정엄마한테 쫓겨 가지고 왔어요. 근데 설마 쫓겨 갖고 나가는 모습을 나 혼자 어떻게 놔두고 집에 있을 수는 없잖아요. 그래가지고 같이 따라 나왔죠. (참여자 6)

한국에 살아 보니까 힘들다고 그것도 사람은 한국은 하루 일 안 하면은, 도시 같은 데는 하루 일 안 하면은 먹고살기가 힘들잖아요. 그런 것도 제가 당신이 아마 느꼈는가 어쨌는가 그렇고 인심도 서울에 계시다 보니까 인심도 많이 박하고 좀 그렇게 한다고 박한데 와서 뭐 하러 살 것이냐고. 그래가지고 중국은 한국의 70년대? 80년대 초니까 인심은 좋죠. 그때도 한국이 인심이 좋듯이 중국도 좋으니까 중국에서 그냥 맞은 사람 찾아가지고 살으라고 그랬는데……. (참여자 7)

처음에는 많이 걱정했어요. 한국말도 모르고 여러 가지 한국문화도 너무너무 어려웠어요. 제 생각은 집이 좀…… 경제가 좀 어려워요. 여기 와서 결혼하고 그 다음에 행복한 가족 만들기 위해서 2년 기다렸어요. 이제 여기 다 일하러 다니니까 좀 너무 좋아요. 소원 되었어요. (참여자 16)

2. 현실문제에 직면함

대다수의 참여자들은 한국에 와서 당면하게 되는 현실문제에 고충을 느끼게 된다. 현실에 직면하면서 겪게 되는 가장 큰 현상들은 크게

'언어의 차이', '문화의 차이', '힘듦'이라는 하위범주들로 분류된다. 첫째, 이주여성들이 겪는 어려움 중 한국생활에 적응하기 가장 큰 문제는 언어의 차이로서, 많은 참여자들이 '언어소통의 어려움으로 인한 스트레스'와 '주위사람들로부터 받는 언어적 상처', '언어의 제약으로 인한 자녀교육의 어려움' 등을 호소한다. 둘째, 문화적 차이에서 오는 문제를 들 수 있다. '음식의 차이' 또는 한국의 전통적 가치관에서 비롯된 '의식구조의 차이'로 인해, 그리고 각 나라마다 다른 '풍습의 차이'에서 발생하는 오해를 경험하기도 한다. 셋째, 결혼이주여성들이 한국에 정착하면서 겪게 되는 힘듦의 문제다. 아는 사람 없는 낯선 곳에서 겪게 되는 '외로움'과 대화할 만한 젊은 사람이 드문 농촌생활의 무료함 속에서 참여자들은 농사라는 육체적 노동에 참여한다. 모국에서는 해본 적 없는 농사일이 힘들게 느껴진다. 게다가 '경제적 어려움'은 이들의 삶을 더욱 지치게 만든다. 일정하지 않은 배우자의 수입과 모국보다 비싼 물가 때문에 결혼이주여성들은 궁핍함을 벗어나고자 직업전선에 뛰어들었다.

이러한 내용들은 '의사소통의 어려움으로 스트레스', '주위사람들로부터 언어적 상처를 받음', '언어의 제약으로 자녀교육의 어려움' 등으로 개념화 했고, 이는 다시 '언어의 차이'로 하위범주화 했다. '음식의 차이', '의식구조의 차이', '풍습의 차이' 등의 개념은 '문화의 차이'로 하위범주화 했으며, '외로움', '농사일이 힘듦', '경제적 어려움' 등의 개념은 '힘듦'으로 하위범주화 했고 이는 다시 '현실문제에 직면함'이라는 보다 큰 범주로 묶었다.

1) 언어의 차이

참여자들이 처음 한국에 정착하면서 겪는 가장 큰 현실 문제는 언어 문제이다. 의사소통의 어려움으로 인해 밝았던 성격조차 바뀌어 사

람 만나기를 두려워하며 피하게 되고 화병까지 생기게 되었다는 참
여자도 있다. 참여자들은 이웃주민들과 대화를 할 때 말이 너무 빠
르고 또 그런 말들을 알아듣지 못하다 보니 하고 싶은 말이나 자기
의 생각늘을 제대로 전달하지 못하는 데 대한 어려움을 호소했다.
또한 사회생활에 자신이 없어 집안에만 꽁꽁 갇혀 지내다 보니 언어
습득의 문제가 쉽게 해결되지 않는다. 게다가 젊은 인구가 많지 않
은 시골이라 이야기를 나눌 상대나 한국어를 배울 만한 교육기관도
없어서 한국어를 배울 기회는 지극히 제한적일 수밖에 없다. 따라서
언어문제는 이들의 사회적응에 크나큰 걸림돌이 된다.

(1) 의사소통의 어려움으로 스트레스 받음

역시 언어. 언어 문제가 제일 큰 문제였어요. 그때 저는 음…… 무슨 우리 종교
가 총재님이 한국분이시기 때문에 결혼으로 관계없이요. 한국말을 많이 배워야
한다. 그 총재님의 말씀을 제대로 듣는다면 한국말을 들어야 한다. 그런…… 것
들이 있었거든요. 일본에 있어도 그니까 늘 한국말을 공부하라. 공부하라 교회에
서도 있었어요. 그런 것이 있기 때문에 이런 결혼을 하기 전부터 조금씩 공부를
하고 있었어요. 그래서 결혼을 했을 때는 조금 글자 뜻을 잘 모르지만 글자대로
읽는다는 것은 어느 정도 하고 있었어요. 그런데 막 여기에 와보면 너무 말이
빠르고 또 그런 점에서 못 알아듣고 또 내가 하고 싶은 내 생각을 전해주지 못
하니까 그런 점에서 많이 어려움을 느꼈습니다. (참여자 1)

갈등인 거 보다는요. 조금 무서웠어요. 무서워했어요. 뭐라 할까요. 어느 정도 신
랑이나 부모님은 제 말이 서툴러도 어느 정도 이해하세요. 계속 같이 매일같이
생활을 하니까요. 제가 뭐 한 마디 하면 그것을 어떤 뜻으로 하고 있다. 그런
것들이 어느 정도 느껴지거든요. 그런 것 때문에 제가 말을 해도 그것을 알아주
시고 뭐라 할까요. 그런 어려움이 없는데 밖으로 나가면요. 못 알아들으세요. 제
가 말을…… 그러니까…… 그런 것들이 조금…… 이야기하는 것이……
좀…… 싫고……. (참여자 1)

오해요? 음…… 아니요? 우리 신랑 항상 가르쳐주니까 그런 거는 별로 없어요.
문제는 친구 없으니까 누구랑 대화가 없으니까. 집에 있으면 신랑 있고 그런데
일할 때는 집에 혼자 있잖아요. 시댁이 가까우니까 왔다 갔다 해도 말 못하니까
어쩔 수가 없어요. 봐도 손으로만 대화해요. (참여자 10)

아버지한테 여보라는 단어를 써야 되는지도 모르고, 또 아버지도 반대하셔가지
고 못마땅해하셔가지고 한 5년 정도는 저는 웃음을 잃고 살았어요. 완전히 무표
정이었어요. 진짜 밝고 말도 많고 그런데 5년 동안을…… 단어도 모르니까 완
전히 성격이 바뀌고 화병 났었어요. 거기서부터 심장병이……. (참여자 11)

배울 데가 없어가지고 여기저기 알아봤는데 없어서 서울 친구는 학원 가 가지고
바로바로 배우는데 여기는 배울 수 없어서 이론은 알지만 발음이니 이런 것이
대화가 안 되니까. 대화를 할 사람도 없고, 할아버지 할머님들밖에 없고 그래서
공부하는 데 불편하고……. (참여자 12)

(2) 주위사람들로부터 언어적 상처를 받음

한국 분들은 아주 목소리가 크고 빨라요. 그래서 싸우는 것처럼 들리니까요. 그
런 것들이…… 왜 싸우고 있나…… 처음에는 그런 것들이 있었어요. 그런 것도
있고, 또, 뭐라 할까요. 농담을 하시는데 그…… 조금 농담하는 그런 스타일이
일본하고 조금 틀려요. 그니까 직접적이고 음…… 상대방에 무슨 특징을 가지고
확, 이렇게 말하고 웃기고 그렇게 하는데 그런 것들이…… 일본사람 모두가 그
렇지 않을 수도 있는데요. 저는 너무 그런 것은 상처를 받았어요. 그니까……
그런 것 때문에……. (참여자 1)

(3) 언어의 제약으로 자녀교육의 어려움

저희 큰아들은 어려운 것은 없어요, 근데 둘째는 조금은 느려요. 근데 큰애가 혼
자서…… 다른 엄마들이 물어보잖아요. '학원 어디로 보내요 OOO이?' '아니요.
저는 안 보내요.' 너무 잘하니까. 저는 외국사람이잖아요. 그러니까 더 놀라잖아
요. '아, 어떻게……' 선생님이 그래요. 'OO이 엄마, 어떻게 해요? 집에서?' OO

이가 되게 맑고 그리고 활동할 때 잘한다고 자기가 스스로, 그런데 우리 큰아들은 집에서 한글 공부했어요. 저기 쉼터 오기 전에요. 그래서 집에서 공부하다가 같이 이렇게 됐거든요? 그때는 제가 일 안 했어요. 근데 둘째는 엄마가 일하니까 많이 손 안 댔어요. 형한테 맡겨요. 항상. ‘OO아, 숙제 좀 봐줘?’ (참여자 10)

2) 문화의 차이

언어문제 다음으로 많은 참여자들이 서로 다른 문화와 풍습의 차이로 인한 어려움을 꼽는다. 이로부터 오는 혼란과 부적응들도 결혼이주여성들이 보편적으로 겪게 되는 문제점이다. 지금은 인터넷이 발달하여 전국 어디서나 모국의 음식을 배달하여 먹을 수 있지만 참여자들이 정착할 당시에는 이러한 형편이 되지 않다 보니 음식 때문에 마음고생이 이만저만이 아니었다. 참여자들은 한국음식을 잘 만들지만 이주 초기에는 한국 음식이 전혀 입맛에 맞지 않아 많은 고생을 했다. 특히 임신 중 입덧을 할 때면 모국의 음식이 먹고 싶어 밥도 입에 대지 않고 고향으로 보내 달라며 울기만 했다. 그리고 상당수의 참여자들이 나라마다 다른 문화의 차이로 말미암아 인사를 잘하지 않는다는 오해를 받았다. 일본사람들은 아무리 사이가 좋아도 어느 정도 거리를 두고 얘기를 하는데 동네 어르신들은 이야기를 할 때 아주 가까이에서 대화를 하기 때문에 당황스럽고 부담스러웠다는 참여자도 있었다. 더구나 목소리가 크고 말하는 속도가 빠르므로 싸우는 것처럼 들려서 무섭기조차 했다고 한다. 또한 배우자들은 남편은 하늘이라는 한국의 가부장적이며 권위적인 의식으로 인해 부엌 근처에는 얼씬도 하지 않았고 시부모님에 시할머니까지 모시고 살았던 한 참여자는 하루에도 여덟 번씩 식사를 차려야 해서 고충이 컸다고 하소연하였다.

(1) 음식의 차이

저는 문화 차이하고 의사소통 차이 많이 나고요. 음식은 처음에는 음식은
그…… 그냥 김치만 다른 된장국이나 미역국은 안 먹었거든요. 그니까 김치만
맞고요. 문화차이 많이 나고요. (참여자 3)

저는 처음에 음식도 안 맞았잖아요. 의사소통도 안 되니까 솔직히 많이 힘들었
어요. 갈등 많이 했죠. 베트남 다시 가겠다. 내가 시집 그렇게 가면 내가 그럴
줄 알면 내가 안 가겠다 이렇게 마음속으론 항상 그래요. 그래서 바로 와서 애
기 가졌어요. 가지니까 여자들이 애기 가지면 입덧이 심하잖아요. 베트남 음식이
굉장히 먹고 싶었어요. 그니까 여기서 베트남 음식도 없고 그래서 말도 안 통하
니까 뭐 먹고 싶어도 말도. 부모님이 사주고 싶은데 뭐 먹고 싶은지 모르니까
그래서 한 달 동안 밥을 제대로 못 먹었어요. 그래서 매일 울었어요……. (중략)
그래서 참고 참고 한 달 동안 밥 안 먹으면 죽었잖아요. 그때는 기운도 없고 더
이상 그렇게 안 되겠다 그래서 그때 밥 좀 먹고 애기 임신해서 애기 낳아
서……. (참여자 3)

(2) 의식구조의 차이

그런 것 때문에 한국 분들을 상대하는 것이 부담스럽고, 그런 것들이 있었어요.
특히요. 같이 이야기를 할 때, 특히 시골 어르신들은 가까이 오시거든요. 그래서
그것이 너무 부담스러워서…… 그…… 일본사람들은 사이가 좋아도 어느 정도
거리를 이렇게 두고 이야기를 하거든요. 그니까…… 그런데 이렇게 다가오니까
요. 그런 것들이 부담스럽고…… 에…… 그런 것들이 있었어요. (참여자 1)

저한테 잘해 주시고, 한 번씩 지나갈 때 그런 것이 있더라고요. 뭐 하러 한국까
지 시집왔냐고 그런 소리가 들려요. 길에 가면서도 아줌마끼리 얘기하는 소리가
들려요. 처음에 제일 처음에는 지금은 안 그러는데 서로 서먹서먹해서 인사도
안 하고 지나가고 그랬어요. 그런데 옆에서 큰방할머니가 나보고 여기서 한국문
화는 인사를 잘하라고 저한테 얘기를 하더라고요. 나는 그 사람을 모르는데 그
사람은 나를 아는 거예요. 그래서 무조건 보면은 인사하고. (참여자 6)

시골사람들은 겨울에 놀지. 또 노는 놈들도 있고…… 밖에…… 저희 아빠 같은 경우는 소도 잡아서 팔기도 하고 그거 안 하면 산에 가서 나무하시고 목재재료…… 긍께 저희 쪽에서는 그런 가정교육을 많이 받아가꼬 음…… 남자들은 쉴 때는 쉬고 뭐 이렇게 동네에 행사 있으면 놀고 그럴 땐 다 참석하고 근데 자기 가정이니까 가장…… 이끌어나가야 하니까 그렇게 많이 챙기시더라구요. 인제는 쉬는 날에는 우리 엄마는 게임 마작 같은 거 좋아해요. 그럼 우리아빠가 아침에 일찍 일어나서 불 다 때고 뭐도 다 해주고 겨울에도 우리 아빠가 다 때주고 그럴 때 우리 엄마 인나서 밥하고, 물도 다 따뜻하게 해놔야 우리 엄마가 가서 해요. 저희는 가정 쪽에…… 가정교육을 많이 받아서. 한국 남편들 너무나도 부엌에 대해서 관심이 없어서 긍께 한국 남자도 잘해야죠, 중국남자는 잘해요. (참여자 6)

그렇게 그다음에는…… 그렇게…… 집도 뭐 괜찮고 새집은 좋더라고요 보니까. 그 집 그렇게 살고, 글고 이제 불편한 점은 어르신 같이 사니까 아침 일찍 인나서 밥상 차려야지 점심에 어디 나가도 때맞춰 들어와서 밥상 차려야지…… 저녁도 어디 모임에 나가면 밥상을 차려놓고 나가요. 또 우리 할머니 계시니까, 할머니는 소식하시더라고. 하루에 제가 와가지고 제일 많이 차린 게 여덟 번. 우리 할머니 제가 차려줬어. 할머니 밥상을…… 진짜, 사람이 정신이 진짜……, 요곳이 우리 할머니는 또……. (참여자 7)

(3) 풍습의 차이

아, 그런 거는 없었어요. 제가 성당에 다니거든요. 성당에 세례를 받아서 다니는데 그래가꼬 이제 반모임할 때 그때 어르신 집 한번 가고 싶고 글고 뭐 다른 집은 그렇게 안 가봤어요. 저도 이렇게 안 나가고 그분들…… 근데 신랑이 그래 자기는 왜 인사를 안 하냐고 근데 저희 중국에서는 모르면 인사를 안 하거든요. 모르는 사람끼리 인사를 안 해요. 근데 한국은 어르신 보면 무조건 인사를 하더구먼. 알던가 모르던 간에……. 긍게 자기 왜 나보고 왜 인사를 안 하냐고 이렇게 있다가 자기 아는 사람끼리 인사하지 뭔데 내가 왜 인사하냐고 하니까 그냥 어르신은 무조건 인사해야……. (참여자 7)

또 여기 집에 들려도 밥 먹으러 들려요. 많이 들려요. 아침에 일찍 일어나 밥하고 또 반찬 많아. 준비도 이쁘게 하고 숟가락, 젓가락 많이 힘들었어요. 또 밥

먹고 끝나고 빨리 설거지 하고 너무 많이 힘들어요. (참여자 8)

3) 힘듦

참여자들은 한국에 정착하기 전에 먼저 현실문제에 직면하면서부터 여러 가지 힘든 상황을 경험하게 된다. 정신적·정서적인 외로움과 처음 해보는 농사일로 인한 육체적 힘듦 그리고 경제적인 어려움에서 비롯된 생활의 궁핍함이 결혼이주여성들을 한국생활에 적응하기 어렵게 만든다. 참여자들은 의사소통도 되지 않고 아는 사람 하나 없는 타국에서 생활해야 하는 외로움과 스트레스 때문에 힘들었다. 농촌지역은 노인인구가 많은 곳이라 서로 공감대를 형성하고 정보를 공유할 대화 상대가 거의 없다 보니 무료한 농촌의 일상 속에서 참여자들은 답답함을 느꼈고 배우자에게 짜증을 낼 수밖에 없었다. 더구나 모국에서는 해본 적 없는 농사일을 해야 하는 고충도 만만치 않았다. 한 참여자는 남편이 농사짓는 일을 하는 줄 알았으면 시집오지 않았을 것이라고 말한다. 또한 배 농사를 잘 짓는다는 이웃에 가서 품앗이를 해주며 일을 배우기까지 눈물도 많이 흘렸다고 한다. 자연재해로 인해 애써 지은 딸기농사를 망치고 빚더미에 앉게 된 참여자도 있었다. 경제적으로 불안정한 생활은 코리안 드림을 꿈꾸며 한국에 온 결혼이주여성들을 더욱 힘들게 한다. 배우자의 수입이 일정하지 않고 단순노무로 인한 건강상의 이유로 일을 쉬고 있어서 이주여성들이 생활을 책임지게 되는 경우도 많다.

(1) 외로움

네, 오자마자. 그리고 내가 와서 이렇게 도와주니까 처음에는 우리 고모는 우리 신랑한테 음식 배우는 거예요. 신랑 음식 솜씨 좀 있어요. 배워가고 혼자 이제 할 수 있으니까. 신랑보고 가게에서 나가고 돈 벌라고 나랑 같이 한다고 나랑 같이 잘할 수 있으니까. 자기 혼자는 못하고 내가 왔으니까 한국. 그렇게 생각하고 그 신랑은 마음 안 좋았죠. 내가 음식 가르치는데 이제 다 배워가고 필요 없다고 쫓아내니까 마음이 안 좋아서 맨날 술이었어요. 진짜 그때는…… 그 당시에는 어디 갈 데 없고 지금 같으면 친구도 있고 아니면 센터도 있고 그러면은 그때는 당시 어디 갈 곳도 없고 아는 사람도 없었어요. 아. 진짜 밤고생이 심했어요. (참여자 13)

힘들었죠. 힘들어요. 왜냐하면. 다 모든 것이 새롭잖아요. 비록 언어는 통하지만은 억양이 많이 틀리다 보니까 아는 사람이라고는 신랑 하나밖에 없잖아요. 많이 울었어요. 그래서. 진짜로 3개월 정도는 매일 저녁 옥상 위로 올라가고 냇물가에 앉아 있고 대화해줄 사람이 없으니까요. (참여자 7)

어려운 것은 굉장히 많아요. 저 한국에서는 옛날에는 혼자 했는데요. 거의……한…… 2년? 거의 4년 가까이 했을 때는 거의 혼자 생활이 지냈었어요. (참여자 9)

네. 친구도 없고 이렇게 한국 사람이 아파트에는 젊은 여자들이 비슷한 사람들이 이렇게 많이…… 옛날에는 너무 어린 나이에 시집왔으니까 거의 한국사람이 저를 많이 예뻐해 주셨어요. 한국 사람들이…… 저는 똑같은 인도네시아 사람들이 왔었으면 또 다른 필리핀 사람 같은 경우에는 이렇게 친구들이 많이 시집 왔었잖아요. 저…… 저 같은 경우는 하나도 없어요. (참여자 9)

그때는 모르고 나가 살아 보니까 그때 시부모님 사실 때 진짜 편했어요. 돈 문제 생각 안 하고 진짜 걱정 그리 없어요. 그냥 매일 아침 밥해드리고, 하루 세 끼 밥해 드리면은 돼요. 그래서 걱정 그리 없어요. 애기만 키우고 이렇게 그니까 좋은 점. 편하고 마음에 신경 안 쓰고요. 나쁜 점은 심심해서요. 전부 노인분들이니까 아는 사람도 없고 대화하는 사람 없고 젊은 사람 없고…… 그니까 노인분들이 말씀하면 얘기 나누면 서로 안 통하잖아요. 서로 안 되니까 그니까 심심해서요. (참여자 3)

그 테레비만 좀. 테레비. 아침 일어나면 테레비 보고, 애기 키우면 애기 자면 피곤해서 같이 자고 부모님이 뭐 농사 고추 따주시면 따러 가고, 농사도 하니까 도와드리고 이렇게 지냈습니다. (참여자 3)

저는 솔직히 처음에, 그냥 농사 이렇게 농사 이렇게 우리 만약 시집 여기로 오
잖아요? 농사 지면 시집 안 와요. 솔직히 힘드니까. 그때는 업체에서 소개했는
데 애기 아빠는 운전 저기 한다고 운전기사요. 운전한다고 그니까 제가 시집 왔
거든요. 막상 오니까 농사 하니까 정말 힘들다. 정말 저하고 안 맞을 것 같다.
이렇게 너무 불편한 점 많아요. 시부모님도 그렇고 서로 말 안 통하고 그리고
심심해서 이렇게 농사 짓잖아요. 만약에 아는 사람, 젊은 사람 하나 있으면 서로
이렇게 시간 이때는 가서 나는 이야기 하고 그러면 얼마나 좋았을까 생각 들어
요. (참여자 3)

집에 있을 때는요. 아무 생각 안 나요. 그냥 답답한 것만 생각한 것 같구요. 그
냥 내가 여기서 살 이유도 없고 그러잖아요. '사람 삶이 이래야지' 이렇게 소망
도 있잖아요. 소망도 없고, 집에 있으니까요. 다른 사람들도 대화하지 않고, 다른
사람 만나지 않으니까 그런 사람 어떤 사람 그런 성격 이렇게 파악할 수 있잖아
요. 저는 매일 집에 있으니까 답답해요. 그냥 맨날 짜증 낼 때도 있었어요. 남편
한테 그냥 괜히 짜증낼 때 있어요. 그냥……. (참여자 3)

(2) 농사일이 힘듦

아무튼 일본이라는 것보다 외국에서 왔다라기보다는요. 농사라는 해 본 적이 없
는 상태에서 와서요. 여기 시부모님은 농사를 하시고 계셨고 그니까. 그런 것을
하는 것이 조금 지식이 없는 상태에서 해야 하니까 조금 힘들었어요. 처음
에……. (참여자 1)

네, 처음에는 불편해요. 왜냐면은 홍콩 살다가 갑자기 시골 와서 농사짓고 저 농
사 못 해요. 여기 와서 배웠어요. 우리 친정도 말 안 했어요. 챙피해서……. 왜
냐면은 우리 고향에서는 농사지어요. 근데 솔직히 말하면은요. 여기 남편도 농사
많이 지어요. 근데 다 남의 것. 근데 필리핀에서는 땅 넓어요. 농사 우리가 더
많이 해요. 근데 한 번도 안 해봤어요. (참여자 15)

배에 대한 전과는 제가 집에서 개발하는 거예요. 연구하는 거거든요? 제가 배 농사
지으면서 배가 너무 많아. 작년에 배가 하도 많아가지고 풍년이었어요. 그렇기 때문
에 판로가 없어. 배 값이 너무 바닥을 쳐버렸기 때문에 정부에서 수매 받아가지고

생배를 밭에다 갈아버려. 컨테이너 한 건에 9천 원씩 주고 갈아요. 우리 500평 정도 갈아버렸어요. 그 전에도 배가 풍년이 되가지고 배를 갈았을 때 저는 많이 울었어요. 진짜 배 농사 1년 해보면은 진짜 힘들어요. 보통 고생 보통 정성 안 돼요. 그렇게 하지만은 이 배를 집에서 어떻게 할까? 배를 말리고 잼도 해보고 여러 가지 해보면서 여기까지 왔어요. 작년에 여기 한고 축제 때 나갔거든요? 배 전과를 염색해 논 선인장. 치자 염색해가지고 이쁘게 해가지고 나갔는데 우수상 탔어요. 그것을 시장 사모님한테 부탁하려고요. 또 시청에서도 많이 연구소에도 직원들이 많이 있어요. 거기 가서 만나서 이야기도 하고……. (참여자 11)

(3) 경제적 어려움

저녁에 나가고 그리고 어딜 가나 좀…… 아니요, 그런 것을 별로 없는 것 같애. 쇼핑하러 가끔 가고 한국생활에 대해서 물정을 좀 알아보려고. 그런 시간 딱 지나니까 마트 가서 물건 사는데 돈을 딱 나한테 주더라고요. 계산해봐가꼬 적응 한번 해봐라고. 그런데 딱 샀는데 굉장히 비싸는 거예요. 근데 솔직히 산 거는 사과 하나당 천 원? 마트 가면 막 배 하나에 이천 원짜리 있잖아요. 그런데 지금 환율이 많이 떨어져서 글지. 그때 저 올 적만 해도 환율이 한…… 칠 정도 칠 내지 팔인가? 만 원에 중국돈 한 칠십 원까지 깎았거든요. 근데 요즘은 사십…… 오십 원도 안 되잖아요. 계산하니까 중국돈에서 한 한국에서 배 하나 사면은 중국에서는 배가 한…… 어머! 한…… 몇 개씩 사는 거예요. 그니까 일 키로는 너무 사는 거예요. 너무 비싸죠. 먹지를 못하는 거를…… 제가 복숭아를 엄청 좋아하거든요. 근데 한국에 딱 마트에 가면 황도복숭아인가? 엄청 비싸…… 말도 못 해요. (참여자 7)

아 진짜…… 그거 진짜 못 사먹겠더라고요. 계속 한국에 적응하면 모르겠는데 아…… 중국에서는 한국돈 천 원이면은 진짜 봉숭아 큰 거를 몇 개씩 사서 먹는데 요거는 하나 갖꼬…… 또 저 혼자 먹는 것은 마음에 걸려가꼬 못 먹겠더라고요. 어떻게 시어머니 집에 가면 할머니도 계시고 시어머니…… 어른이 두 분 계시는데 나 혼자만 먹고 그럴 수는 없잖아요. 그래서 사먹지도 못하고 내가 우리 신랑 보고 그래요. 아이고, 한국 오니까 중국보다 나…… 먹고 싶은 거 못 먹고 산다고. 중국에서는 그런 생활 못해봤거든요. 나는 중국에서 먹고 싶은 거 거의 다 먹었으니까 한국도 그렇게 비슷할 거라고 생각했지 그 정도는 생각지도

못했지요. (참여자 7)

긍께, 회사생활을 하면은 쓰겠는데 노가대 일 다니는 사람은 회사일 못하더라고
요. 회사일 해봤자 그까짓 것 100만원 번디 하루 일당 나가면은 얼마인데 그렇
게 따지더라고요. 그래서 애기 아빠는 일당 나가면 11만정도 되요. 그 내가 열
흘만 일하면은 되는데 그 회사 가가지고 한 달 내내 고생하게 됐냐고 그런 식으
로 이야기를 해요. 나는 차라리 회사에 가서 일하면은 딱딱 생활을 하잖아요. 그
런데 그런 일은 여기서 일하고 저기서 일하고 그러니까 월급이 꾸준하지가 않아
요. (참여자 6)

네…… 한국사회가 잘사는 나라라고 하니까…… 그러고 왔는데……. 막상 오
니까 돈도 없죠. 하나도 없고 통장 주라고 하니까 통장에 돈도 없더라구요. 그래
서 큰집 형님이 2백 정도 이제…… 대출받았는가 어쩐가 빌려서 주더라고요.
저희들 살아라고…… 근데 막 온께 IMF가 걸렸어요. 처음에 딱 왔을 때…….
그래가지고 애기 아빠가 공공근로? 면사무소에서 한 달에 20만원인가? 받고
다녔어요. 그런데 그것 가지고 어떻게 살아요. 인자 못살죠. IMF 그래가지고 일
도 없고. 그래가지고 조금 지나니까 목수 일을 해요. 아저씨가. 인자 애 하나 놓
고 일을 다니시더라고요. 그래가지고 이때까지 이러고 살고 왔는데 3년 전인가?
일하다가 떨어져가지고 건축일 하다가 다리수술 하고 어깨 수술 하고 그랬어요.
근데 살기가 좀 진짜 힘들어요. 겨울에는 일이 없어요. 인자 지금 현재도 놀고
있어요. 한 2달간. 계속 놀고 있어요. 그러니까 너무 힘들더라고요. 그러니까 한
국은 잘산다고 해서……. (참여자 6)

3. 지역사회 활동에 참여함

참여자들은 지역사회활동에 참여하면서 생활에 변화가 생겼다. 집에
만 있다가 세상 밖으로 나가 다양한 사람들과 만날 수 있는 기회가
생기고 일을 함으로써 자신감과 삶의 활력을 찾게 되었다. 집에서
혼자 있으면서 갖게 되는 외로움과 스트레스가 줄어든 반면 한국어
실력은 점점 늘게 되었다. 현재 하고 있는 일에 만족하며 기회가 주

어진다면 지속적으로 하고 싶다는 의사를 내비쳤다. 참여자들은 일을 통해 인정받는 데 대한 보람을 느낀다. 몸은 지치고 힘들지만 마음만은 기쁘고 행복하다고 말한다. 지역사회활동을 통해 한국문화도 경험할 수 있었다. 많지는 않지만 직접 벌어들인 수입이 생기면서 가족들에게 인정받고 자존감도 높아졌다. 할 수 있다는 자신감이 생겼으며 잃어버렸던 꿈과 비전도 다시 생겼다. 기회만 주어진다면 지속적으로 활동하고 싶은 열정을 품게 된 것도 큰 수확이라 여겨진다. 이러한 내용들은 '일을 통해 삶의 활력을 찾음', '보람', '행복감' 등으로 개념화 했고 이는 다시 '삶의 활력소'로 하위범주화 했다. '사회적 인정', '경제권 획득', '가족으로 인정받음' 등의 개념은 '존재감'이라는 하위범주로 분류하였다. 이러한 하위범주는 '지역사회 활동에 참여함'으로 재통합되었다.

1) 삶의 활력소

집에서만 무료하게 지내다가 여러 사람을 만나면서 삶의 활력을 찾게 되고 자신이 가지고 있는 자원을 통해 다른 이주여성들을 돕는다는 것에 보람을 느낀다. 또한 자신보다 더 어려운 처지의 사람들을 통해 행복의 의미도 알게 되었다. 힘든 농사일이지만 아파서 병원에 있어 보니 움직일 수 있다는 자체가 감사할 일이라는 것도 새삼 체험하게 되었다. 지금은 사회활동을 하고 있다는 자체가 삶의 활력소이다.

(1) 일을 통해 삶의 활력을 찾음

음…… 일단 집에만 있었는데 밖에 나가서 이렇게 여러 사람하고 만날 수 있는 기회가 생기니까 또 기분 전환이라 할까? 그런 것들을 많이 할 수가 있게 되고 자신감 같은 것이 이렇게 자부심 같은 것들을 많이 느낄 수 있고요. 그런 점이 많이 좋은 것 같아요. (참여자 1)

음…… 그니까 집에 있으면 스트레스. 그 다음에 낮에는 혼자 있으니까 한국말도 못 배워서…… 그냥 집에 있으니까. 지금 일하고 있으니까 괜찮아요. (참여자 2)

(2) 보람

어려울 때는 어려운 적은 없는데요. 마음 아프고요. 보람은 그 사람한테 만약에 통역하잖아요. 이렇게 가정 이혼할 수 있잖아요. 그니까 제가 이렇게 이혼 안 하고 내가 통역할 수 있게 이렇게 이럴 때 보람……. (참여자 3)

네, 그쪽이 더 많지요. 급식보조 활동은 정해진 시간에 탁 단체로 밥을 해내야 되고, 그 일 하다가 급식일 하니까 이게 훨씬 나아. 깨끗하고 아무래도 개인집에 할머님 할아버지보다 더 좋더라고요. 돈은 그쪽이 더 많은데……. (참여자 6)

네, 지금 하고 있는 일 계속할…… 만족하고 있어요. 그 일은……. (참여자 6)

변화가 진짜 많았다고 생각해요, 저는. 예전에는 진짜 제가 풀 한 포기도 안 뽑고 살아왔는데 예전에는 제가 작년에 11월 달에 한 달 넘게 30일 동안 병원에 있으면서 그 전에는 맨날 제가 그랬어요. '오늘 쉬었으면은 좋겠다, 놀았으면은 좋겠다.' 이제 농사에 대해서 많이 날마다 일하다 보니까 지치죠. 싫증도 나고 근데 제가 딱 다쳐가지고 병원에 30일 있으니까 일하는 자체가 너무 행복하구나. 내가 움직일 수 있다는 것이 긍께. 이제 점점 받아들이고 이제 그 전에도 했지만은 아줌마들끼리 모이고 이야기하다 보니까 그래도 뭐…… 농사일도 내 일이잖아요. 직장생활보다는 시간제가 아니잖아요. 그것이 한 가지 편하겠더라고요. 저보고 시간제 일하라고 그러면은 못 해요. 저도 해가지고 막 하우스 해가지고 돈이 안 되니까 막 시간제로 나가서 벌려고 생각했어요. 그런데 내가 과연 그것을 받아들일 수 있을지. 이제 자유적인 일을 하다보니까 생각도 많이 해보고 글고…… 뭐냐면…… 저도 중국에서 왔지만은 막. 외국수입품이 많이 들어오니까 안 좋은 것들도 많잖아요. (참여자 7)

신기해요. 저도 한국에서 왜 제가 이런 일을…… 또 시에서 시장님한테 이렇게 민원하실 때는 저도…… 저는…… 결혼 이민여성 이렇게 잘 뽑아주셔서 영광 이죠. 그래서 제가…… 이 일을 하게 되면은 진짜로 열심히 보람도 많이 느끼고 이제…… 다른 OO에서 시민하고도 운전자들하고도 안 좋은 일 있지만 더 좋은 점들도 많죠. 이제 한국문화를 더 많이 느끼고 그런 것 있잖아요. (참여자 9)

그냥 제가 열심히 산다는 것을 인정해 주니까 좋아요. (참여자 13)

(3) 행복감

네, 근데 힘들어도 내 마음은 진짜 평화예요. 행복해요. (참여자 15)

2) 존재감

일을 함으로써 비록 이주여성의 신분이지만 자신이 사회에 필요한 존재라는 것을 인식하게 되고 점점 한국사회의 일원으로서 존재감을 확인하게 되었다. 지역사회활동을 통해 이주여성으로서가 아니라 같은 한국인으로서 자리 잡아 가는 자신을 발견하게 되었고 지역사회의 부정적인 시각들도 긍정적인 동질감으로 서서히 바뀌고 있음을 느끼게 되었다. 경제활동을 하면서 얻게 되는 소득도 존재감 형성에 큰 몫을 차지한다.

(1) 사회적 인정

네, 저는 어…… 친정에요, 친정에 갈 때 있잖아요. 이렇게 저금도 하고 친정 갈 때 돈 많이 들잖아요. 한 번 가면은 거의 비행기 값 무슨 선물 무슨 그런 것 많이 들어가기 때문에 저희 남편이 혼자 돈 벌면은 거의…… 넉넉하지……. (참여자 9)

유치원에서요? 이제 6월 달에 베트남에 갔다 왔거든요? 2달 정도 쉬었어요. 휴

가 받았거든요? 그런데 들어올 때 9…… 10…… 2달 쉬었어요. 바로 들어오
라고 했다고. 선생님들이 그…… 뭐지? 부모 참여수업을 했어요. 근데 저 없었
어요. 그때 부모임 다들 "OOO 선생님 어딨어? 어디 갔어? 그만뒀어?" "아니
요." 항상 다들 물어본다고 그런데 기분이 되게 좋았어요. (참여자 10)

첫째는 한국말 체계적으로 배울 수 있었으니까 발음도…… 아직도 서툴지만 좀
들을 수 있게 되고 많이 공부할 수 있고 또 하나는 사회 활동 하니까 경제적으
로 좀 여유가 있게 되고 또 하나는 보는 눈이 달라졌어요. 여기서도 그렇지만
면사무소에서도 가르쳤어요. 외국인 대상으로. 그리고 그러다 보니 지역에서 활
동하니까 지금까지는 외국인 왔다고 그런 눈으로 봤는데 지금은 선생님 오셨다
고 그런 눈으로 바뀌고 그러니까 좀 눈치가 바뀐 것 같아요. (참여자 12)

(2) 경제권 획득

제 애기 아빠 월급. 나한테 주니까요. 네. 나한테. 저도 나한테 다 맡기니까 나
중에 무슨 일 있으면은 나한테 하라 하면은 어떻게. 적금 없으면 큰일 나요. (참
여자 2)

네. 일정치도 안 하고. 그러니까 생활이 안 돼요. 그래서 내가 생활비 한 달에
얼마씩 주라고 했어요. 반찬만 사먹고 그런 거 50만원 주랬어요. 그것도 많이
쓴대요. 저는 아예 돈도 못 벌고 있으니까 돈 달라는 소리도 안 하고 이제 자기
가 반찬 사가지고 오더라고요. 사가지고 오면은 해주고 안 사가지고 오면은 안
해주고. 제가 번 것은 제가 써요. 근데 애기 아빠 앞으로 보험을 들어놨어요. 그
것도 왜 들었는가 보면 애가 아빠가 나이가 많다 보니까 어쩔지 모르잖아요. 병
원비라도 해결해야 하니까요. 그래서 OOO화재 쪽으로 들었어요. 애기 아빠 아플
것을……. (참여자 6)

(3) 가족으로 인정받음

제가 많이 왔다 갔다 해요. 근데 우리 집 애기 아빠는 같은 형제지간이라도 잘
안가더라고요. 꼭 명절 때만 가고 추석 때 설에만 가지 그 외에는 안 가요. 큰

집이 자기 식구지 내 식구예요? 큰집에서도 우리 집 안 와요. 절대로 안 와요.
이 시간에 있으면 안 오고 그냥 내가 여간해서 왔다 갔다 하면서 형님 형님 하
면서 다닌다니까요. 딸기도 따주면서 담아주고. 진짜 내가 아니면 형제간끼리 진
짜 멀어졌을 거예요. (참여자 6)

그냥 짠하다고 말씀하세요. 글도 니네가 제일 고생한다고 이렇게⋯⋯. 근데 울
큰아주머님 서울에 계세요. 그러니까 제가 솔직히 말하면 제가 하죠, 제사. 일
년에 제사가 4번이거든요? 제사에다가 추석, 명절 때 할머님 초상 치른 것도
그렇고 아가씨 시집가는 것도⋯⋯ 솔직히 아가씨 시집갈 때 하는 거 없잖아요.
옛날처럼 이불⋯⋯ 이런 것은 없어도 같이 있으면서 그래도 이렇게 하고⋯⋯
아가씨도 시집가니까 이제 이해를 하는 것 같아요. (참여자 7)

4. 현실에 당혹함

연애결혼을 한 참여자들을 제외한 대부분의 결혼이주여성들이 기대
와는 다른 한국에서의 결혼생활에 당혹감을 보였다. 막연하게 한국
은 잘사는 나라라고만 생각하여 부푼 꿈을 안고 결혼했지만 자신의
나라와 별다를 것 없는 결혼생활에 실망감을 감추지 못했다. 결혼하
고 한국에 와서 보니 빈털터리였다. 자세히 알아보지도 않고 중매
브로커의 말만 듣고 덜컥 결혼한 것이 엄청 후회스러웠다. 한국에서
많은 어려움을 안고 힘들게 살 바에야 차라리 부모형제가 있는 모국
에서 살고 싶다는 생각이 들었다. 그러나 이미 커버린 자녀들 때문
에 모국으로 돌아갈 수도 없다. 이젠 자녀들을 위해 열심히 돈을 모
으고 더 나은 미래를 위해 노력할 따름이다.
이러한 내용들은 '기대와 다른 현실에 당혹감', '배우자의 형편을 모
르고 결혼함', '막연한 기대감', '중매 브로커에게 속음'이라는 개념
으로 도출되었고 이를 '기대와 현실의 차이'라는 하위범주로 묶었다.

최종적으로 '현실에 당혹함'으로 범주화 했다.

1) 기대와 현실의 차이

참여자들은 한국드라마를 보며 코리안 드림을 꿈꾸었다. 한국 사람들은 모두 잘생기고 친절하며 부자라는 환상을 가지고 있었다. 자신들도 한국인과 결혼하여 한국에서 살면 드라마 속 주인공들과 같은 삶을 살 수 있을 것이라 생각했다. 그래서 일명 '묻지 마'식 국제결혼을 통해 한국에 오게 되었다. 한 참여자는 큰 식당을 차려 성공하고 싶다는 구체적인 계획까지 세웠다. 말도 통하지 않고 배우자에 대해 잘 알지도 못했지만 한국에의 동경이 너무나 컸기에 국제결혼을 선택하는 데 주저하지 않았다. 그러나 현실은 기대와 전혀 달랐다. 참여자들은 사람 사는 것이 세상 어디나 다 똑같다는 것을 깨달았다. 모국에 살았으면 겪지 않아도 될 여러 가지 어려움들을 감수하며 살아야 하는 처지에 한숨만 나올 뿐이다.

(1) 기대와 다른 현실에 당혹함

네. 커요. 왜냐하면 드라마 보면 한국남자들이 이렇게 남자들 멋지잖아요. 여자들도 진짜 이쁘…… 이쁘게 생겼잖아요. 그니까 드라마 탤런트 사람만 나오잖아요. 우리는 그 생각 한국 사람들이 똑같이 생겼는 줄 알았어요. 그래서 보면서 이렇게 드라마 굉장히 좋아해요. 인기 최고예요. 우리 베트남 사람들이. 그래서 처음에 보면 다들 아가씨들이 부자 이렇게 말하면 베트남에서 가난하지 않고 그냥 한국남자가 멋지니까 잘생겼으니까 그냥 시집가고 싶다. 그런 사람 있어요. 그런 분들이 와서 막상 보니까. 아닌데요. 우리나라도 똑같잖아요. 탤런트 사람들이 다 잘생기고 이렇게 나오니까 막상 와서 보니까 실망 많이 했죠. 그 다른 분들도 이렇게 이야기 해보니까 다 그렇대요. (참여자 3)

네. 내가 이렇게 살 것 같으면 진짜 중국에서 살았죠. 중국에서도 진짜 남자들

많았제. 따르는 남자들 남편하고 처음 만나서 중국에 남자들 있냐고 물어보데. 근데 없다 했어요. 근데 지금 현재로는 그냥 거기서 살 것인데 내가 이렇게 살 줄이야 누가 알겠어요. 여기 올 때는 진짜 막 크게 해볼 마음으로 왔어요. 이제는 식당도 해보고…… 그렇게 왔는데 막상 오니까 그것이 아니여. (참여자 6)

그때 당시는 아무 생각 없이 따라 나왔어요. 저렇게 한국 사람이 혼자 나가니까 나가면 어떻게 되냐고…… 말도 안 통하고 중국말인데…… 그래서 따라 나온 김에 중국에서 여까지 왔어요. 근데 막상 오니까 잘살 줄 알았더니 큰집에 가니까 집도 막 쓰러질 것 같애…… 처음에는 진짜…… 쫌 그러데요. 그니까 형님이 신방이니까 방 얻어줬어요. 일 년에 130만 원인가…… 방을 얻어 놨더라고. 근데 방 한 칸에 부엌 째간하게 있고 화장실 있고 그래서 거기서 한 2년 정도 살았어요. 근데 통장 주라 해서 통장 본께 돈 하나도 없고 그럼 어떻게 살아요. 돈도 없는데…… 긍께 형님이 돈을 이백만 원 어디서 빌려 가꼬…… 이자는 또 우리가 갚았어요. 빌려줘 가꼬…… 형님이 돈 있으면 형님이 빌려주면 쓰겠고만 자기 돈은 없다고 안 빌려주고 딴 데서 빌려가지고 우리 주더라고요. 그래서 그 돈 가지고 생활해 나갔지. 또 애가 없었길 다행이지 있었으면 못살죠……. 그리고 면에 가서 한 달에 공공근로 일해가지고 한 달에 20만원씩 벌었어요. 그러게 생활해 나갔다니까요. 20만원 가지고……. 그다음에 일자리가 생긴 게 그게…… 노가다 일을 했는데 워메. 일하다가 어떻게 또 사고 나가지고 떨어져가지고 어깨 수술하고 다리 수술하고 일은 일대로 못하고 진짜 앞이 캄캄하데요. 그때 마침 회사에서 병원비는 다 지불해주고 월급은 월급대로 오더라고요. 저한테…… 그리고 살았는데 어깨 수술하고 지금도 한 번씩 아프고 그래요. (참여자 6)

(2) 배우자의 가정형편을 모르고 결혼함

아휴~ 반대했죠. 친정엄마는 반대해갖고, 남편도 중국에 갔는데 막. 아 내버렸어요. 남편을…… 친정엄마한테 쫓겨가지고 왔어요. 근데 설마 쫓겨 갖고 나가는 모습을 나 혼자 어떻게 놔두고 집에 있을 수는 없잖아요. 그래가지고 같이 따라 나왔죠. 그래가지고 여관방에서 잠자고……. (참여자 6)

사귈 때 이제 자기가 무엇을 하나 하니까 하우스 한다 글데요. 하우스 몇 동하고 뭐 하고 그렇게 있다고 그냥 뭐…… 그냥 이런 줄은 생각을 못했죠. 이런 쪽으로는…… 그냥 그런 갑다 하고……. (참여자 7)

(3) 막연한 기대감

그냥 여기서는…… 처음에 한국 그 드라마 보면서 한국 사람도 좋고, 그 인간적인 사람. 저기 때리지 않고 이렇게 나쁜 사람이지 않는다. 처음에는 생각하고 이렇게 시집 왔어요. (참여자 3)

근데 와서 실제 보니까 베트남 사람, 좀 비슷해요. 그니까 티비 드라마 볼 때는 좋은 사람만 나오잖아요. 그래서 저는 저도 그래요. 막 다른 베트남 아가씨도 물어봐도 다 그렇게 이야기 해줘요. 다 똑같은 마음 있다고요. 그 처음에 드라마 보면 '가고 싶다. 시집가고 싶다.' 막상 여기 왔으니까 아…… 좀 그 잘사는 사람도 잘살고요. 그냥 가난한 사람도 있고 음…… 그러죠. (참여자 3)

저는 그냥 한국나라가 잘산다고 하니까 그냥 온 거예요. 중국에서 식당을 했어요. 식당을 1년 정도 하다가 이제 한국에 와서 이제 남편이 한국에 집도 있고 차도 있고 아파트도 있었어요. 이제 OOO아파트라고. 근데 그것을 이제 자기 빚으로 해서 집을 샀어요. 융자도 좀 많고 자기 돈으로도 하고 그러니까 그 집에서 2년 살고 이제 2년 계약하고 살잖아요. 다른 사람이요. 그러자 나가게 되니까 그 돈을…… 전세 돈을 줘야 할 것 아니에요. 한 3천만 원이라더라구요? 그 돈을 빼줄 돈이 없어요. 이제. 그래서 그 집을 팔아버렸지요. 팔고 이제 융자도 갚고 나니까는 남은 돈도 없어요. 남은 집도 없고 이제 새로 살고 있어요. 사글세로 한 달에 17만원씩 살고 있어요. (참여자 6)

저는 이제 바깥 생활 많이 했어요. 중국에서 바깥 생활 몇 년을 했어요. 해가꼬 아. 이젠 저희 아빠가 한국에 불법으로 계셨어요. 불법으로 계셔서 저도 이제 나이가 들어보니까 한국에서 저도 열심히 일한 만큼 중국에서 암만 열심히 일해도 거기가 별반 없어요. 안 돼요. 그래가지고 한국에서 열심히 일하면 내가 중국보다 살기는 괜찮겠다. 그래서 나는 그때 그랬어요. 돈 많은 사람도 필요 없고 나는 그냥 착실하면 된다. 그래가지고 중국에 와서 벌면은 아마 잘살 거라 그래가지고 한국에 오게 된 거죠. (참여자 7)

(4) 중매 브로커에게 속음

중국에서 서류하다가 한 번 사기 당했어요. 사기 당해가지고 그 사람이 서류를 싹 가시니 도밍을 긴 거예요. 어디로 튀어버린 거예요. 이제 대사관에 가니까 그 서류가 가짜 서류라고 나보고 그러는 거예요. 진짜 앞이 깜깜하더라고요. 그래가지고 할빈에 삼촌이 또 살아요. 그래서 그 분을 통해가지고 아는 분 이래이래 대사관에서 통해가지고 그 사람을 달아났잖아요. 그 서류 다 가지고 달아났잖아요. 어떻게 통해가지고 서류를 다시 해가지고 다른 가게에 놔두기로 했어요. 찾아가지고 다시 또 시작을 했다니까요. 그래서 돈은 엄청 많이 썼어요. 애기 아빠가. 그 전세가 천만 원 해가지고 그 돈을 거의 나한테 다 썼다 봐야 되죠. 중국에 3번이나 왔었어요. 한 번씩 오면 한두 달씩 있고 긍께 집도 저도 계속 못 가게 하더라고요. 못 가게 하고 계속 여관방에서 살았어요. 북경에서 한 달에 중국 돈으로 50원인가 그랬어요. 하루 저녁에 그 돈 주고 살았죠. 그런데 돈도 별로 없어가지고 진짜 돈도 있는 것처럼 나한테 보내주고 그러더라고요. 그래서 그때는 진짜 잘 보내주셨어요. 잘 쓰고. 내가 근데 막상 오니까 하나도……. (참여자 6)

5. 갈등을 경험함

결혼이주여성들은 주로 가족 내에서 많은 갈등을 경험하게 된다. 갈등이 발생하는 영역 또한 단순히 부부만의 상호작용뿐만 아니라 이와 관련한 가족관계 전반임을 알 수 있다. 참여자들이 현재 감당하고 있는 결혼생활의 유지는 언어적, 문화적, 경제적 어려움 등을 품고 있는 상태에서의 유지이므로 많은 갈등요소들을 야기한다. 특히 전통적인 유교사상의 특수성을 안고 있는 남성 중심적 문화와 가부장적 사회체제를 밑바탕으로 한 한국사회에서의 가족관계는 결혼이주여성들의 삶에 많은 영향을 미친다. 여러 가지 갈등요소들을 해결하지 못한 채 명맥만 유지하고 있는 결혼생활이란 이주여성들에게 한국생활의 부적응과 자기 정체성의 혼란을 가져올 수 있다. 또한 가족 내에서의 입지가 좁아지고 자신의 가치를 인정받지 못한 채 적응의 포기나 별거, 이혼 등의 상황으로까지 이어지게 된다.

이러한 갈등의 요소들을 크게 '부부 사이 충돌과 마찰', '시댁과의 소원한 관계', '자녀의 부정적 태도'라는 하위범주로 분류하였으며 이는 다시 '갈등을 경험함'으로 보다 큰 범주로 묶었다.

1) 부부 사이 충돌과 마찰

참여자들은 성격 차이, 금전으로 인한 갈등, 배우자의 비협조, 가정폭력, 배우자의 무시, 교육관의 차이, 학력 차이로 인해 배우자와 갈등이 생긴다. 몇 번 만나 보지 않고 국제결혼을 하게 된 결혼이주여성들은 배우자의 성격을 파악하지 못한 채 결혼생활에 임하게 되었다. 살다 보니 서로 부딪치는 부분이 많이 발생한다. 한국어 능력이 되지 않으므로 자신의 생각을 제대로 설명하기가 어렵고 후진국에서 왔다거나 돈을 주고 사왔다는 우월감으로 인해 배우자로부터도 무시당하고 외면당한다. 경제적 궁핍함도 견디기 힘든 점 중의 하나이다. 넉넉하지 못한 환경 때문에 참여자들이 생계를 위해 일을 하고 있는데 집안일은 물론 자녀들의 식사조차도 챙겨주지 않는 배우자의 비협조적인 태도를 보면 매우 화가 난다. 나이 차이가 많이 나 어색하다는 이유로 결혼이주여성들 간의 부부동반 모임에 참여하지 않는 배우자도 있다. 또 술을 먹으면 아내를 통제 수단이요, 화풀이 대상으로 생각하고 폭력을 휘두르기까지 하니 이로 인한 결혼이주여성들의 심적 고통은 이루 말할 수가 없다.

(1) 성격 차이

저는 애기 낳아서 시부모님 같이 살면서 힘든 거 몰라요. 애기 키우면서 시골에서 도와드리고 이렇게만 생각했었어요. 막상 나가서 남편하고 애기하고 셋이 같이 살잖아요. 그니까 굉장히 힘들었어요. 그때는 성격이 서로 맞아야 하잖아요. 그때 시부모님 사실 때는 그냥 부모님은 그런갑다. 밥 차려드리고 남편은 한 달 두 번 세 번 시골에 한 번 오고 그러니까 성격을 잘 몰라요. 그래가지고 막상 나가서 살아 보니까 정말 성격 아니…… 서로 안 맞아요. 저는 나이 좀 어리니까 남편하고 차이 있잖아요. 그래서 서로 맨날 싸웠어요. 그리고 특히 한국 남자들이 일하러 갔다 오면 술 먹었잖아요. 술도 먹고 담배도 잘 피우고 저는 그런 거 못 봐요. 진짜 서로 막 술 먹으면 맨날 제가 싸웠어요. 다퉈서 싸워서 진짜 갈등 많았죠. 나는 절대 저 남자하고 평생 같이 못 살겠다. 그렇게 술 먹으면 어떻게 살겠어. 마음속으로만 항상 그렇게 생각하거든요. 애기. 그때는 애기 있으니까. 그니까 아~ 애기니까 애기 위해서 살겠다. 이렇게 마음먹고 서로 성격이 서로 맞았어요. 저는 포기하면 남편과 성격이 맞아서 처음에 저는 하고 싶어도 저한테 따라가야지 왜 안 따라가냐. 이렇게 서로 맞춰서 하는데 근데 제가 볼 때는 제 남편이 제 성격 안 맞춰주고……. (참여자 3)

(2) 금전으로 인한 갈등

하…… 근데 그것이 쉽게 안 되네요. 제가 그냥 마음을 급히 먹으니까 옆에서 모임 한 분이 이야기하시더라고요. 농사로 잘되려면은 마음에 첫째 여유를 가지고 살아야 된다. 아니면은 안 된다. 제가 농사를 해보니까 그런 것 같아요. 내가 돈에 쪼달리고 막 쪼달리고 하니까 내가 요거 해서 돈 벌어야 되는데 계속 그런 신경을 쓰니까 사람이 스트레스 받고 부부간에도 안 좋아지더구만. 조급하니까 서로서로 마음이 조급하니까 분명히 잘될 줄 알았는데 잘 안 되니까 싸움도 막 잦아지고 니 탓이네 내 탓이네 그것을 많이 탓하고 암만해도 사람이니까……. 근데 나중에 마음을 비우고 어차피 천천히 갚자. 그런 생각을 가지고 여유 있게 하니까 편안해요. 안 그러면 못 살아. (참여자 7)

(3) 배우자의 비협조

계모임은 없어요. 이주여성에서 남편 분들이 이렇게 한 달에 한 번씩 계모임 하는데 저희 남편이 바빠서요. 잘 참석 못 하죠. (참여자 3)

일 년에 한 번씩 부부동반으로 모이는데 우리 아저씨는 안 가요. 모임에 그런데 절대 안 가요. 그래서 내가 나가자 해도 그런데 참석 안 하더라고요. (참여자 6)

다 나이 어린 사람이라고 신랑들이 나이가 다 어리고 자기가 나이가 많다는데서 안 나가더라고요. 어린 사람들한테 가서 뭐 하겠냐고. 그런 얘기를 해요. 그런데 그런 데를 아예 안 갈라고 한다니까요. 안 나가요. 다들 나보다 나이가 어린데 작은 어린애들한테 가서 뭐 하고 놀겠냐고 막 그런 식으로 이야기를 해요. (참여자 6)

바쁠 때는 서로서로 도와서 하면 쓰겠는데…… 지금 중학교에서도 아침 8시부터 저녁 8시까지 하라고 그래요 지금은…… 저는 8시까지 하면 저녁은 못 하잖아요. 그래서 애기 아빠한테 이야기했어요. 중학교에서 그렇게 하라는데 어떻게 하냐고…… 남편이 나보고 돈이 우선이냐고 돈이 우선이 아니라고 저녁까지 하지 말래요. 낮에만 하고 저녁에는 다른 사람을 쓰라고 학교에 그렇게 이야기하라고…… 어차피 못하게 하니까 어떻게……. (참여자 6)

(4) 배우자의 무시

동네에서는 저를 많이 칭찬을 해요. 많이 칭찬을 하고…… 남편 성격은 조금 그 사람들도 알지요. 잔소리가 많아. 남편은. (문: 남편이 예전부터 살던 동네는 아니죠?) 고향이. 네. 고향은 아니죠. 옛날에는 ○○리 살았어요. 성격이 불같애 불같애. 내가 뭔 말을 하면은 이해해 줘야 되는데 그 말을 못 알아들어. 인자 살아도 내가 나이가 많고 오래 살았는데 뭐든지 내가 더 잘 안다고 그런 식으로 말해요. 그래서 내가 말은 안 해. 남편이랑 의견도 안 나누고 나 혼자 알아서 하고 지금 오늘도 여기 온지 몰라. 말 안 하고 나왔어요. (참여자 6)

(5) 자녀교육관의 차이

긍께 큰애는 이제 초등학교 4학년 올라가면 혼자 제가 없어도 챙겨 먹을 수 있을 정도 있잖아요. 아빠가 그렇게 노력을 시켜야 하는데 무조건 인제 밥은 엄마가 챙겨줘야 하는데 나보고 점심시간에 나간다고 막하더라고요. 나는 그것이 불만이에요. 애기를 자기 쪽으로 혼자 챙겨서 먹게끔 하도록 해야 할 것 아니에요.

그 나이에는…… 큰애는 워낙 밥을 또 안 먹으려고 해요. 내가 안 챙겨주면 굶어요. 걔는 안 먹고 뭐 글더라구요……. 그니까 애기 아빠는 무조건 애들 점심 챙겨주고 할 것 하고 다니라고 그래요. (참여자 6)

네, 그렇게 해도 애기가 우선이데요. 애기는 한순간…… 7살까지는 부모 책임이라고 그런 식으로……. 근데 애들이 7살이 다 넘었죠, 인제……. 아직 애들은 사고 나는 것은 한순간이니까 우선 애들을 돌보라고 돈은 그것이 아닝께 천천히 벌고…… 근데 저는 막 돈을 벌고 잡하요 돈을……. (참여자 6)

(6) 남편과의 학력 차이

왜냐면은 그렇잖아요. 여기서 한국 문화에서는 남자는 올라갔잖아요. 그런데 이렇게 하면은 여자가 올라가니까 저는 사실은 저희 신랑은 초등학교밖에 안 나왔거든요? 국민학교도 졸업 못 했어요, 국민학교도. 그러다가 우리 남편 생각에는, 진짜 한번 생각해요. 이렇게 사실은 ○○에서는 누가 보면 내가 잘살아. 집도 좋고 신랑도 많이 벌고. 근데 저는 말 안 했기 때문에요. 근데 사실은 아니에요. 남편이 너무 왕자라고 생각해요. 왕자병이에요. 자기 말만 듣고 '나는 하늘이다. 너는 땅이다.' 그런데 너는 하늘이고 나는 땅이지만 요새는 땅 없으면은 못 살아. (참여자 15)

2) 시댁과의 소원한 관계

참여자는 결혼이주여성인 며느리와 시누이에게 대하는 태도가 너무 다른 시어머니 때문에 속이 상한다. 시댁에 오면 손끝 까딱 하지 않는 시누이도 얄밉지만 그런 시누이편만 드는 시어머니에게도 서운한 마음이 들었다. 딸은 딸이고 며느리는 며느리라는 말씀에 말문이 막혔다. 더 이상 시어머니와 대화하기가 어렵겠다는 생각이 들었다. 더구나 철부지인 시누이와의 원만하지 못한 관계도 스트레스다. 더구나 친정식구들이 모처럼 딸의 집에 왔는데도 사돈들을 예우해주지 않는 시어머니가 원망스러웠다. 시어머니와의 갈등은 심각했고 감정

의 골도 깊어졌다. 이런 시댁과의 불편한 관계는 분가 후에 해소가
되었다.

(1) 시어머니와의 갈등

아무래도 사돈이 얼마나 어렵겠어요. 놀러 가신 것을 몰랐으면은 말도 안 해. 분
명히 아는데 근데 나는 그것 아니라고 과일 사왔는데 마음을 다시 고쳐먹었는데
너무 진짜. 내가. 신랑 보고 아빠랑 다 주무시게 하고 내가 암만 잠들려 해도
잠 안 오고 눈물만 계속 쏟아지는 거예요. 내가 그것 때문에 3일 동안 울고 밥
을 안 먹었어요. 너무 속상해서. 우리 신랑도 암만 어떻게 그렇게 불이 꺼져 있
냐고 당신 아들은 12시까지 계속…… 평상시에도 아낀다고…… 촌에 계시는
양반이라. 아낀다고 꺼져 있으면은 내가 이해를 해. 근데 계속 켜져 있는 불이
그날만 꺼져 있냐 이거예요. 아…… 그러게 처음에 귀찮게 왜 가냐고 말까지
했으니까 돈 쓸까봐 그랬냐고. 돈 아빠가 대는데. 뭐 당신이 그러냐고 그래서 진
짜 많이…… (참여자 7)

근데 깨죽 끓인 나한테 먹어라는 한마디 자체가 없는 거예요. 진짜 내가 너무
나도 서운해가지고 근데 또 뭐가 있냐면은 보내면서 멜론 두 덩이를 큰아들 먹
으라고 보냈는가봐. 근데 아마 못 내려오니까 미안하니까 '어머님 드세요' 하고
안 가져갔어. 그 멜론을 들고 오면서 하는 말이 뭔가면은 '멜론 보냈는데 안 가
져간다더라. 요거 먹지 말고 냉장고에 넣어놨다가 추석에 써라' 그러시데요. 그
때 우리 엄마가 계셨어요. 우리 엄마가 초상 나가지고 내려오셨어. 우리 엄마도
그것을 몰라. 그러면은 사돈이 계시는데 그러면은 하다못해 '야. 엄마가 못 먹었
는데 너하고 같이 먹어라' 이런 말해도 서운함 안 느낄 것인데 근데 그것을 먹
지 말고 추석에 먹으라고 냉장고에 넣어두라고 하니까 완전히 진짜 미쳐버리겠
어. 긍께 너무 나도 이런 것들이 당신은 그 사실을 몰라. 그래서 왜 서운한지.
그것을 몰라. (참여자 7)

딸은 딸이고 며느리는 며느리다 그거야. 그 말씀을 듣는 순간. 이것이 대화가 안
되는구나. 그렇게 말씀하시는 분한테 내가 뭐를 바라고 뭐를 말하겠어요. 그것도
그러면은 내가 '어머님 아가씨 때문에 이만저만 서운해요' 그러면 '아. 그러냐?
철이 없어서 그런가 보다. 니가 언니인데 나이가 어려도 니가 이해해라' 이런

식으로 하면은 나도 대화가 되고 마음이 풀리는데 당신이 '그래서 내가 말하잖
냐? 딸하고 며느리는 틀리다고. 니가 서운하겠지만은 그런 시어머니가 몇 명 있
겠냐. 그런 시어머니는 드문 시어머니고.' 당신 입으로 말하는 거예요. 뭐를 대
화…… 그 다음부터……. (참여자 7)

(2) 시댁식구들의 냉담

아니요. 완전히 반대로예요. 많이 도움이 되지도 않고 이렇게 자기만 생각하고 그런
식이에요. 그러니까 생각해주는 것 없어요. 진짜 서운했어요. 애기 낳을 때도 미역국
그런 것도 없고. 옆에 가까이예요. 가까이에서 살아요. 그런 챙겨주는 것도 없어요.
그리고 이렇게 일을 시키잖아요. 다른 사람은 하루 오면은 4만원 일당을 그렇게
줘요. 근데 저는 2만원 똑같이 일하는데 그렇게 주는 거예요. 어떨 때는 청소 일을
하다가 손님이 없다고 돈을 안 줄 때도 있어요. 처음에는, 근데 처음에는 갈 때도
없고 집에 있으면은 신랑하고 같이 집에 있으면 더 스트레스니까 어쩔 수 없이.
갈 때가 없었어요. 처음에는 아는 데 없고 오자마자 받아주는 사람도 없잖아요. 그냥
그렇게 지나왔어요. 처음에는 진짜 힘들었어요. (참여자 13)

가까이 있는데 많이 서운하죠. 하는 것을 오자마자 다 하잖아요. 식당에서 나가
고. 일할 때에는 남이 보다 더 주지 못할 거면서 반밖에 조금밖에 안 주시니까
그것이 진짜 서운해요. 동생이 어려운데 그냥 주는 것도 아니고 일한 만큼만 받
는 거잖아요. 근데 그것까지도 돈만…… 돈이 없다. 시장 보면 돈이 많이 나간
다. 그런 이야기만 많이 해요. 그러면 일하는 사람은 얼마나 스트레스 받아요.
아직도 그래요. 바쁠 때도 이렇게 가끔씩 도와주잖아요. 지금은 많이 변했어요.
그렇게 남보다 똑같이 줘요. 지금은 거의 안 가요. 저 다른데 갈 때 있어요. 거
긴 거의 안 가. (참여자 13)

3) 자녀의 부정적 태도

참여자의 자녀는 '어머니의 나라'에 대한 비뚤어진 생각을 가지고
있다. 엄마의 나라에 대한 부정적 인식을 가지고 있어서 외가가 외
국이라는 것에 대해 심한 거부감이 있다. 따라서 자존감이 낮고 다

른 다문화가정의 아이들과 어울리는 것도 꺼리는 등 자신이 다문화
가정의 자녀라는 것을 부끄럽게 생각한다.

(1) 다문화가정에 대한 거부감

제가 아무래도 중국에서 왔다 보니까 큰애가 좀…… 싫어하더라고요. 긍께 큰애
반에 두 명 있어요. 그러니까 선생이 가만히 두 명을 불러가지고 이제 엄마 어
디서 왔냐고 물어보나 봐요. 그 애도 중국에서 왔어요. 엄마가요. 우리애도 중국
에서 왔으니까. 엄마들 한국말을 못하는 줄 알고 한국말을 너희들이 갈켜라 그
런가 봐요. 선생님이. 긍께 우리 애가 와서 그래. "'엄마 어디서 왔어?' '엄마
중국에서 왔어' '왜 이렇게 말을 잘한가?'" 이래요. 중국에서 중국에 있어도 한
국 학교를 다녀가지고 이렇게 말을 잘한다고. 그래서 그랬더니 애기가 조금 싫어
하는 그런 것이 있더라고. 자기는 "나는 외국인들 다 싫어" 그런 거예요. "왜 싫
어? 그럼 외삼촌도 싫겠네? 엄마랑? 다 싫겠네?" 그래서 남동생도 초청해가지
고 남동생하고 올케 여기 왔어요. 그래서 한동네 살아요. 그래서 "삼촌도 싫고
외숙모도 싫고 엄마도 싫고 하겠네?" "아니에요. 엄마하고 삼촌하고 외숙모는 괜
찮은데 다른 사람 외국인들 다 싫어." 아무래도 지 마음은 싫은 거여. (참여자 6)

큰애하고요? 대화 조금씩 하는데 그렇게 많이는 안 해요. 큰애는 자기 반에서
공부는 잘해요. 공부는 잘 따라가더라고요. 항시 100점 정도 받고 요번에도
100점 맞고 한 개가 96점 맞았더라고요. 잘하는데 말로는 안 해도 내가 그런
데서 왔다는 게 싫은가 봐요. 그래가지고 제가 온 지 11년 넘었는데 중국에 못
갔어요. 그래가지고 남동생이 초청했으니까 중국을 들어갔다가 다시 나와요. "외
삼촌 갈 때 이제 엄마랑 같이 가게" 그러면 큰애가 싫대요. 안 간대요. 중국에
는 멜라민도 있고 뭐도 있고 자기는 그런 것 싫다고 그런 데 안 간다고 그런 데.
애는 가자면 따라가는데 큰애는 진짜 싫어라 해요. 중국도 안 간다고. 군에서 우
리집 어떻게 사는가 직접 또 보러왔어요. 보러 와서 내가 중국 못가고 이렇게 산
다고 하니까 거기서 "언제 한 번 중국가야죠" 하니까 "나는 중국 안 가요." 딱
그러는 거 있지. 큰애는 진짜 싫어라 해요. 근데 말은 안 해도. (참여자 6)

조금씩 반항을 하려고 하드라고요. 저한테 내가 얘기 아빠한테 얘기해. 얘기 아빠기 애한테 막 뭐라하제. 왜 임마한데 그러나고. (참여자 6)

6. 부정적 선입견으로 바라봄

결혼이주여성들은 사회적인 편견과 이해 부족으로 인한 사람들의 시선이 부담스럽다. 돈도 없고 성격적인 결함과 심지어 장애까지 있는 나이 든 농촌총각에게 시집 온 이주여성들을 보는 동네 어르신들의 눈길이 곱지만은 않다는 것을 느꼈기 때문이다. 심지어 불쌍하게 보는 바라보는 분들도 있다. 특히 자녀들의 교육방식에 대해 시어머니는 유독 자기집 외국인 며느리만 자기 고집을 밀고 나간다는 부정적 인식을 하는 경우가 많다.

이러한 내용들은 '결혼이주여성에 대한 사회의 부정적 시선', '시어머니의 외국인 며느리에 대한 선입견'이라는 개념으로 추출되었고 '부정적 시선'이라는 하위범주로 묶었다. 이는 최종적으로 '부정적으로 선입견으로 바라봄'으로 범주화 했다.

1) 부정적 시선

처음에는 한 가족인 시어머니 역시 외국인 며느리에 대한 불신감을 갖고 있었다. 농촌에 시집 온 다른 이주여성들이 그렇듯 참여자들도 얼마 못 가서 도망갈 것이라는 부정적인 선입견을 갖고 있었다. 그런 부정적인 시각은 참여자가 근무하는 유치원에 아이를 보내는 젊은 학부모들도 마찬가지였다. 외국인 보조교사에게 자신의 아이를

맡긴다는 것을 탐탁해하지 않았다. 참여자는 학부모들의 이런 선입
견을 극복하고자 더 열심히 노력하였다.

(1) 결혼이주여성에 대한 사회의 부정적 시선

불편한 점이요? 뭐 하러 여기까지 왔냐고 할머님들이랑 다 그러세요. 애기 아빠
가 워낙 잘살고 그러면은 괜찮은데 돈 없고 성격도 글고 돈도 없고 긍께 나보고
참 대단하다 그래요 사람들이. 여기 와서 사는 것 보면은 애들도 둘 살고, 원래
중국에 오면 다 도망가는데. 그런 시선을 많이 보드라. 중국사람 도망간다는 것
을. 저는 이미 살려왔는데 도망 가봤자 애들도 있고 그…… 그냥 살지요. 맞춰
서. (참여자 6)

(문: 자기 아내는 외국 사람인데 아기 돌보는 사람이 외국 사람이라는 것을 이
해를 못한다?) 네, 그래서 내가 진짜 이상해요. 자기가. 애기 엄마가 외국 사람
이면서 왜 그런 소리를 하냐고. 그래서 저는 그때부터는 이런 것은 안 하고 싶
다고 엄마들 싫어하는데. 유치원한테 안 좋다고. '신경 쓰지 말라고. 그런 사람
나는 필요 없어. 신경 쓰지 마.' 많이 도와줬어요. (참여자 10)

(2) 시어머니의 외국인 며느리에 대한 선입견

남편이 그런 것보다 그 전에 시어머님들은 교육을 받지 못했잖아요. 그러니까
다른 사람들은 좀 그시기 한다고 하기보다는 내가 이 아이를 설득하고 가르치려
고 하다 보니까 주관적인 생각이 강하시죠. 그러다 보니까 거기에서 보면은 가
르치려고 할 때에 '말을 잘 안 듣는다. 좀 고집이 세다' 이렇게 인식하죠. 근데
고집 세는 것은 한 사람 한 사람 다 똑같거든요. 며느리만 고집이 센 것이 아니
라 누구나 다 한 성깔 있고 다 누구나 고집이 있고 그러는데 '우리 며느리만 유
독히 강하다' 그렇게 인식하죠. (참여자 8)

7. 사회적 지지체계

농촌지역 결혼이주여성들은 가족체계인 배우자, 시댁, 원가족으로부터 지지를 받으면서 한국생활에 정착해 가고 있었다. 조선족 출신의 이주여성의 경우 남동생이나 아버지가 한국에 들어와 살면서 든든한 지원자 역할을 수행하기도 하였다. 또한, 직장동료와 이웃 그리고 자조집단과의 교류를 통해 배움을 함께하고 아이들을 통해 이웃 간의 정을 쌓아가는 경험을 하였다.

따라서 이러한 내용들은 '배우자의 지지', '시댁의 지지', '원가족 지지'라는 개념으로 도출되었고 이를 '가족의 지지'라는 하위범주로, 또 다른 요소들로 '직장동료의 지지', '이웃의 지지', '자조집단의 지지'라는 개념은 '지역사회의 지지'라는 하위범주로 묶었다. 이는 다시 '사회적 지지체계'로 범주화 하였다.

1) 가족의 지지

참여자들은 한국생활 초기에 정착하면서 겪었던 과정에서 배우자나 시댁식구들과의 갈등과 부정적인 측면이 보이긴 했으나 대체적으로 가족관계에서는 긍정적이면서 친밀한 모습을 보였다. 배우자가 든든한 언어적 지원자였으며 시댁 식구들 또한 사회참여활동을 원하는 참여자의 정서적 지지자가 되어 주었다. 남편은 아내의 사회활동을 위해 물심양면으로 도와주며 적극적으로 외조하였다. 그리고 친정으로 보내야 하는 생활비 지원에도 순순히 응해주었다. 자녀들도 엄마의 사회생활을 자연스럽게 받아들이고 자랑스럽게 생각하였다. 시동생들 또한 결혼이주여성들이 한국어에 익숙해질 수 있도록 책을 사주고 다양한 정보를 제공하며 지지하였다. 친정 부모님은 경제적인 어려움에 처해 있는 참여자를 경제적으로 지원하고 격려해주었다.

이러한 가족의 지지는 결혼이주여성들이 낯선 땅에서 꿋꿋하게 버틸 수 있는 힘이었다.

(1) 배우자의 지지

음…… 우선 신기한데요. 특히 가족들이 많이 있는 자리에서도 제가 하는 말을 부모님이 못 알아들으셔도 신랑은 다 알아요. 이상하게 그래요. 다른 분들이 하는 말씀은 못 알아들어도 신랑이 하는 말은 알아들어요. 그런 부부라는 점이 그런 거 조금 있는 것 같아요. 그래서 그런 점에서 제가 말을 못 하더라도 그것을 옆에서 신랑이 듣고 있으면 어느 정도 신랑이 그것을 어느 정도 알아먹고 제대로 된 말로 설명을 해주시거든요. 그니까. 금방 알아듣고 주변이 그런 것들이 많이 있거든요. (참여자 1)

일본어는 가르친다는 것을 처음 해왔기 때문에 처음에는 제가 나만의 생각으로는 안 하겠다 그러거든요. 하고 싶지 않았어요. 처음에는 그런 것 어떻게 내가 가르칠까 그런 생각으로. 그런데 그것도 저희 신랑이 '해봐라 내가 도와주겠다. 어려움이 있으면 내가 도와줄 테니 해봐라 해봐라.' 그래서 처음에는 어쩔 수 없이 하는 거예요. 해봐라 해봐라…… '왜 내가 해야 될까 다른 사람도 있을 것 같은데…….' 음…… '왜…… 내가. 내가…….' 그런 생각을 많이 하면서 했어요. 그래도 그때 당시에 함평에는 일본사람이 6명 정도, 7명 정도 있었는데 거의 다 비슷한 시기에 나온 사람이었어요.
(참여자 1)

이렇게 반대를 하시지 않아요. 남편도 밀어주고, 이렇게 자원봉사니까 좋은 일이니까. 제 몸이 걱정해서 안 따라주니까 하는 만큼 이렇게 하라고 너무 이렇게 몰려하지 말고 몸이 아프고 그러니까. 부모님도 시부모님도 반대하지 않아요. 그냥 좋은 일이니까. (참여자 3)

아니에요. 그래도 그 돈은 뭐 니돈. 내가 번 돈은 내 돈. 왜냐면은 친정에 보면은 보내야 될 돈이 많거든요. 집에 보면은 월세도 내야 되고 엄마가 아프시니까 약값도 내야 되고 동생 대학도 보내야 되고. 그런 것들을 책임져야 되니까 그 역할을 계속 일을 해가지고 돈을 계속 보내야 되는데……. (참여자 8)

왜냐면은 남자가 잘 벌어가지고 어느 정도 띠어 줘가지고 보내 주면은 내 마음
이 괜찮겠죠. 근데 그런 입장은 못되잖아요. 그러면은 '니가 벌어서 해가지고 보
낸다는 데 그것은 내 돈도 아니고 어차피 내가 도울 수 있으면 좋은데. 니가 그
렇게 도울 수 있다면 그것도 감사할 일이니까 그렇게 하라'고 하죠. 그 다음에
박스에 하청, 거시기, 협력업체…… 거기에서 한 1년 일을 했죠. (참여자 8)

네, 왜냐면은 우리 시어머님이 말 많아요. "이렇게 하면은 안 되지. 이렇게 이렇
게 해." 그러니까 많이 배웠어요. 빨리 한국말 왜냐면은 친구 없어요. 우리말로
요. 한국말? 필리핀말 안 돼요. 항상 한국말. 한국말. 저 처음에는 항상 영어하
고 우리 신랑…… 하다못해 우리 시어머님 뭔 말인지 몰라. "뭣 말하냐?" 이렇
게 해요. 그러니까 라라라라 이렇게 하지 말라고. "그냥 한국말 해. 한국말." 또
저녁에는 갔다 왔어요. 공부하고 이렇게 하고 '가나다라' 하고 이거 만들었어요.
저녁에 하고 왜냐면은 한 달만 공부했어요. 왜냐면 바쁘잖아요. 그니까……. (참
여자 8)

하나하나 말하고 가, 나 이렇게 하고 가, 이렇게 기억, 니은 이렇게 좋아요. 또
단어하고 또 "이거는 뭐야? 한국말 뭐야?" 또 사진 보고 우리……. (참여자 8)

네, 좋아해요. 지금까지 말도 못하는 엄마였는데 좀 말하고 활동하고 테레비나
신문에 나오니까 자랑스럽게 생각을 하는 것 같아요. (참여자 12)

네, 자랑해요. 누가 친구들한테 내 아내는 대단하다고 이렇게 이야기해요.
(참여자 15)

(2) 시댁의 지지

그런 것도 그렇고, 어머님이 감사하는 것은요. 그…… 뭐라 할까요. 그…… 외
국 사람을 며느리로 와가지고요. 한국 사람이 아니니까 한국며느리면 또 여러
가지 해줄 것 같은데 제가 못 해드리는 게 많이 있는데요. 그러는데도 불구하고
밖으로 나가면요. 저를 절대로 나쁜 말을 안 하셨거든요. 저에 대해서 주변은 관
심이 많으니까 그 일본 며느리 어떠냐 다 물어보시잖아요. 그러면 제가 잘못하
는 게 있더라도 '아, 모든 것이 잘한다 잘한다. 한국 며느리보다 잘한다 잘한다'

그렇게 말씀하고 다니셨거든요. 그래서 그것은 그 바깥사람이 아니라 친척들한 테도 저에…… 그니까…… '신랑에 누나나 동생들한테도 잘한다 잘한다.' 그런 식으로 말씀하셨기 때문에 주변사람들은 제가 아주 잘하는 사람처럼 생각해 주 셨거든요. (참여자 1)

저는 부모님이 처음에 많이 실망하잖아요. 저는 큰며느리니까. 저는 또 한국사람 아니고 외국 사람이니까 한국말 아직도 제대로도 못 배워 이렇게. 하나도 못 알 아들으니까 실망 많이 컸을 거예요. 부모님 시부모님들이. 그니까 시동생이 저한 테 많이 도와주셨어요. 둘째, 우리 남편 바로 밑에 시동생이에요. 그니까 저는 처음에 한국어도 모르고 한국말 전혀도 모르는 상태에서 책 사서 이렇게 저한테 매일매일 토요일마다 책 가지고 공부하라고 '기역 디귿' 이렇게 가르쳐 주셨어 요. 그리고 저보고 집에서 텔레비전 많이 보라고 그니까 따라 하고 듣고 이렇게 해야지 빨리 들을 수 있다고. 처음에 저는 굉장히 힘들었어요. 네, 너무 힘들고 진짜 여기 시집왔는데 나는 시집와서 공부 아니라 이렇게 친정에 실망 많이 컸어 요. 그래서 점점 노력 많이 했어요. 책도 사주고 읽으라고 이렇게. 점점 한글 '기 역 디귿' 이렇게 합쳐서 이렇게 한글로 읽을 수 있게 이렇게……. (참여자 3)

어…… 처음에는 저도 반찬 이렇게 못 만들어요. 그런데 부모님이 항상 김치도 멸치볶음, 그 다음에 다른 반찬을 이렇게 다 정성스럽게 만들었어요. 그래서 아 파트에서 사는 데에서 제가 사는 데에서 보내요. 나중에 오빠 오면은 이거 다 차려드려야 하는데. 그래서 그때는 엄마 이거 반찬을 이렇게 사가지고 오시지 마시고 제가 직접 엄마 만들었을 때는 보고 저는 배워야 되니까. 옛날에는 그렇 게 하셨어요. 너무 잘. 저를 잘 아니까. 우리 어머님이. 이렇게 반찬 처음에는 반찬 다 어머님이 만드신 반찬 하셔가지고 아파트 가서 먹으라고 주시는데……. (참여자 9)

네, 그니까 큰 도움은 시부모님이 많이 하시고 시아버님하고 저하고 잘 통해서 성격이 닮아가지고 그래서 뭔가 문제가 있으면 경제적인 문제…… 해야 되는데 어떻게 하나. 아버님한테 바로 말씀 드리고 애기 넷이 있는데요. 아무래도 힘이 많이 들잖아요? 그러면 시어머님이 많이 도와주시고 부모님이 함께 계셨으니까 살 수 있었어요. (참여자 12)

(3) 원가족의 지지

아빠도 좀 사근사근해야 되는데 애를 좀 다독여야 되는데 그런 게 없어. 좀 무
뚝뚝해 성격이. 좀 애를 다독일 줄 몰라. 무뚝뚝해가지고, 남동생이 초청해가지
고 와서 여기 와서 있으니까 힘이 되요. 무슨 일 있으면은 남동생하고 이야기도
하고 재작년에는 외삼촌을 초청했어요. 외삼촌 초청해가지고 여기에는 없고 서
울에 가 있으세요. 한 번씩 통화하고 남동생 있으니까 많이 힘이 되더라고요. 옆
에서……. 원래 남동생도 중국에서 OO자동차가 있었어요. 거기서 일하다가 울
산 OO자동차로 처음에 갔다 하더라고요. "야, 갈래?" 하니까 자기도 막상 갈려
니까 가기가 싫은가 봐요, 누나 옆에서. 안 가고 여기에서 자리를 구해서 OO으
로…… OO으로 일 다니고 올케는 여기……. (참여자 6)

저희는 형제간끼리 더 좋아졌죠. 무슨 얘기 하면 동생이 다 받아주고 나도 뭔
얘기 다 받아주고 동생하고 잘 지내고 있어요. 근데 여기는 우리 애기 아빠하고
시숙님 하고 보니까 형제간이라도 그렇게 우애가 없어요. 뭐…… 다 여기 사는
한국 사람들 그러지 않겠지만……. 근데 중국은 서로 돈을 빌려줘도 니 돈 내
돈 없이 없으면 안 주는 것이고 있으면 주고……. 동생하고 나하고는 그래요.
근데 여기는 아니에요. 무조건 니 돈 내 돈 갚아라. (참여자 6)

아휴…… 저희 엄마 아빠 저 보면은 긍께……. 부모님도 저한테 많이 투자를
하고 그랬는데 성공하면은 당연히 좋겠죠. (참여자 7)

네, 그래가지고 내가 이렇게 되다 보니까……. 근데 우리 엄마 아빠도 내려와
보시고 진짜 우리도 열심히 일하고 있거든요? 그러니까 뭐라고 말씀을 못하시는
것 같아요. 인제 일을 안 하고 빼질빼질 놀면은 괘씸해서 욕을 할 것인데 그것
은 아니거든요? 부지런히 일을 하고 있거든요. 더워도 일하고 추워도 일하고 하
니까 그냥…… 그러면 훗날에 잘살 것이니까. 아직은 젊으니까 농사에 대해서
아는 것이 많지 않으니까 그런갑다 하고. 그래서 저가 정말 많이 미안하죠. 내가
아니면은 우리 엄마, 아빠 편안하게 살 것인데 그렇게……. 이제 중국에 분들은
한국 분보다 건강하지 못하신 것 같아요. 건강상에나 아마 10년 정도나 차이
나는 것 같아요. (참여자 7)

2) 지역사회의 지지

참여자들은 지역사회활동을 하면서 직장동료나 이웃들 그리고 자조모임의 회원들과의 정서적 지지를 받으며 한국생활에 적응하는 데 힘이 되었다. 직장동료들은 행정적인 일이나 해결하기 어려운 업무들을 익히도록 도와줌으로써 지역사회에 쉽게 적응할 수 있는 지지자가 되어 주었다. 이웃들도 아는 사람 없는 타국에 와서 고생하는 이주여성들에게 음식도 나누어 주고 따뜻하게 보듬어줌으로써 지역사회에 정착할 수 있는 힘을 실어 주었다. 결혼이주여성들끼리의 자조모임을 통해 정보도 교환하며 정서적으로 유대관계를 유지했다. 배우자와 자녀들까지 함께하는 가족동반모임을 통해 이런 효과를 극대화시켰다. 같은 모국인과의 공감대 형성이 외로운 타국살이의 외로움을 잊게 해주는 데 큰 위로가 되었다.

(1) 직장동료의 지지

네, 없어가지고, 네, 참 잘됐어요. 일한 것도 많이 만족하고 선생님들도 잘해 주세요, 저한테. 실장님이고 교장선생님도 같은 O씨예요. 항시 영양사한테 우리 O여사님 잘해 주라고. 저한테 O여사님하면서, 선생님들도 그래요. 저한테 존댓말로 다 해주시고 함께. 또 무슨 모임 있고 밥 먹으러 가면 꼭 저를 챙겨요. 같이 먹으러 가자고. 제가 그렇게 핑계를 대죠. 애기가 아프다고 하던가, 아님 애기가 어려서 밥을 해줘야 한다든가. 못 간다라는 식으로 해요. 긍게 영양사는 O여사님 이렇게 빠지면은 안 된다고 실장님이 이렇게 부른디. 빠지면 안 된다고 이런 식으로 말을 해요. 같이 가자고 밥 먹을 때 같이 가고 놀러갈 때 같이 가자고. 또 집에서 그런 것들을 싫어하니까. 애기들 밥은, 어쩌다 날마다 가는 것도 아니고 어쩌다 한 번씩 애기들하고 먹을 수도 있다고 이해해줘도 되는데 무조건 여자가 밥 해야 된다는 뜻으로……. (참여자 6)

저는 일할 때는…… 저기 뭐지? 한 달에 한 번…… 생일 때마다 이렇게 원장님이 생일파티를 해줘요. 그때 한 달에 한 번씩 모여요. 그때 딱 12명인가?

……. (참여자 10)

저는 말 못하니까 그때는 일할 때부터는 말 많이 배웠어요. 집에 있기보다 거기
서는 원래 잘해 줬어요. 항상 내가 이거 못하니까 "이거 뭐예요?" "이거 해라."
"뭐라 그랬어요? 지금 뭐라 그랬어요?" 천천히 말했어요. 그러면은 어려운 것
은 선생님들이 이해해 주고 다 설명 많이 해줘요. 가르쳐주고 별로…… 어려운
것은…… 부모님한테는 좀 어려워요. 부모님들은 외국 사람 싫어하잖아요. 자기
남의 애들 보고 있는데 "말도 못하는 데 어떻게 한국 사람보다 더 잘해" 그런
소리 항상 했어. 그래서 내가 항상 기분이 좋잖아. 엄마들 가끔씩 그래서 제가
보육교사 자격증 딴다고 그랬었거든요. 근데 이렇게 엄마들 항상 인사하고 그러
니까 아~ 나는 그런 것은 안 될 것 같애. 엄마들 때문에 자신이 없다고…….
(참여자 10)

저는 유치원에서도 도움을 많이 받아요. 선생님들이 만약에 컴퓨터 하잖아요. 한
글 잘못하잖아요? 서류…… 선생님이 "내가 해줄게." 자기가 내 옆에서 아니면
은 자기가 앉아서 보고 "이거 필요해? 그러면은 내가 해줄게." 도움을 많이 받
아요. 저희 신랑보다 더……. (참여자 10)

(2) 이웃의 지지

그 옆집에 그 우리 애기 친구. 나이 똑같아요. 그 엄마도 저하고 나이 비슷해요.
그래서 잘 지내고 있어요. (참여자 3)

서로 애기 대해서. 애기 학교에서 여기 장점. 단점 이렇게 나오잖아요. 그런 것
에 대해 이야기 나누고 가장 문제. 문제 있잖아요. 친구로서 이렇게 나눌 수 있
게 서로 도와주고 뭐 필요한 게 있으면 도와주고 그래요. (참여자 3)

저는 잘 안 친하니까 그냥 인사만 해요. 항상 어르신들…… 할머님들…… 항상
인사만 하고 그리고 한 3년 전 동네에 어떤 할머님이 같이 살았거든요? 근데
내 친구 할머님이었어요. 항상 뭐 필요할 때는 "할머님 좀 이거 해주라 저한테."
아니면 음식 할 때 할머님한테 많이 배웠어요. 할머님 이거 하고 싶은데 이거
못해요. 그래 우리 집에 와서 재료만 준비해서 다 해주고. 다 많은 사람은 아니

고 그냥 친한 사람들만…… 우리 신랑 친구들……. (참여자 10)

아, 그냥 아침에 잠깐 와서 커피 한 잔 하던지. 또 저녁에도 가끔씩 만나고 그 래요. (참여자 13)

(3) 자조집단의 지지

생각은 많이 했죠. 안 하면은…… 내가 막 살아야 하냐 말아야 하냐…… 왜냐 우리 같은 경우는 아직 애가 없으니까 애 있으면 애가 딸렸다고 막 그럴 것인디 애가 없으니까 진짜 생각이 많았죠. 그냥 혼자 나가서 살 것이냐 말 것이냐 그 래도 이제 살다보니까 정이라도 있잖아요. 이제 어떻게 됐든 간에 나 혼자 가버 리면은 그 사람 혼자 어떻게 살 것이냐. 제가 병원에 입원하면서도 옆에 언니들 이 참 고마운 언니들이 많았어요. 언니들이 얘기를 하더라고 글도 같이 지지고 볶든 간에 살아야지 니가 가버리면 어떻게 할 것이냐고 처음에는 언니들이 확 버리라고 그런 식으로 이야기하는데 나중에는 그렇게 안 하고 이렇게 타일러요. 그래도 살아야지 어떻게 할 것이냐 잘 살아야 하는데 다른 데서도 잘 산다는 보 장이 없지 않느냐 있다가 '언니, 나 다른 데 가도 나 혼자 살 거야.' 가정을 안 이룬다고……. 솔직히 너무 힘들잖아. 근데 이제 마음을 비웠죠. 비우니까 이제 모든……. (참여자 7)

어디 뭐 배우는 것 있으면 어디 어디 가르치는 데 가겠냐고 그런 이야기도 하고 자기들이 힘든 이야기도 하고 그러죠. (참여자 13)

네, 친해요. 또 우리는 좀 됐어요. 여자들이 거의 다 알아요. 신랑들이 얘기도 하고 그러니까 괜찮아요. 그 사람들이 다 좋아요. (참여자 13)

아무튼 같은 나라이기 때문에 마음이 잘 알아요. 어느 정도, 어디까지. 마음을 다 알고 있어요. 그래서 어느 나라에서도 다 마찬가지일 것 같아요. 마음이, 근 데 어…… 무슨 말 할까요? 뭐랄까? 할 때도 좀 어려워요. (참여자 15)

8. 지역적 한계

참여자들이 생활하고 있는 공간은 농촌지역이다. 농촌의 환경은 도시에 비해 문화시설이나 체육시설, 교육시설 등 주민들이 누리고 즐길 만한 공간이 턱없이 부족하다. 문화혜택을 누릴 수 있는 시설도 부족할 뿐만 아니라 자녀들을 위한 교육시설도 지극히 제한적이다. 또한 생활여건상 다양한 생필품을 구하기가 어렵고 생필품을 사기 위해서는 차를 이용하여 인근 지역으로 나가야 하는 불편함을 감수해야 한다. 자녀들을 교육시킬 만한 유치원이나 학원들이 부족하기 때문에 한국어 능력이 안 되는 이주여성들로서는 농촌에서 자녀들을 교육시키기가 쉽지 않다. 경제력만 있다면 자녀교육을 위해 도시로 나가고 싶은 마음도 있지만 부모님과 함께 지금까지 정착하여 살고 있는 생활터전을 떠나기가 쉽지 않고 생계를 위해 농사 이외에는 할 수 있는 일이 많지 않기 때문에 도시로 이주한다는 건 생각조차 하기 힘들다.

이러한 내용들은 '문화시설의 부재', '놀이공간의 부재' 등으로 개념화 했고, 이는 다시 '문화공간의 부재'로 하위범주화 했다. '교통이 불편함', '자녀들의 교육문제' 등의 개념화는 '생활여건의 부족'이라는 하위범주로 묶었다. 최종적으로 '지역적 한계'로 범주화 했다.

1) 문화공간의 부재

결혼이주여성들의 생활의 장이 농촌지역이다. 그러나 농촌지역의 한계라고 할 수 있는 각종 놀이와 운동공간과 학습을 할 수 있는 공간에 대한 욕구를 표출하였다. 일종의 마을 단위의 어린이와 어른들이 한데 어울릴 수 있는 소규모 커뮤니티 센터(Community Center) 같은 마을주민들의 적극적인 참여가 필요한 소통의 공간을 필요로 하였다.

(1) 문화시설의 부재

그런 또 뭐라 할까요. 자유롭게 국민들이나 자유롭게 가서 운동하고 무슨 공부도 하고 그런 것들이 집중적으로 이렇게 모여 두는 공간. 공간이라고 할까? 그런 시설들이 있었으면 좋겠고요. (참여자 1)

(2) 놀이공간의 부족

네, 그리고 애기들 놀이터 같은 거 요즘은 여기 아파트가 많이 생겨가지고요. 아파트 주변에는 애기들이 놀 수 있는 공간들이 많이 있는데…… 그…… 문화도시마을, 문화마을인가. 그런 것들이 조금씩 생겨가지고요. 저희 마을 옆에도 문화마을이라는 것이 생겨가지고 그쪽에는 놀이터가 하나 생겼긴 생겼거든요. 근데…… 조금 옆 마을이라 해도, 애기들을 거기까지 보내기가 자주 자주 놀러가기가 조금 어려운 것 같구요. 음…… 그런 놀이터 같은 거 또 조금 많이 있으면 좋겠다 싶어요. 그런데 시골이라서 애기들이 적으니까 그런 것들이 마을 마을마다 준비하기는 어렵겠는데…… 그런……. (참여자 1)

2) 생활여건의 부족

농촌지역은 한국사회에 익숙한 젊은 세대들도 도시화의 영향으로 유년시절 잠시 머무르는 공간으로 변한 지 오래되었다. 일상생활에 필요한 생활필수품을 구입하는 데에도 주변의 도시지역으로 나가야 하며, 교통수단도 마땅치 않다. 더욱이 자녀들의 교육문제에 봉착하게 되면 농촌이라는 지역적 한계를 더욱 실감하게 된다. 이러한 생활여건상의 불편함과 접근성의 부족은 아이들이 성장하게 되면 이농하여 도시로 나가게 하는 배출요인으로 작용하게 된다.

(1) 교통이 불편함

좋은 점은 자연이 많다는 것, 공기도 좋고 또, 편안한 느낌이 있잖아요. 도시에
사는 것보다 그런…… 역시 그만큼 불편하다는 것. 제가 일본에 고향은 아주
도시도 아니지만 도시권에 가까운 곳에 살았거든요. 요코하마 쪽인데요. 도쿄에
한 시간 정도 있으면 도쿄까지 갈 수가 있고 요코하마도 큰 도시고 요코하마 요
밑에 있는 시인데요. 제가 살던 거기는 별로 바닷가니까. 그러게 막 시골 같은
분위기도 있지만 바깥에 나가면 금방 도시니까요. 도시권에서 살았거든요. 그니
까, 뭔가 갖고 싶은 거 하고 싶은 거 있으면 조금 도시에 나가면 팍 할 수가 있
는데 그런 것들이 여기는 광주나 목포나 많이 가까워졌지만 제가 왔을 때는 지
금보다 더 발전 안 되는 상태였기 때문에 그래서 그런 것이 일본이면 이런 것을
산다면 어떤 가게에 가면 살 수가 있다는 것을 아는데요. 똑같지 않아요. (참여
자 1)

여기까지(나주시) 와야 돼요. 사는 데. (참여자 13)

(2) 자녀들의 교육문제

불편한 점은 많죠. 애들 학교 보내는 것도, 우리 애기 5살 될 때까지 유치원 생
기지 않았어요. 다섯 살 될 때 생겼어요. 요즘 같은 경우는 딱 엄마가 말 못 알
아먹어도 유치원에서 많이 가르치고 배우고 그러는데 그때도 없어요. 우리 아들은
하나도 못 듣고 살았을 거예요. 못 배우고……. (참여자 11)

9. 삶의 돌파구 찾기

한국에 처음 왔을 때 집안에서만 갇혀 지내던 참여자들은 한국어가
익숙해지고 자녀들이 어느 정도 성장하자 삶의 돌파구를 찾고자 지
역사회활동을 시작하였다. 여러 직업을 경험하며 자신감을 쌓았고
가정경제에 보탬이 되는 일을 한다는 자부심과 무능하게만 여겨졌던

자신의 삶을 적극적으로 개척해보고 싶은 의지를 가지고 세상 밖으로 나오게 되었다. 참여자들은 간병인, 외판원, 식당 일 등 기회가 되어 할 수 있는 일이라면 무엇이든 열심히 노력했다. 또한 지역축제나 행사 및 학교 운동회를 통해 지역주민들과 만나 문화를 교류하고 정보를 습득하기도 하였으며 마을행사에 참여하여 마을 주민들과 친밀한 교제를 나누었다.

이러한 내용들은 '취업을 위한 적극적 노력', '강한 생활력', 등으로 개념화 했고, 이는 다시 '다양한 직업 경험'으로 하위범주화 했다. '마을 주민들과 교류', '마을축제에 참여' 등의 개념은 '교류'로 하위범주화 했으며, '열정을 갖고 노력', '비전을 품음' 등의 개념은 '비전'으로 하위범주화 했고 이는 다시 삶의 돌파구 찾기'라는 보다 큰 범주로 묶었다.

1) 다양한 직업 경험

참여자들은 강한 생활력을 보였다. 가족들의 만류에도 불구하고 해보지 않은 일이 거의 없을 정도로 적극적인 노력을 기울였고 한 참여자의 경우는 남들이 꺼려하는 간병인 활동이나 자동차 세차 등의 힘든 일까지 하면서 열심히 돈을 벌어 작지만 내 집 마련의 꿈도 이루어내는 억척스러울 정도의 강한 목표의식을 갖고 생활하고 있었다.

(1) 취업을 위한 적극적 노력

> 근데 저희는 그거 아니고 이제…… 저는 "이것 다 몰라? 다 몰라?" 막 그랬
> 어요. 제가 "네? 다 모르겠습니다." 근데요. 이거는 저희는요. 저에게는 제가
> "뽑아주신다면 저희는 일을 열심히 하면 저는 열심히 하겠습니다. 저만 뽑아주
> 신다면 열심히 하겠습니다." 그것만 했었어요. (참여자 9)

(2) 강한 생활력

저는 처음에 생각해서는 광주, 저기 전문 여성 전화에서 통해서 제가 교육, 한 달 동안 교육 받으러 갔어요. 그니까 조금 도와주시고 연락 행사 있을 때 연락 해주고 저도 참석할 수 있는 게 좋아요. 또 경험도 더 이렇게 더 배우고……. (참여자 3)

처음에요? 가사 간병, 할머님 집에 가서 청소하는 거 가사 간병. 자활에서 거기 를 다녔어요. (참여자 6)

네, 화장품 이런 것 해봤고 또…… 병원에서도 해봤고요. 안 해본 것은 없어요. (참여자 9)

식당, 거기…… 식당 끝난 뒤에는 애기 아빠랑 1년 동안 축협에서 일을 했어요. 세차. 알아요? 그 일을? 축협 있는 돼지 싣고 온 차 있잖아요. 똥을 많이 싸가 지고. 우리 그거 했어요. (참여자 13)

2) 교류

참여자는 마을주민들과의 교류를 위해서 지역행사나 축제 때 빠짐없 이 참여한다. 운동회 때도 함께 줄다리기를 하면서 친목을 도모하고 교육정보를 수집한다. 다문화축제에서는 한국어와 문화를 습득할 수 있는 기회로 삼는다. 마을행사나 동네잔치에도 참석하여 일손을 돕 는 등 마을주민들과 좋은 관계를 유지하기 위해 노력한다.

(1) 마을주민들과의 교류

네, 그…… 6개월마다 저기…… 상담도 하고요. 또 체육, 체육대회도 나가 고……. (참여자 3)

참여해서요? 어린이집에서요? 운동회할 때는 엄마들하고 달리기하고 줄 당기기 하면 줄 당기기하고, 엄마들 같이 하면 다 참석해요. (참여자 6)

학부모들 모임 있는데 참석을 안 했어요. 일이…… 시간이 안 맞더라고요……. 점심시간에 딱 해서. 선생님들이랑 밥도 먹고 막…… 그러더라고요. 시간이 안 맞은께 참석 못하고 운동회 같은 데나 참석하고, 근데 큰애가 아빠 성격을 많이 닮았더라고요. 다니기도 싫어라 하고…… 작은애는 나를 닮아서 돌아다니기 좋 아라 하고……. (참여자 6)

(문: 네, 그러면 부모님이 아이의 손을 잡고 학교행사에 참여하는 일은 별로 없 고?) 처음에는 그냥. 초등학교였을 때는 저희는 어렸을 때 우리 엄마는 저를 데 리고 학교에 처음 갔을 때 있잖아요. 면접 보러 갈 때. 그것만 했었는데. 나중에 무슨 1년에 한 번 행사 있잖아요. 재롱잔치 그런 것만 하고 '나오세요' 하고 가 고요. 그런데 한국처럼 운동회 그런 것은 한 번도 본 적이 없어요. 부모님과 같 이 운동하고 그런 것은 없어요. 그런 차이가……. (참여자 9)

네, 그렇죠. 아무리 '아~ 한국에 이런 게 있구나.'…… 더 어려운 문화를 알고 배우고 다른 친구들도 사귈 수도 있고 또 한국말도 모르는 것도 많이……. (참 여자 9)

거의 자식 이야기 하죠. 무슨 공부에 대해서 어떻게 하면은 공부를 더 열심 히…… 저도 이제 한국 사람인데 특별하게 무슨 어려운 것 많이 해요. 그래서 저는 이 사람들이 없으면은 누구한테 물어볼 사람이 없어요. 그래서 저희 남편 도 남편한테도 물어볼 수 있지만 그런데 남편이 거의 집에는 안 계셔요. 그래서 저는 주변의 사람들이 안 사귀면 못 살아요. (참여자 9)

그니까 봉사활동 하고 싶으니까 뭔가 있으면 마을회관에 안마 봉사하고 그런 거 하고 또 동네 분들 모시고 어디 갔다 오고 그래요. (참여자 12)

그냥 동네는 다 나이 드신 분들이잖아요. 그냥…… 이렇게 뭐 잔치 있으면 제 사 있으면 이렇게 아침밥 같이 먹고. 인제 젊은 사람 필요 없잖아요. 그냥 설거 지 같은 것 치우고 그런 것 많이 도와주세요. 도와 드려요 제가. 또 동네에서 1 년에 또 돌아가면서 이렇게 이렇게 같이 모이는……. (참여자 13)

아니, 꼭 가는 생각 들어요. 가서 좀 도와주고 싶고 저도 한번 생각해서 부르잖
아요. 이분이 제사 지내는데 생각해서 와서 식사하라고 오시는데 안 가니까 서
운하다고 그런 것도 있고, 다 가서 나이 드신 분들도 치워야 되니까 가서 치워
줘야 되고, 그래요. 꼭 가서 하고 싶어요. 가서 사실은 다 노인분들 이니까 잘
놀지는 못하잖아요. 애기도, 그냥 그리라도 보죠. 평상시에는 놋 봐요. 일 있을
때만 한 번씩 찾아뵙고 얼굴도 보고 그런……. (참여자 13)

(2) 마을축제에 참여

그것을 이주여성에서요. 이주여성센터를 통해서 저는 자주 못 가고요. 애기 때문
에 못가고 가끔씩 이렇게 참석하고 축제 행사 이주여성 저기 행사할 때 자주 참
석하고요. (참여자 3)

아니, 그것은 물품과는 판매는 없고 그냥 장기자랑 이렇게, 필리핀은 자기네들
민속춤을 추고 아마 그래가지고 그때…… 아마 그것을 담당 책임자가 문자를
줬는가 보더라고요 아마. '중국에서는 뭐 중국에서는 몇 가지를 준비할 것이냐'
또 이렇게 해가꼬 누구는 그러면 단체로 노래하고 개인전 노래도 부르고 춤추고
세 가지 네 가지 항목을 해가꼬 문화회관에다가 그것을 잡아가지고 하는가 보더
라고요. (참여자 7)

아, 이제 거의 차이는 거의 좀 많죠. 한국에서는 인제 무슨 문화 있으면은 저도
구경하고 또 이제 한국에 먹을거리 또 한국에 풍습 한국 요리 다 이런 것 우리
인도네시아에서 없는 것 문화의 그거 있으면은 다 보고 느끼고 많이 배웠어요.
(참여자 9)

응, 그러니까요. 애기가 많으니까 가서 도와드릴 수 없어요. 근데 가면 부담스럽
잖아요. 우리가 도와드려야 되는데 젊은 사람이 없으니까. 근데 그러니까 별로
안 가고 마을 여행 같은 거 있으면은 같이 가고……. (참여자 12)

3) 비전

참여자들은 무슨 일이든 맡은 일에 최선을 다했다. 직업의식을 갖고

성실하게 일을 수행함으로써 더 큰 꿈과 미래에 대한 비전을 품었다. 작은 일이지만 더 큰 일을 계획하기 위한 발판으로 삼고 열심히 정진한다. 참여자는 처음에 배농사가 단순히 생계를 유지하기 위한 수단이었지만 점점 일에 열정을 품게 됨으로써 지역특산물로서 배를 상품화하기 위해 판로를 모색하고 있다. 끊임없는 실험정신과 연구개발로 배를 이용한 다양한 상품을 선보이며 전국에 알리기 위해 노력한다. 딸기농사를 하는 참여자도 자신의 사업이라 열심히 하는 만큼 소득이 돌아올 것이라 믿으며 열정과 비전을 가지고 날마다 구슬땀을 흘린다.

(1) 열정을 갖고 노력

올해는 작황이 안 좋아요. 제가 지금 시간이 많이 남아 있고 이제…… 어제 언니가 전화 왔더라고요. 인터뷰를 한다고. 그래서 제가 오늘 애가 시간을 내면은 그래서 내일을 미리 해놔야 되거든요. 그래서 일을 앞당겨 해놓고 오늘은 신랑한테 '자기야 내일 하루 놀 것이네. 그런 줄 알고.' 통보를 해요. 그런데다가 할 일은 다해놔. 자기는 오늘 무슨 일을 해. 우리 신랑은 일을 시켜. 우리 신랑 성격이 엄청 느리고 양반이라 옛날 양반집안 그거라 자기는 요거 일만 하라고 딱 시키고 이제 그렇게 나온 거예요. (참여자 7)

네. 그니까 여러 가지 시민들이 이렇게 보잖아요. 민원이라든지 그런 거. 안 좋은 면도 많잖아요. 항상 저희는 열심히 하고 조심 조심스럽게. 이렇게 말도…… 특히 조심스럽게 말을 더 많이 존댓말도 이렇게 친절하게……. (참여자 9)

지금은 내 인생에 전부지요 뭐. 왜냐면 처음에는 어쩔 수 없이 먹고살아야 되기 때문에 했지만 지금은 내 몸속에 딱 내 몸하고 같이 있어 주는 것 같아요. 그렇기 때문에 한마디로 말하면은 내 인생의 전부예요. 농사를 안 짓다 보면 지금 살 수 없을 것 같아요. 지금 당장 뭐 해먹고 살 것이 없어. 나가서 식당에 들어가든지. 공장에 들어가든지 아니면은 없을까. 이렇게 사업을 했기 때문에 농사를…… 우리 1년 생활비가 4, 5천 들어가는데 생활비가. 이렇게 식당 들어가면은 안 돼요. 이제는 어쩔 수 없이 농사를 지어야 돼요. 그 생활 속에 들어가기 때문에 배가 내 전부였어요. 지금……. (참여자 11)

농사는 우리는 평생 지을 거예요. 이것은 주요사업에서부터 내 취미생활에서 나오는 사업이기 때문에 잘되면은 물론 같이 하게 될지는 모르지만. 이것은 딱, 컴퓨터가 잘못되면은 우리가 무너질 수가 없잖아요. 일단은 주요는 배농사이기 때문에 배 농사는 제일 먼저 하고 옆에서 예를 들어서 최하로 아무것도 안 되더라도 인터넷판매도 될 수 있을란가. 그런……. (참여자 11)

네, 선생님들도 제가 여기저기 다니면서 음식 거기 다니면서 선생님들 말이 '추석이나 대목 때 인터넷에 올려가지고 판매해라.' 그러면은 누가 알려주겠지. 최근에는 뭐가 할 수 있냐면은 떡 같은 것, 베이커리도 고명처럼 할 수 있는 그런 것이기 때문에 꼭 전과과자만 아니더라도 어디 식품에 들어가서 그 사용할 수 있는…… 제과점에서 만들어질 수 있구나. (참여자 11)

(2) 비전을 품음

어떻게 잘하시는 분은 막…… 하우스는 마흔 몇 동 하시는 분도 있어요. 딸기를. 완전히 기업처럼 자기 사업처럼 하니까 참 잘해요. 그리고 이렇게 너무 나도 크게 안 벌리는 분들도 딸기 농사가 괜찮게…… 괜찮은 것 같아요. (참여자 7)

10. 적응해 나감

처음에 한국에 왔을 때 맞닥뜨리게 된 현실의 어려움은 결혼이주여성들이 감당하기에 너무나 버거운 것이었다. 의사소통도 되지 않았고 음식도 입에 맞지 않았으며 사회적 편견이나 부정적인 시선도 부담스러웠다. 그러나 시간이 지나면서 차츰 힘든 과정을 극복하고 한국생활에 적응하게 되었다. 모국에서 한 번도 농사를 지어 본 적이 없었던 참여자도 시부모님들을 모시고 함께 농사일을 거들며 사는 농촌생활이 그리 나쁘지 않다는 생각이 들었다. 오히려 공기 좋은 시골이 복잡한 도시보다 낫다고 여겨졌다. 마음의 여유가 생겼으며 이제는 한국문화에도 익숙해졌다.

따라서 적응의 과정과 결과를 '한국생활에 만족함', '생활의 여유를 가짐', '한국문화를 배우고 익힘'이라는 개념으로 도출하였고 이를 '농촌생활에 익숙해짐'이라는 하위범주로 분류하였다. 이는 다시 '적응해 나감'이라는 큰 범주로 묶었다.

1) 적응

농촌생활에 익숙해진 참여자들은 농사도 그다지 힘들어하지 않는다. 시골에 살지만 크게 불편한 점이나 부족한 것을 느끼지 않는다. 도시라면 꿈도 꾸지 못할 내 집과 쌀을 걱정하지 않을 논밭이 있기 때문에 한국생활에 만족하며 살고 있다. 한국음식도 잘 만들 수 있으며 이주 초기에 문화의 차이로 인해 겪었던 해프닝도 한국문화를 이해하고 받아들임으로써 인정하게 되었다.

(1) 한국생활에 만족함

> 생각은…… 제가 볼 때는 한국 사람들이 부지런히 열심히 일하시고, 그…… 농사는 제 생각보다는 농사하고 힘들지 않아요. 요즘 기계들 다 있잖아요. 힘들지 안 하고 뭐 열심히 하면 농사도 논 있으면 만약 논 있으면 먹고살…… 뭐 그런……. (참여자 3)

> 불편한 점 같은 것은 없고요. 저는 워낙 이렇게 도시 그쪽으로 나쁜 공기를 싫어서 그냥 시골 우리 아파트 공기가 좋아서 특별히 불편한 점이 없어요. (참여자 9)

(2) 생활의 여유를 가짐

> 음…… 처음에는 시골에서 살면서 좀…… 도시보다도 집도 있고 논도 있고 쌀도 항싱 있어요. (참여자 16)

> 경제 좀 걱정 많이 안 해요. 도시 살면 경제 걱정해요. (참여자 16)

(3) 한국문화를 배우고 익힘

> 이뻐라 해요. 항상 "안녕하세요." 우리 시어머님이 말했어요. 뭐 할머니 할아버지 이런 사람한테 인사한다고, "난 몰라. 누구사람." "네, 안녕하세요." 또 버스 올라가 기사님한테 "안녕하세요." 항상 인사하니까 이뻐라 하고, 우리 시어머님한테 배웠어요. 말했어요. (참여자 8)

> 네, 나중에는 잘했어요. 잘했어요. '알았어. 좋은 방법이다' 이러면서 이렇게 반찬 만들었어요. 같이 어머님이랑. 특별한 못 먹는 음식은 없어요. 거의 처음에는 김치 같은 것 못 먹는데요. 나중에는 김치 없으면은 못 살아요. 매운 것도 잘 먹고 (참여자 9)

11. 미래를 준비함

참여자들은 대부분 미래에 대해 불안한 마음을 갖고 있다. 나이가 많은 배우자의 건강도 염려되거니와 뚜렷하지 않은 직장과 일정하지 않은 수입 때문에 자녀들의 학비와 노후의 생활에 대해서도 걱정이 많다. 배우자에게만 의지하며 손 놓고 있을 수가 없는 처지라 참여자들은 미래를 대비해야 한다고 생각한다. 자녀들의 대학 등록비를 위해 적금을 들고 내 집 마련의 꿈을 이루기 위해 더 열심히 일을 한다. 생활비를 쪼개어 배우자의 건강보험에도 가입하였다. 그리고 자아실현을 위해 대학에 진학하고 싶은 욕심이 생겼다. 자격증을 취득한 후 조리사, 일본어학원 강사가 되겠다는 목표를 세웠다. 자금이 마련되면 남동생과 함께 중국에서 무역업을 하고 싶다는 참여자도 있다. 불안하기만 한 미래지만 꿈과 희망이 있기에 결혼이주여성들은 결코 도전을 멈추지 않는다.

이러한 내용들은 '자녀에 투자', '내 집 마련의 꿈', '생명보험에 가입' 등으로 개념화 했고 이는 다시 '불안한 미래를 대비함'으로 하위범주화 했다. '대학진학을 희망', '자격증 취득에 열정', '꿈을 이루기 위한 준비' 등의 개념은 '자아실현을 위한 모색'이라는 하위범주로 분류하였다. 이러한 하위범주는 '미래를 준비함'으로 재통합되었다.

1) 불안한 미래를 대비함

결혼이주여성들 역시 한국의 여느 엄마들과 같이 자녀들의 대학 등록비를 위해 적금을 들고 내 집 마련의 꿈을 이루기 위해 일을 찾아나서는 부지런함을 보인다. 다만, 남편과의 많은 나이 차이는 노후 불안과 함께 머지않아 남편의 건강문제의 위기에 대한 대비가 필요함을 실감한다. 이러한 상황에 대비하여 생활비를 쪼개어 배우자의 건강보험에 가입하였다.

(1) 자녀에 투자

> 어…… 지금 여기 한국에서 그 애들 대학교 가면은 좀 비싸다 들었어요. 그니까 어…… 그때는 '나 어떻게 돈 벌 수 있을까. 어떻게 애들을 보낼 수 있을까'. 그렇게 비싸니까 일단 지금은 조금씩 조금씩만 조금……. (참여자 2)

(2) 내 집 마련의 꿈

하고 싶은 말……. 열심히 살아요. 돈 많이 벌어요. 부자다 하고 싶어요. 부자 아니어노 돼요. 그냥 잘 살기만 하면은 돼요. 건강하고요. 또 우리집이 있어야 돼요. 그냥 돈 있으면 아파트 사게. 왜냐면은 집에 있으면 어디 가고 싶어? 안 돼요. 집에 있잖아요. 아파트 있으면 전세하고 다른 나라 가야 돼. 할 수 있어. 근데 집이 있으면은 안 돼요. (참여자 8)

(3) 생명보험 가입

긍께 저도 지금 없는 돈에서 그거를 다달이 십이만 원씩으로 나가고 있다니까요. 저도 지금 안 하고 싶죠. 근데 애기 아빠가 워낙 나이가 있고 하니까 혹시나 아파서 병원에 가면 병원비를 감당 못 하잖아요. 그거라도 없는 돈 쪼개서…… 화재 쪽에 백프로 쫙 나와요. 그래서 넣어놨어요. (참여자 6)

2) 자아실현을 위한 모색

결혼이주여성들은 농촌생활의 지역적 한계라 할 수 있는 교통 접근 상의 문제 해결을 위해 자동차 면허증 취득에 도전하고, 어느 정도 적응상의 문제가 해결되고 좀 더 적극적이고 진취적인 삶의 개척자 가 되고자 자아실현 방법으로 대학에 진학을 희망한다. 또한 안정적 인 직업을 갖기 위해 자격증을 취득한 후 조리사, 일본어학원 강사 가 되겠다는 목표를 세웠다. 비록 현실이 다소 불안하기만 한 미래 지만 꿈과 희망을 갖고 결혼이주여성들은 현실의 장벽 앞에서 맞섬 을 두려워하지 않고 실현 가능한 도전을 멈추지 않는다.

(1) 대학진학을 희망

그것 때문에 여기 시골이 아니고 광주까지 나가야 해요. 나주나 목표까지 나가

야 되고 그렇게 되면 꼭 운전해야 되고요. 그면 그런 운전면허증 같은 것도 따
야 되고요. 또 그래서 이론에서 제가 사실은 대학교도 4년 대학교를 안 나왔거
든요. 그니까. 음. 그런 조금 공부 같은 것도 다시 해서 그런 과정 수료하는 그
런 것들을 따야 할 것 같고, 그런 것들 준비하고 이렇게 지금 있는 것보다 좋은
환경을 만들어가지고 해나가야 한다는 그런 생각만 갖고 있는데요. (참여자 1)

(2) 자격증취득에 열정

아, 시간이 없어가지고 갔다가 수업 끝나면은 바로 여기 오가지고 일을 하고 그
랬었으니까. 만날 시간도 없고 그랬었어요. 진짜 한국어능력시험 따로 가고 싶어
요. (참여자 12)

한국말 더 많이 배워야 돼요. 많이 하면 더 베트남 여성들한테 많이 도와줄 수
있을 것 같아요. 그리고 제가 베트남 여성들 위해서 뿐만이 아니라 저 꿈이 있
어요. 한국에 있는 대학교에 가고 싶어요. 능력시험 받고 싶어요. 근데 너무 어
려워요. 이제 중급. 이번 주 일요일에 중급 볼 거예요. 근데 어려워요. 자신이
없어요. (참여자 16)

아니요. 여성회관에서 3개월 동안 교육받았어요. 3개월 동안 교육 받아서 시험
봐가지고…… 주로 저는 음식을 좋아해요. 음식, 한식, 양식, 다 따놓고 지금 중
학교에서 조리원으로 일하잖아요. 그래가지고 조리사가 나이가 많으세요. 한 2년
근무하면 못 할 것이에요. 혹시나 해서 제가 그쪽으로 준비를…… 자격증을 그
쪽으로 따놓으라고 하더라구요. 따면 그쪽으로 갈려고. (참여자 6)

생각해 봤지요. 그런데 맨날 군에서 왔어도, 얘기를 하더라고요. 혹시 가사 간병
일 할 마음 없냐고. 현재 지금까지는…… 그때 억울해가지고 잘리고 후에는 다
니라고 해도 다니기 싫어요. 그때 다니고 싶을 때 하고 싶었는데 딱 잘라 버리
니까 그때는 앞이 깜깜하데요. 나를 왜 나보다 더 잘사는 사람도 이렇게 써 주
는데 나 같은 사람 벌어먹고 살려고 그러는데 왜 안 해 주냐고……. 지금은 할
마음이 없어요. 근데 이제 자격증은 따냈어요. (참여자 6)

그러니까요. 지금 우리가 시험 보는 것은 한국능력시험이라고 하는 것이 있는데

6급까지 땄잖아요? 그것까지밖에 없어요. 아까 말씀하시는 것처럼 한국은 자격
증 있어야 되잖아요? 외국인들이 할 수 있는 자격증이 따로 있으면 한국 사람
한테는 딸 수 없지만 외국인들한테는 그거 있으면 가르칠 수 있다고 확실히 뭔
가 그런 것이 있으면 좋겠어요. (참여자 12)

(3) 꿈을 이루기 위한 준비

긍께 저는 첫째는 돈이나 많이 벌었으면 싶어요. 시간이 좀 길더라도 벌었으면
되는데…… 애기 아빠가 그거를 반대한께……. 진짜 벌어서 앞으로는 한국보다
중국 가서 살고 싶데…… 네…… 중국 가서 살고 싶어요. (참여자 6)

그것은 내 꿈인디 그것은…… 내가 중국하고 한국하고 왔다 갔다 어떻게 해서
동생하고 돈 모아서 사업 같은 거 하고 싶어요. (참여자 6)

네, 배를 말려요. 설탕에다가 절여 가지고 또 염색을 해요. 천연염색. 예를 들어
서 선인장. 치자. 무, 비틀 그런 것들을 갈아가지고 즙 내서 거기서 담아서 염색
해가지고 과자를 만들어서 그것을 제 모양을 한국지도로…… 9도 있잖아요. 9
도까지 색깔도 만들어 가지고 제가 그거를 어떤 기사가 찍어가지고 신문에 냈어
요. 내가지고 거기를 봐가지고 방송국에서 전화가 왔어요. 근데 우리 애기 아빠
는 방송 나가는 거 별로 안 좋아해요. 그래서 제가 사업 쪽으로 좀 퍼지고 싶어
요. 그래서 방송 나가서 그렇게 하고……. (참여자 11)

하다 보니까. 내가 살아야 되니까. 그렇게 됐어요. 배 농사 지어가지고는 배 농
사 짓는 것 자체도 엄청 어려워요. 배 성공 되려면은 과정을 거쳐가지고 나오는
데 판로가 없어요. 수출하는 것도 한도가 있고 또 줄이고 맨날 또 중국에서 막
빼서 가지고 줄이고 줄이고 하니까 우리는 나갈 때가 없어요. 그니까 배 들어가
면 배는 진짜 1백만 원, 2백만 원 들어가는 거 몇 천만 원 들여가서 사업을 하
는 거기 때문에 그게 다시 끌려들어가는 거 어떻게 다시 받아내야 돼요. 그래서
그 생각하면서 그렇게 되는 거예요. 근데 받아내는 건 아직 성공한 것은 아무것
도 없어요. (참여자 11)

제가 그것도 그래요. 제가 해서 뚫어 보면 나이가 좀 됐잖아요. 40대에서……

제가 뚫어보면 앞에서 20대들 많아요. 뒤에 보고 예를 들어서 되고 싶은 애들 많이 있을 거예요. 그러면 '아, 이렇게 길들이 있냐.' 있다고 생각해가지고 따라 오면서 뚫어 그런 마음도 있고. (참여자 11)

가보지 않았는데요. 그냥 몇 사람 이야기는 들어봤어요. 저기…… 어디지? 바다 그쪽에 사는데? 완도 한 사람 알았는데, 그 사람도 저처럼 한국말로 여기 와서 배웠대요. 이렇게 한자 해서 자격증 2급만 타면은 된대요. 2급 따고 이렇게 학원 하나 했어요. 근데 중국어 학원 아니고 한자학원이요. 그 하는데 거기서 중국말도 가르치고 그런데요. 근데 지금 당장은 경제적으로 안 되니까 시댁에는 많은 도움을 줄 것 같아요. 경제적인…… 다른 데 같은데 기회가 있으면 옛날에 동사무소에서 가르치고 그런 것이 있대요. 근데 그건 문제가 있어요. 잠깐이요. 계속 꾸준히 하는 것이 아니니깐 아직은 모르겠어요. 공부해놓고 기회 있으면…… 공부는 해놔야지요. 아직은 한국말도 모르고 공부는 좀 더 해야 돼요. (참여자 13)

12. 지속적 사회활동 희망함

참여자들은 현재 자신이 하고 있는 일에 만족하며 앞으로도 지속적인 사회활동을 희망하였다. 그러나 계약직으로 활동하는 경우 계속 일을 할 수 있을지 여부가 불투명하기 때문에 매달 일정하게 수입을 창출할 수 있는 안정적인 직장을 원하는 참여자가 많았다. 또 다양한 사람들을 만나 정보를 얻고 지역사회에 더 빨리 뿌리내리고자 여성단체에 가입하고 싶어 하였으며 자원을 활용하여 의사소통이 어려운 자국민을 위한 통역활동을 꾸준히 하겠다는 참여자도 있었다.
이러한 내용들은 '방과 후 활동을 희망', '더 많은 수입활동을 희망함' 등으로 개념화 했고 이는 다시 '소득 있는 활동에 참여'로 하위범주화 했다. '여성단체에 가입'의 개념은 '여성단체에 가입'이라는 하위범주로 분류하였다. '자국민을 위한 사회활동을 희망함', '통번역

활동에 봉사함' 등의 개념은 '자신의 자원을 활용'이러한 하위범주로 분류하였다. 이러한 하위범주들은 다시 '지속적 사회활동을 희망함'으로 재통합되었다.

1) 소득 있는 활동에 참여

결혼이주여성들의 경제적 어려움은 앞서 '힘듦'의 하위범주에서 이야기 하였듯이 대부분의 가정에서 공통의 문제이며 동시에 적극 대처해 나가야 하는 해결 지향적 문제이다. 지금까지의 군청의 지원으로 이루어졌던 외국어 강사활동에 대한 지속가능성 여부에 불안한 마음은 제도적인 안정화를 희망하는 단계로써 학교에서 방과 후 활동으로 발전되기를 원한다. 또한 건강하고 자녀들이 어릴 때 좀 더 많은 수입이 들어오는 일을 하고 싶어 하며 매달 월급 형태로 수입이 있었으면 하는 바람을 가진다.

(1) 방과 후 활동을 희망

그런 것들이 있기는 있는데. 음…… 또 조금 다른 방향에서 다른 방향에서라 할까. 여러 가지 가르치는데 내가 지금 생각하는 것은 지금 군수님이 계셔가지고 2년만 하면 이제 군수님 바꿔요. 그러면 새로운 군수님이 어떤 생각으로 외국어 교육에 대해서도 어떻게 생각해서 어떻게 이끌어 나가실까 그런 것들도 이제 보장이 안 돼요. 그래서 그니까 혹시나 뭐 이제 군청에서 일 못 할 수도 있다는 거잖아요. 긍게 지금 상태로는 조금 불안정해요. 그러니까 불안정하니까 그런 점 가르치되 또 안정하게 할 수 있는 자리를 잡아야겠다는 생각을 갖고 있거든요. 또 그것을 그래서 그것 때문에 지금 가르치는 것에 대한 조금 어려움이 많이 있으니까. 그런 것들이 이겨나가면서 다른 어떻게 구체적인 것은 없지만 뭔가를 더 발전시켜야 되겠다는 생각을 하고 있습니다. (참여자 1)

(2) 더 많은 수입 활동을 원함

> 그냥 자원봉사는 그냥 이것을 계속 저기하잖아요. 직업 그냥 안전하게 그냥 월
> 급으로 이렇게 한 달 많이 못 벌어도 이렇게 조금이라도 그냥 안전하게 매달 매
> 달 이렇게 수입 들어오게 하고 싶어요. (참여자 3)

> 그냥. 몸이 안 좋아요. 몸만 좀 건강하고 일 좀 할 수 있었으면 좋겠어요. 좀.
> 지금 어린이집 운전하고 있어요. 잠깐하고 금방 끝나니까 그…… 뭐지? 얼마
> 안 돼요. 그러니까 좀 힘들어요. 일을 좀 더 할 수 있으면 애들이 지금 초등학교
> 니까 돈이 많이 안 들겠지만 좀 있으면 돈 많이 필요할 때잖아요. 그래서 그것
> 때문에 건강하고 돈 좀 벌 수 있으면……. (참여자 13)

2) 여성단체 가입

한국생활에 적응하고 한국 아줌마와의 교류를 위한 발판으로 여성단
체에 가입하여 자신의 힘과 역량을 강화해 나가고자 하는 희망을 이
야기 한다. 이러한 사회활동에 대한 강한 신념은 자기 삶의 주체자
로서의 역할을 가정 내에서 만족하지 않고 지역사회의 또 다른 타자
와의 소통을 통해 사회관계망을 넓혀 가고 있다고 할 수 있다.

(1) 여성단체를 통한 사회활동을 희망함

> 활동 같은 것 저기…… 뭐냐 하면은 여성단체? 거기에 지금 가입하려고요. 어
> 차피 제가 한국에서 사니까 한국 아줌마. 여성단체 제가 이제…… 혼자였고 그
> 냥 모임이었지 단체라는 것은 아니잖아요. 어차피 여자들이 좀 한국에서 중요한
> 부분 아니에요. 아줌마가. 주부가. 거기 가입해야 되겠다고 너무나도 '아, 이것이
> 아니다'…… 한국에 살면은 그 실제 생활에 들어가서 이야기도 듣고 수다도 떨
> 고 하면은 나…… 한국생활이 더 빨리 적응하고…… '많이 적응했지만은 그래
> 도 이해할 것이다…….' (참여자 7)

3) 자신의 자원을 활용

결혼이주여성 중에는 다문화 가정의 아이들을 위해 학습과 폭력예방과 같은 지원봉사 활동을 희망하였다. 또한 한국어 능력시험에 합격하여 새로이 결혼하여 이주한 여성들을 위해 한국어 지원 자원봉사를 하고, 살고 있는 지역의 공단에 근무하는 자국민 출신의 노동자를 위한 통번역 자원봉사 활동도 계속할 것이라 하였다. 남편의 반대를 극복하고 자신의 자원을 활용하여 사회활동에 활용하고자 하는 사회적 존재로서의 자기 가치를 확인하는 계기를 마련하고자 하였다.

(1) 자국민을 위한 봉사활동을 희망함

글쎄요. 아무튼 저도 사실은 그 마을 행사 같은 거 그런 것들이 나가기가 싫어요. 나가기가 싫은데 그래도 제가 사는 지역에서 역시 나가봐야 이웃사람들도 알고 또 제가 어려웠을 때 이웃사람도 도와주시고 그렇게 되는 거잖아요. 그니까 그런 것도 조금 어렵다는 느낌이 있어도 가서 뭔가를 같이 해봐야 되는 것 같구요. 그래도 그때는 누군가가 같이 있어줘야 해요. (참여자 1)

왜냐면 저는 아직은 회사도 다니고 싶어요. 일단은 애기도 크니까 다 크고 돈도 벌고 싶고 이렇게 해요. 이렇게 더 잘 살려고 행복하게. 그래서 봉사도 좋아요. 봉사도 좋은 일이니까 통역도 좋은 일이니까 앞으로 만약에 되면 계속 나가서……. (참여자 3)

네, 봉사 활동 같은 것. 아니면 인도네시아 오는 분들이 이렇게 무슨 애환이…… 폭력을…… 도움을 될 수 있는 것 하고 싶어요. (참여자 9)

네, 좋은 점이 많아요. 저는 신기해요. 이런 아이들이. 다문화 아이들이. 우리 아이들도 다문화 아이들인데 우리가 움직이지 않으면은 누가 해? 이런 생각 있었어요? 그래서 공부했어요. 1년 동안 공부 했어요. 그 왜냐면은 다문화 아이들 위해서 할 수 있는 것 도와주고 싶어요. 근데 남편이 반대해요. 하지 말라고 머리 아프다고 이런 일은 하지 말고 원어민 선생님만 하라고. (참여자 15)

대학에 나와서 한국어능력증명서 받아도 계속, 계속해서 많은 이주여성들을 도
와줄 거예요. 다른 것은 생각 안 해요. (참여자 16)

(2) 통번역활동에 봉사함

활동하면서 느낀 점. 그런 사람 그런 산 사람도 있고 좋은 사람도 있고 나쁜 사
람도 있고요. 예…… 다 좋은 사람 아니고 옛날 생각에는 다 좋은 사람. 한국사
람 다 좋은 사람인 줄 알았는데 막상 여기 살다 보면서 우리 베트남 사람도 똑
같다. 그런 생각 들었고요. 활동하면서 그런 사람들이 이렇게 잘산 사람은 잘살
고, 못산 사람은 남편이 맨날 이렇게 저기 폭력하고 저기 하니까 너무 마음이
아프고요. 좀…… 그런 점이 많이 느낄 때 있고요. 나는 여기서 더 열심히 하고
만약에 그런 봉사 그런 거요. 통역. 계속할 수 있는데 계속하고 싶었어요. (참여
자 3)

처음에는 통번역사 되면 이주여성들이 의시소통이 어려울 때 도와줄 거예요. 만
약 제가 도와 줄 수 있으면 우리가 한국에 쉽게 살 수 있고 가족도 행복하게
만들 수 있어요. (참여자 16)

13. 공적 지원체계에 대한 기대를 가짐

경제적인 어려움을 안고 있는 결혼이주여성들은 취업을 원하지만 영
어를 가르칠 수 있는 필리핀 이주여성 등 몇몇 참여자를 제외하고는
참여자들이 안정적으로 일할 수 있는 공간이 그다지 많지 않다. 참
여자들은 경제적 어려움을 겪는 다문화가정의 자립을 위해 군청에서
관심을 가지고 우선적으로 생활이 궁핍한 이주여성들에게 일자리를
제공해주기를 희망한다. 다문화가정의 자녀들은 엄마로부터의 사회
화가 늦어지면서 학습부진과 친구들의 놀림까지 받게 되면 다문화가
정 자녀들의 자존감은 더욱 낮아질 수밖에 없다. 농촌지역의 주요

생산기반이 농업이지만, 농업이라는 특성은 자연재해 앞에서는 경제적 손실을 볼 수밖에 없으며, 어떤 해에는 눈앞에서 비닐하우스가 통째로 날아가 버렸을 때 망연자실할 수밖에 없다. 농업에 종사하는 참여자들은 자연재해가 발생하여 농가가 근 손실을 입었을 때 관계처의 보조비 지원이 이루어지길 기대했다. 또한 참여자들은 한국에 정착하여 사회활동을 지속하기 위해서는 언어·문화 법률 지식 등 사회 전반적인 교육이 필요함을 느낀다. 이를 위해 참여자들은 배우기를 희망하는 결혼이주여성들의 교육비를 정부가 일정 부분 지원해주기를 희망한다.

1) 직업 알선

경제적인 어려움을 안고 있는 결혼이주여성들은 취업을 원한다. 그러나 이들이 원하는 안정적인 일자리를 찾기는 상당히 어렵다. 영어를 가르칠 수 있는 필리핀 이주여성 등 몇몇 참여자를 제외하고는 참여자들이 안정적으로 일할 수 있는 공간이 그다지 많지 않다. 더구나 거주지역이 농촌이라 일거리도 매우 제한적이다. 참여자들은 경제적 어려움을 겪는 다문화가정의 자립을 위해 시군구가 관심을 가지고 우선적으로 생활이 궁핍한 이주여성들에게 일자리를 제공해주기를 바란다.

(1) 이주여성들에게 많은 기회제공을 바람

> 네, 저는 한국에서 이렇게 너무 어렵게 해서 여기까지 왔었는데요. 앞으로는 저도 있어서 앞으로는 활동교육을 좀 하고 싶어서 사회 그쪽으로 해서 이주여성한테는 더 많은 기회를 해줬으면 좋겠어요. (참여자 9)

(2) 안정적인 일자리를 찾고 싶어 함

> 음…… 그니까 여기가 시골이라서 그런 학원 같은 것이 별로 주변에 없잖아요. 그래서 영어 같으면 시골이라도 조금 애들이나 영어를 많이 가르쳐야 하니까 많이. 학원 같은 것도 필요하고 그런 것들이 생기는데 일본어는 그런 분야가 아니잖아요. 꼭 누구든지 해야 하는 분야가 아니기 때문에 여기서 학원 같은 것을 잡는 게 힘든데 그런 자리를 잡을 수 있으면 좋겠고요. (참여자 1)

> 면사무소에 가서 이야기를 해서 내가 자활에서 일하다가 군에서 예산이 없다고 해가지고 딱 잘라 버리더라고 하니까 바로 이튿날 박OO 씨라고 있어요. 동사무소에. 지금은 다른 데로 가버리셨는데. 그분이 바로 이튿날 전화왔데요. 급식실 일할 마음이 없냐고 급식실에. 그래가지고 월급은 적어도 하겠다고 이야기를 했죠. 그래가지고 거기에 다녔다니까요. (참여자 6)

> 우리가 무엇을 원하냐면 취직. 취직을 원해요. (참여자 12)

2) 경제적 자립교육을 필요함

다문화가정의 자녀들은 대부분 경제적으로 어려운 형편이다. 부모님의 우리말 실력이 뒤처지다 보니 어머니로부터 기본적인 가정교육이 제대로 이루어지지 않아 자녀들 실력 또한 점점 떨어지게 된다. 더군다나 여기에 친구들의 놀림까지 받게 되면 다문화가정 자녀들의 자존감은 더욱 낮아질 수밖에 없다. 또한 이들이 가진 열등의식이 사회적 불안을 만들어낼 수 있다. 따라서 결혼이주여성들이 경제적 자립을 위한 시군구의 교육과 훈련 지원 서비스가 필요하다. 더불어 다문화가정의 자녀들에게 '어머니 나라'의 우수성을 알게 하여 스스로 자존감을 갖게 하는 다양한 프로그램도 마련되어야 한다.

(1) 경제적 자립을 위한 교육과 훈련이 필요

담양축제요? 대나무 축제 때 가서 만두도 싸고, 이제 여성회관에 매주 토요일마다 나가요. 나가서 인제 한글공부도 배우고 그 다음에 인자 나무 공예, 숯 공예 같은 거 배우고 지금은 올해도 요리학원 겨울에 다녔어요. 겨울방학 동안에. 학원 다녀서 필기는 보고 실기를 봐야 되는데 지금 시험날짜가 안 잡혀서 못보고 있어요. 군에서 지원해줘가지고 보고 있어요. (참여자 6)

저는 사람들이 부부동반 갈 때 가지만 저는 어떨 때 교회 가냐면은 교회에서 결혼시킬 때에는 여성들이 버드나무…… 주부대학 그런데 시킬 때 나가고 시청에도 나가고 또 그렇게 다녀보니까 배에 대한 많이 그렇게 돼요. 또 음식은 여기 나주시에서 어떤 것을 가르쳐 주냐면은 배 농사를 짓는 주부들을 위해서 배 음식을, 개발 가르쳐 줘요. 제가 작년에 다녀가지고 이것저것 해보면서 저는 4년 정도 됐어요. 배를 말리면서 전과 만드는 것, 천연염색하면서 그런 것을 하니까 거기서 상도 많이 타고 저기…… 뭐야…… 낙안읍성에도 나가고 세 번나갔는데 세 번 타고…… 여기 축제에도 나가서 제 앞으로 꿈이 그거예요. 배를 전과 만들면서 봉사 같은 거 할 수 있는가. 어제…… 그저께도 우리 전통향토음식 있어요. 거기 들어가서 어떻게 할 수 있는가 그쪽으로 하고 싶어서……. (참여자 11)

그냥. 우리는 좀 배울 수 있는 그런 것, 일할 수 있게 배우고 가르칠 수 있는 게 있었으면은 좋겠어요. 옛날에 센터에서 여기저기 많이 가르쳤어요. 근데 막 이것도 3~4번 끝나고 그러니까 결과는 없잖아요. 뭐 끝까지 해서 이 사람들이 일할 수 있으면 일하게끔 거기까지 해야 될 것 같은데 이왕 시작했으니까 끝까지 이렇게 배워가고 이렇게 했으면 좋겠어요. 그런 것이 있어서 일주일 안에 끝나는 것이 아니고 그런 것 좀……. (참여자 13)

(2) 자녀들을 위한 모국어교육의 필요성 자각

그거요? 그거 왜 시작하냐면요. 옛날에 센터에서 어디 뭔…… 장흥? 행사 있었어요. 거기 가더니 담당선생님이 전화 왔어요. 애기들이 중국어 아냐고, 아니 모른다고, 왜 엄마들이 모국어를 안 가르쳐주냐고, 그랬어요. 그때부터 마음에 좀 너무

그랬어요. 그래서 가르치고, 애기들이 중국어 노래 하나 가르치라고 하고 애들이
나왔어요. 그때부터 얘기 듣고 애기들 가르치자 그런 거예요. (참여자 13)

3) 보조금 지원을 희망

딸기 농사를 짓는 참여자는 태풍으로 인해 큰 경제적 손실을 입었다.
농사일은 많은데 애써 농사를 지은 보람도 없이 눈앞에서 비닐하우
스가 통째로 날아가 버렸을 때 망연자실할 수밖에 없었다. 시군구의
지원 없이 재기하기가 쉽지 않았다. 농업에 종사하는 참여자들은 자
연재해가 발생하여 농가가 큰 손실을 입었을 때 관계처의 보조비 지
원이 이루어지길 기대했다. 또한 참여자들은 한국에 정착하여 사회
활동을 지속하기 위해서는 언어·문화·법률 지식 등 사회 전반적
인 교육이 필요함을 느낀다. 그러나 대부분의 결혼이주여성들의 경
제적 능력이 취약하기 때문에 이러한 교육을 받기가 쉽지 않다. 특
히 대학을 졸업하지 못한 결혼이주여성들의 경우 대학에 진학하여
원하는 꿈을 이루고 싶지만 적지 않은 교육비 때문에 뜻을 펼치기가
어렵다. 이를 위해 참여자들은 배우기를 희망하는 결혼이주여성들의
교육비를 정부가 일정 부분 지원해주기를 희망한다.

(1) 자연재해피해로 인한 보조금 지원을 원함

그러니까 군에서는 작년하고 재작년하고 여태 했죠. 올해는 이제 뭘 할지 모르
겠네요. 군에서 그렇게 연락이 오는가 보더라고요. 뭐 필리핀 이주여성들이 많으
니까. 아…… 인제는 그렇게 다문화 가족이니까 그 음식을 이렇게 하느라
고……. (참여자 7)

네, 자동적으로 한 거죠. 저 많이 한다 해가지고 하지 말라 했는데 뭐 많이 해
가지고 뭐 그해는 참…… 우리 할머니도 대장암 말기 걸렸죠. 우리 시어머니가
췌장암이니 췌장인가 취장인가? 위 뒤쪽에 있는 거. 그거 암이니 아니니 했죠.

내가 하우스를 19동인가 열 몇 동을 지었거든요. 원래 있는 하우스 다 합치면 그거 내놓고 따로 그러니까 너무 일이 많은 거예요. 일이…… 경제상도 너무 어렵고 그런데 이제 비니루를 씌웠는데 태풍이 불어가꼬 19동 한꺼번에 날아갔어요. (참여자 7)

그런 생각 너무나도 많이 하죠, 솔직히. 왜냐…… 저 같은 경우는 이제 농업을 하다보니까 돈이 너무 많이 들어가요, 솔직히. 그래서 저는 다른 것이 암만해도 외국사람들이 이제 이주여성이 많죠? 근데 농업하는 사람은 어떻게 힘들게 살잖아요. 뭐 융자받는 것보다도 재해했을 때……. (참여자 7)

(2) 교육비 지원을 원함

제가 하고 싶은 이야기 하는 것은요? 이런데 정부에서 이주여성들한테 학교, 솔직히 학교. 아마도 많은 분들 고등학교밖에 안 나오신 분들도 많아요. 근데 기회 있으면은 이 분들은 학교 보내라. 배워라. 이것은 필요하고 원해요. 왜냐면 학교 다니고 싶지만 돈 없잖아요. 남편이 진짜……. (참여자 15)

제3절 축코딩

1. 패러다임에 의한 범주분석

축코딩은 개방코딩 동안 분해되었던 자료를 재조합하는 과정으로, 현상에 대하여 보다 정확하고 가까운 설명을 해내기 위하여 범주의 속성과 차원을 계속 발달시키고 범주를 속성과 차원에 따라 하위범주로 연결시키며, 패러다임 모형을 이용하여 범주들이 어떻게 서로 교차하고 연결되는지를 보여 준다(Strauss & Corbin, 1998). 패러다임 모형에 근거한 인과적 조건, 현상, 맥락적 조건, 작용/상호작용전략, 결과간의 관련성은 다음과 같다(<표 4 - 2> 참조).

〈표 4-2〉 근거이론 패러다임에 따른 개념 및 범주화

개념	하위범주	범주	패러다임
종교를 통해 결혼함	국제결혼	국제결혼을 선택함	인과적 조건
결혼적령기가 지나 결혼함			
사랑으로 맺어져 결혼함			
가족의 반대를 무릅쓰고 결혼함			
의사소통의 어려움으로 스트레스 받음	언어의 차이	현실문제에 직면함	
주위사람들부터 언어적 상처를 받음			
언어의 제약으로 자녀교육의 어려움			
음식의 차이	문화의 차이		
의식구조의 차이			
풍습의 차이			
외로움	힘듦		
농사일이 힘듦			
경제적 어려움			
일을 통해 삶의 활력을 찾음	삶의 활력소	지역사회 활동에 참여함	현상
보람			
행복감			
사회적 인정	존재감		
경제권 획득			
가족으로 인정받음			
기대와 다른 현실에 당혹함	기대와 현실의 차이	현실에 당혹함	맥락적 조건
배우자의 가정형편을 모르고 결혼함			
막연한 기대감			
중매 브로커에게 속음			
성격차이	부부사이 충돌과 마찰	갈등을 경험함	
금전으로 인한 갈등			
배우자의 비협조			
배우자의 무시			
자녀 교육관의 차이			
남편과의 학력 차이			
시어머니와 갈등	시댁과의 소원한 관계		
시댁식구들의 냉담			
다문화가정에 대한 거부감	자녀의 부정적 태도		
자녀의 반항심			
결혼이주여성에 대한 사회의 부정적 시선	부정적 시선	부정적 선입견으로 바라봄	
시어머니의 외국인 며느리에 대한 선입견			

개념	하위범주	범주	패러다임
배우자의 지지	가족의 지지	사회적 지지체계	중재적 조건
시댁의 지지			
원가족의 지지			
직장동료의 지지	지역사회의 지지		
이웃의 지지			
자조집단의 지지			
문화시설의 부재	문화공간의 부재	지역적 한계	
놀이공간의 부족			
교통이 불편함	생활여건의 부족		
자녀들의 교육문제			
취업을 위한 적극적 노력	다양한 직업경험	삶의 돌파구 찾기	작용/상호작용 전략
강한 생활력			
마을 주민들과의 교류	교류		
마을축제에 참여			
열정을 갖고 노력	비전		
비전을 품음			
한국생활에 만족함	적응	적응해 나감	
생활의 여유를 가짐			
한국문화를 배우고 익힘			
자녀에 투자	불안한 미래를 대비함	미래를 준비함	결과
내 집 마련의 꿈			
생명보험에 가입			
대학진학을 희망	자아실현을 위한 모색		
자격증 취득에 열정			
꿈을 이루기 위한 준비			
방과 후 활동을 희망	소득 있는 활동에 참여	지속적 사회활동을 희망함	
더 많은 수입활동을 원함			
여성단체를 통한 사회활동을 희망함	여성단체 가입		
자국민을 위한 사회활동을 희망함	자신의 자원을 활용		
통번역 활동에 봉사함			
이주여성들에게 많은 기회제공 바람	직업알선	공적 지원체계에 대한 기대를 가짐	
안정적인 일자리를 찾고 싶어 함			
경제적 자립을 위한 교육과 훈련이 필요	경제적 자립교육을 필요함		
자녀들을 위한 모국어 교육의 필요성 자각			
자연재해 피해로 인한 보조금 지원을 원함	보조금 지원을 희망		
교육비 지원을 원함			

 농촌 다문화가정 결혼이주여성의 지역사회 참여 연구

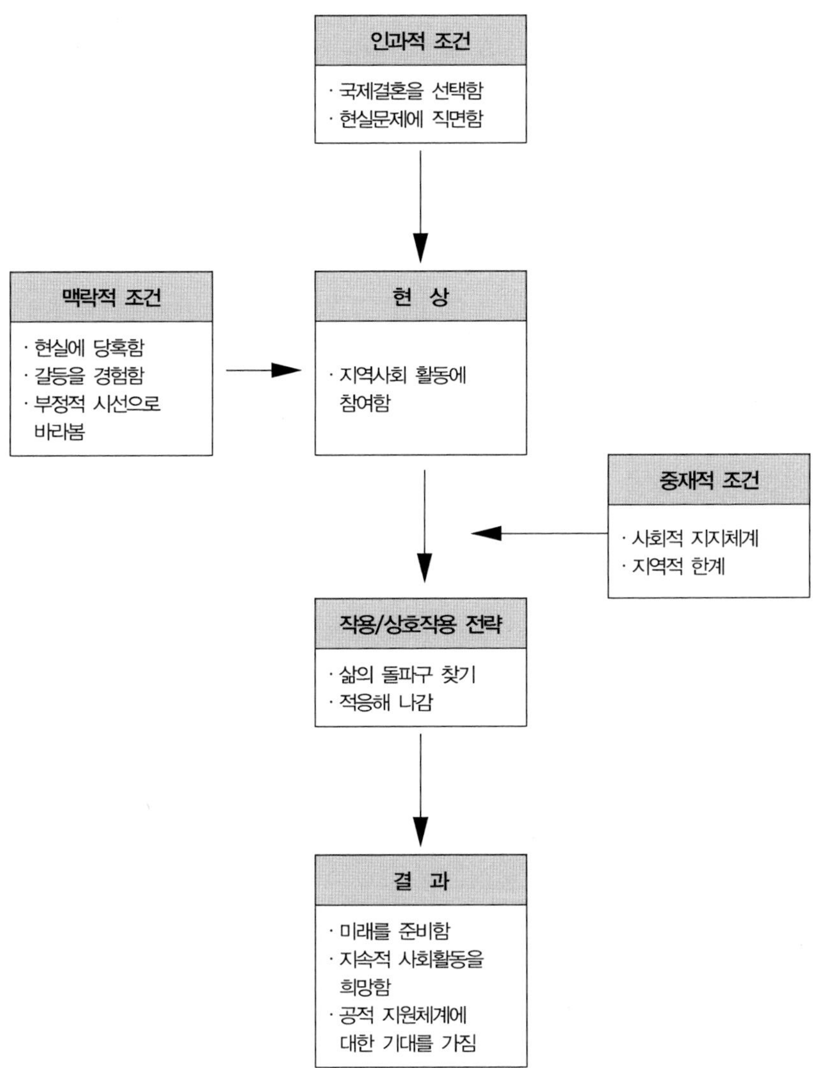

〈그림 4-1〉 농촌지역 결혼이주여성의 지역사회 참여과정에 관한 패러다임 모형

1) 인과적 조건

인과적 조건은 어떤 현상이 발생하거나 발전하도록 이끄는 사건이나 일들로 구성된다(Strauss & Corbin, 1998). 본 연구의 자료를 분석한 결과 '지역사회 활동에 참여함'이라는 중심현상의 원인이 되는 인과적 조건은 '국제결혼을 선택함', '현실문제에 직면함'으로 나타났다. '국제결혼을 선택함'의 의미는 자기주도적인 경우와 종교를 통한 맺어짐, 그리고 한국 사회와 한국 남성을 일치시키는 동경심의 경우로 나타났다. '현실문제에 직면함'의 의미는 결혼 후 한국사회와 본국과의 언어와 문화적인 차이 그리고 가정의 경제적인 불안정성과 남편의 불충분한 소득 등의 지극히 현실문제에 부딪치는 경우로 나타났다.

'국제결혼을 선택함'의 속성은 '태도'로 참여자들이 남편과의 국제결혼에 대해 적극적이고 사랑으로 맺어진 경우에는 '주도적'으로, 남편에 대한 불충분한 정보와 한국 사회에 대한 막연한 동경의 대상으로 국제결혼을 선택한 경우는 '미온적'으로 차원이 구분된다. '현실문제에 직면함'의 속성은 '정도'로 언어와 문화의 차이 그리고 농사일과 경제적 어려움 등의 힘듦에 따라 '큼', '적음'으로 다르게 나타났다. 인과적 조건의 속성과 차원은 <표 4-3>과 같다.

〈표 4-3〉 인과적 조건의 속성과 차원

범주	속성	차원
국제결혼을 선택함	태도	주도적-미온적
현실문제에 직면함	정도	큼-적음

2) 현상

현상은 '여기서 무엇이 진행되고 있는가'를 나타내 주는 것으로, 참여자가 일련의 작용/상호작용 전략에 의해 조절되는 중심생각이나 사건이다(Strauss & Corbin, 1998). 본 연구에서 농촌지역 결혼이주여성의 지역사회 참여과정에서 느끼는 중심현상은 '지역사회 활동에 참여함'으로 나타났다. '지역사회 활동에 참여함'의 의미는 참여자들이 지역사회에 '일'이라는 생활상의 매개체를 통해 점차 삶의 활력소를 찾고 사회적 인정과 경제적 획득으로 존재감을 확인하는 과정이다. 참여자가 인식하는 '지역사회 활동에 참여함'의 속성은 '존재' 면에서 참여자들이 삶의 활력소의 원천이고 가족으로부터의 인정의 정도가 높은 경우 '전체적'으로, 현재 하고 있는 일이 일시적이고, 경제권 획득의 정도도 낮고, 사회적 인정의 정도가 낮은 경우 '부분적'으로 차원이 구분된다. 또한, 참여자가 인식하는 '지역사회 활동에 참여함'의 속성은 '강도' 면에서 지역사회 활동의 참여로 삶의 활력소와 존재감 인식 차원에 따라 '큼'과 '작음'으로 나타났다. 현상의 속성과 차원은 <표 4-4>와 같다.

〈표 4-4〉 현상의 속성과 차원

범주	속성	차원
지역사회 활동에 참여함	존재 강도	전체적-부분적 큼-적음

3) 맥락적 조건

맥락적 조건은 어떤 현상에 영향을 미치는 상황이나 문제들을 만들어내는 특수한 조건들로 작용/상호작용 전략을 다루고, 조절하고, 수행하며, 어떤 특정한 현상에 대응하기 위해 취해지는 구체적인 조건이다(Strauss & Corbin, 1998). 본 연구에서는 '지역사회 활동에 참여함'이라는 현상에 영향을 미치는 맥락적 조건으로서 '현실에 당혹함', '갈등을 경험함', '부정적 선입견으로 바라봄'으로 나타났다. 참여자가 인식하는 '현실에 당혹함'의 속성은 '정도' 면에서 '기대와 현실간의 차이'가 '큼'과 '적음'의 차원으로 구분된다. '갈등을 경험함'은 내용면에서 '부부 사이 충돌과 마찰', '시댁과의 소원한 관계', '자녀의 부정적 태도' 등으로 '정도' 차원에서 '큼'과 '적음'으로 나타났다. '부정적 선입견으로 바라봄'은 결혼이주여성에 대한 무시와 존재 자체에 대한 불인정이라는 부정적 시각의 정도에 따라 '큼', '적음'이라는 차원으로 나타났다. 맥락적 조건의 속성과 차원은 <표 4-5>와 같다.

〈표 4-5〉 맥락적 조건의 속성과 차원

범주	속성	차원
현실에 당혹함	정도	큼-적음
갈등을 경험함	정도	큼-적음
부정적 선입견으로 바라봄	정도	큼-적음

4) 중재적 조건

중재적 조건은 어떤 현상에 속하는 보다 광범위한 구조적 상황으로 주어진 상황 또는 맥락적 조건에서 취해진 작용/상호작용 전략을 조정하거나 강요하도록 작용한다(Strauss & Corbin, 1998). 본 연구에서는 '지역사회 활동에 참여함'이라는 현상에 대한 작용/상호작용 전략에 영향을 미치는 중재적 조건으로서 '사회적 지지체계', '지역적 한계'로 나타났다. 참여자가 경험한 '사회적 지지체계'의 속성은 내용과 강도의 '정도' 면에서 '큼', '적음'의 차원으로 구분된다. 또한 가족과 지역사회를 중심으로 한 '사회적 지지체계'의 양적인 '수' 면에서 '많음', '적음'으로 나타났다. '지역적 한계'의 속성은 지역사회 차원의 자녀들의 교육적 여건과 생활편의상 접근성이라는 '여건'상의 차원에서 '충분', '불충분'으로 나타났다. 중재적 조건의 속성과 차원

 농촌 다문화가정 결혼이주여성의 지역사회 참여 연구

은 <표 4 - 6>과 같다.

<표 4-6> 중재적 조건의 속성과 차원

범주	속성	차원
사회적 지지체계	정도 수	큼 - 적음 많음 - 적음
지역적 한계	여건	충분 - 불충분

5) 작용/상호작용 전략

작용/상호작용 전략은 중심현상이 맥락적 조건에서 존재하거나 특정한 조건하에서 존재하는 것처럼 현상을 다루고 조절하여 수행하고 반응하는 데 쓰인다. 즉, 현상에 대처하거나 다루기 위해 취해지는 의도적이고 고의적인 행위이다(Strauss & Corbin, 1998). 본 연구에서는 '지역사회 활동에 참여함'이라는 현상에 대한 작용/상호작용 전략으로 '삶의 돌파구 찾기', '적응해 나감'으로 나타났다. '삶의 돌파구 찾기'의 속성은 '행위'이다. 강한 생활력을 가지고 취업을 위해 적극 노력하며, 마을 사람들과의 교류를 확대하고 마을축제에 참여하는 활동성과, 열정과 비전을 품고 생활하는 '삶의 돌파구 찾기'의 대처방식의 차원에 따라 '적극적 행위', '소극적 행위'로 나타났다. '적응해 나감'의 속성은 '본질' 면에서 생활의 여유를 가지고 한국문화를 배워가며 한국생활에 만족하는 '적응', '부적응'이라는 차원으로 구분된다. 작용/상호작용 전략의 속성과 차원은 <표 4 - 7>과 같다.

<표 4-7> 작용/상호작용 전략의 속성과 차원

범주	속성	차원
삶의 돌파구 찾기	행위	적극적 - 소극적
적응해 나감	본질	적응 - 부적응

6) 결과

결과는 어떤 현상에 대처하거나 그 현상을 다루기 위해서 취해진 작용/상호작용 전략에 따라 나타나는 것이다(Strauss & Corbin, 1998). 본 연구에서는 '지역사회 활동에 참여함'이라는 현상에 대해 다양한 작용/상호작용 전략을 취하여 나타난 결과 '미래를 준비함', '지속적 사회활동을 희망함', '공적 지원체계에 대한 기대를 가짐'이라는 결과로 나타났다. '미래를 준비함'의 속성은 '수준'으로서 가족의 미래 건강에 대비하고, 내 집 마련의 꿈을 실현하고자 하는 노력과 자격증 취득을 준비하는 등의 자아실현을 위해 노력하는 높은 수준의 '충분', 낮은 수준의 '불충분'의 차원으로 나타났다. '지속적 사회활동을 희망함'의 속성은 '전망'과 '연속성' 면에서 자신의 자원을 활용하고 비교적 안정적이고 계속 일할 수 있는 여건이 되는 '투명'하고 '지속적'인 차원, 아직 자신의 자원을 활용하여 안정적인 일을 하는데 장애요인을 갖고 있어 사회활동이 '불투명'하고 '일시적'인 차원으로 구분된다. '공적 지원체계에 대한 기대를 가짐'의 속성은 생활상의 일자리 제공과 자연재해상의 금전피해 등의 문제해결에 중점을 둔 '현실적' 차원에 대한 기대와 직업교육과 자녀교육비 지원 등의 '다층적' 차원으로 구분되며, '기대'의 속성은 '높음', '낮음'으로 나타났다. 결과의 속성과 차원은 <표 4-8>과 같다.

<표 4-8> 결과의 속성과 차원

범주	속성	차원
미래를 준비함	수준	충분-불충분
지속적 사회활동을 희망함	전망 연속성	투명-불투명 지속적-일시적
공적 지원체계에 대한 기대를 가짐	차원 기대	현실적-다층적 높음-낮음

 농촌 다문화가정 결혼이주여성의 지역사회 참여 연구

2. 과정분석

과정분석은 과정과 구조의 상호작용으로 시간이 지나면서 현상에 대한 반응, 대처, 조절에 관계하는 작용/상호작용의 연속적인 연결을 의미한다(Strauss & Corbin, 1998).

본 연구에서는 농촌지역 결혼이주여성들이 지역사회 활동에 참여하는 과정상의 경험을 분석한 결과 현실문제 직면과정 단계, 삶의 돌파구 찾기 과정 단계, 미래를 위한 준비 과정 단계 등 세 단계로 나타났다. 과정분석에 대한 내용은 아래 <그림 4-2>와 같이 도형화할 수 있다.

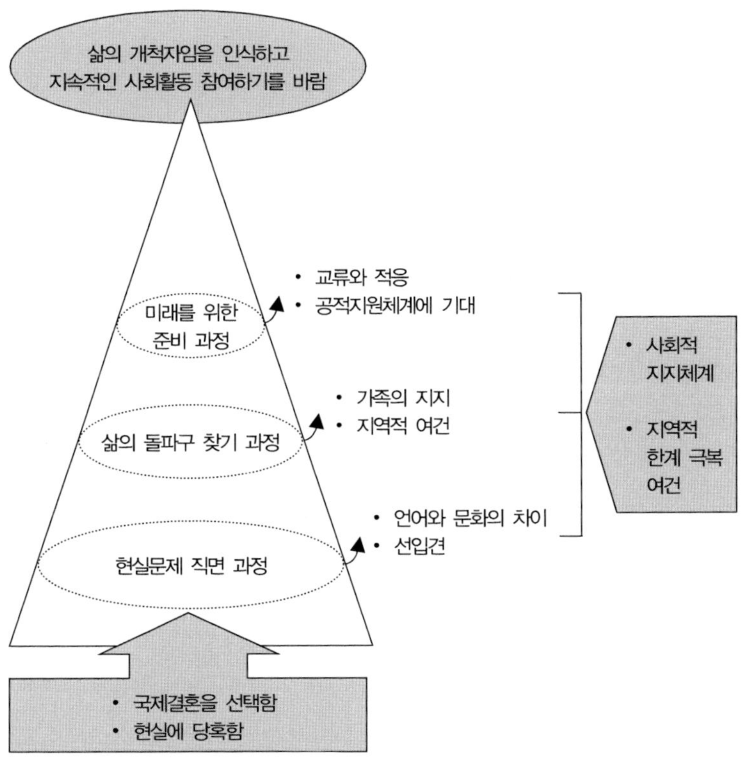

〈그림 4-2〉 농촌지역 결혼이주여성의 지역사회 참여과정

참여자들은 한국생활 초기에 현실에 직면하면서 언어, 음식, 문화, 의식구조 등 여러 가지 어려움을 경험하게 된다. 아는 사람 하나 없는 낯선 곳에서 겪는 외로움과 경제적 궁핍, 도시와 비교할 때 턱없이 부족한 농촌의 생활환경 등은 참여자들의 삶에 많은 영향을 미치게 된다. 게다가 남성 중심의 가부장적 한국 사회에서의 가족관계는 참여자들을 갈등 상황으로 내몰았다. 금전으로 인한 갈등, 배우자의 무시와 비협조, 시댁식구들의 냉대 등은 참여자들을 당혹하게 만드는 주요 갈등 요소들이다. 이러한 갈등이 점점 쌓이자 참여자들은 대화, 포기, 별거 등의 소극적인 대처방식과 자신의 자원을 활용하여 자국민을 위한 봉사활동, 소득 있는 사회참여 활동 등 다양한 방법을 모색하여 힘든 상황을 이겨내는 위한 대처방법을 모색한다. 그리고 스스로 갈등을 해결하고 현실에 적응하기 위한 방법을 터득하게 된 참여자들은 한발 더 나아가 자신의 꿈을 이루고 가족과 함께 더 나은 미래를 설계하기 위한 준비를 하면서 "현실문제의 해결의 주체는 자신이며, 자신의 삶 역시 스스로의 개척자임을 인식하고 적극적인 지역사회 참여활동 전략"을 취하게 된다.

1) 현실문제 직면 과정

이 과정은 참여자들이 한국의 농촌사회에 정착하면서 서로 다른 문화와 의사소통의 어려움 등으로 인해 적지 않은 어려움을 경험하게 되는 첫 번째 과정이다. 막연한 환상을 품고 한국에 온 참여자들이 기대와는 전혀 다른 현실에 직면하게 되고 시댁식구들과 이웃 등 새로운 관계를 형성하면서 문화의 차이, 부정적인 선입견, 외로움 등으로 인해 힘들고 어려운 상황을 겪게 되는 과정이다.
참여자들은 자신의 생각들이 제대로 전달되어지지 못하는 의사소통의 어려움과 한국의 전통적 가치관에서 비롯된 서로 다른 문화의 차이, 정서적인 외로움과 생활의 궁핍함 등을 비롯하여 새로운 가족 및 이웃 간의 갈등으로 인해 '힘듦'을 경험하게 된다. 결국 참여자들은 이러한 어려움을 극복하기 위해 다양한 방법을 시도한다.

2) 삶의 돌파구 찾기 과정

삶의 돌파구 찾기 위한 과정은 참여자들이 한국사회에 정착하면서 직면하게 된 문제와 갈등을 해결하기 위해 다각적인 노력을 기울이는 과정이다. 참여자들은 전혀 다른 환경에서 겪는 어려움과 난관들을 부정하거나 회피하지 않고 순응하며 받아들인다. 본 연구에서는 삶의 돌파구를 찾기 위해 가족 및 사회의 지지체계, 교류, 자원봉사, 자활 프로그램, 지역사회 참여활동, 해당 기관의 지원요청 등을 활용하였다. 작용/상호작용 전략으로 선택한 이러한 과정들을 통해 존재감을 확인하고 보람, 삶의 활력을 느끼며, 비전과 열정을 품게 되었다.

3) 미래를 위한 준비과정

이 과정은 참여자들이 어느 정도 한국 사회에 적응하게 되고 생활에 익숙해지면서 불안한 미래를 준비하고 계획을 세우는 과정이다. 참여자들 중 일부는 자녀들의 학비를 마련하기 위해 적금을 들고 생활비를 쪼개어 남편의 건강보험에 가입하였으며 내 집 마련의 꿈을 이루기 위해 열심히 영어강사로 활동 하고 있다. 또한 자격증을 취득하거나 대학에 입학하기를 원하는 참여자들과 결혼이주여성들을 돕고자 사회복지학을 공부한 후 자원봉사를 희망하는 참여자도 있는가 하면 부지런히 돈을 벌어 남동생과 다시 중국으로 돌아가 무역업을 하고 싶어 하는 참여자도 있다.
이상의 과정은 참여자마다 조금씩 패턴은 다르지만 연구 참여자들이 한국에 와서 정착하게 되기까지 공통적이고 반복적으로 일어나는 과정이다. 결혼 초기에 겪게 되는 현실문제로 인해 어려움을 느끼게 되지만 단순히 체념하고 받아들이는 것이 아니라 나름대로 삶의 돌파구를 찾기 위해 다양한 방법을 활용하여 직면한 문제들을 극복하고 점차 지역사회에 적응하게 되면서 미래를 위한 준비와 계획까지 세우게 된다.

<참여자 6>, <참여자 9>, <참여자 11>, <참여자 14>, <참여자 15>, <참여자 16>은 결혼한 지 오래 되었고 지역사회 참여활동을 통해 미래를 준비하는 과정을 경험하였다. 즉, 자신의 자원을 활용하면서 지역사회 참여활동을 삶의 돌파구로 삼아 자기성장을 추구하며 미래를 준비하는 과정에 있다.

<참여자 1>, <참여자 2>, <참여자 3>, <참여자 10>, <참여자 12>는 결혼 초기에는 현실문제로 인한 갈등이 컸지만 지역사회활동을 하면서 현실에 안주하며 점차 미래를 준비하는 과정까지 경험한 사례다.

<참여자 7>, <참여자 13>은 현실문제에 직면하면서 많은 어려움을 겪었지만 삶의 돌파구를 찾지 못하고 어려움이 계속 남아 있는 상태다. 시댁식구들로 인한 갈등은 분가 후 해결되었지만 농사를 하면서 겪는 경제적 어려움은 해결되지 못했다. 따라서 지역사회 활동에 참여는 하고 있지만, 사회적 지원에 대한 기대감을 가지고 현재 현실에 직면한 어려움을 해결하는 과정에 머물고 있다.

<참여자 8>는 가족의 적극적 지지로 현실문제를 크게 인식하지 못하였기 때문에 삶의 돌파구를 찾기 위한 과정 또한 미약하였다. 특히, 남편의 과도하한 지지적 행동과 관심은 오히려 참여자의 미래계획수립과 지역사회 참여 활동을 스스로 계획하고 확대해 나가는데 제약요인으로 작용하여 현실의 어려움에 머물고 있는 사례다. 또한, 자조집단과는 강한 유대감을 가지지만, 지역사회 참여활동인 강사활

동 과정에 만나는 학교 선생님들과는 형식적 관계설정에 머무르며 자녀들이 어려 파트타임 활동을 선호하는 현실적 문제에 머물고 있다. 본 연구에서 나타나듯이 참여자들의 지역사회 참여활동 유형과 직장형태, 한국 체류기간, 현실문제, 지지체계 등이 각각 다르기 때문에 참여자들이 체감하게 되는 어려움이나 삶의 돌파구를 찾기 위한 노력과 미래를 준비하는 과정 또한 모두 다르다. 따라서 세 과정을 모두 경험한 참여자들이 있는가 하면 현재도 첫 번째 과정에 머물고 있거나 두 번째 과정을 뛰어 넘어 세 번째 과정을 준비하는 참여자들도 있다. 그러나 대부분의 참여자들이 국제결혼을 하면서부터 현실문제로 인한 어려움에 직면하게 되고 삶의 돌파구를 찾고 지역사회 참여활동을 통해 미래를 준비하는 과정을 경험하면서 결과적으로 자신이 삶의 개척자임을 인식하게 되는 것을 알 수 있다.

제4절 선택코딩

선택코딩은 마지막 단계로서 핵심범주를 밝히고 이 핵심범주(Core Category)를 중심으로 다른 범주를 통합시키고 정교화하는 과정이다 ((Strauss & Corbin, 1998).

1. 핵심범주: '자신이 삶의 개척자임을 인식하고 지속적인 사회활동 참여하기'

핵심범주는 분석적 힘을 가지고 있다. 핵심범주에 그 힘을 주는 것은 다른 범주를 하나의 통합적인 설명을 형성하도록 끌어 모을 수 있는 능력이다. 또한, 핵심범주는 범주들 내에 나타나는 상당한 변화를 설명할 수 있어야 한다(신경림 역, 2001: 133). 핵심범주 선택의 기준은 Strauss와 Corbin(1998)이 제시한 6가지 준거를 적용하였다. 첫째, 핵심범주는 반드시 중심적이어야 한다. 다시 말하면, 기타 모든 주요 범주가 그것과 관련될 수 있어야 한다. 둘째, 핵심범주는 반드시 자료에 자주 나타나야 한다. 이것은 거의 모든 경우에 있어서 그 개념을 가리키는 것이 존재한다는 것을 의미한다. 셋째, 범주들을 연결시킴으로서 발전하게 되는 설명은 논리적이고 일관성이 있어야 한다. 무리하게 자료에서 뽑아서는 안 된다. 넷째, 핵심범주를 서술하기 위해서 사용되는 이름이나 어구는 기타 실체(substantive) 분야에서의 연구에도 사용되어 더 일반적 이론으로 발전시킬 수 있도록 충분히 추상적이어야 한다. 다섯째, 개념이 다른 개념들과 통합을 통해 분석적으로 정교화 함에 따라, 이론의 깊이와 설명적 힘에서 성장해야 한다. 여섯째, 개념은 자료가 나타내는 요점뿐 아니라 변화까지도 설명할 수 있어야 한다. 다시 말하면, 조건이 변화하더라도 비록 현상이 표현되는 방식은 약간 다르게 보일지라도 설명은 계속 유효해야 한다. 또한 그 중심 생각에 따라서 모순되는 사례나 대체 사례도 설명할 수 있어야 한다.

농촌지역 결혼이주여성들의 지역사회 참여과정을 분석한 결과, "자신이 삶의 개척자임을 인식하고 지속적인 사회활동 참여하기"가 가장 핵심적인 범주로 나타났다. 참여자들은 지역사회활동에 참여하면서 생활에 변화가 생겼다. 지역사회 참여활동을 통해 세상 밖과 소통하며 다양한 사람들과 만날 수 있는 기회가 생기고 일을 함으로써 자신감과 삶의 활력을 찾게 되었다. 집에서 혼자 남게 되어 겪었던 외로움과 스트레스, 낮은 자아정체감의 굴레는 점차 줄어든 반면 외부와 소통할 수 있는 기본적인 수단인 한국어 실력은 점점 늘었다. 참여자들은 일을 통해 지역사회와 함께 호흡하며 인정을 받고 비전을 갖고 보람을 느낀다. 몸은 지치고 힘들지만 마음만은 기쁘고 행복하다고 말한다. 지역사회활동을 통해 한국문화도 경험할 수 있었다. 많지는 않지만 직접 벌어들인 수입이 생기면서 가족들에게 인정받고 자존감도 높아졌다. 할 수 있다는 자신감이 생겼으며 잃어버렸던 꿈과 비전도 다시 생겼다. 기회만 주어진다면 지속적으로 활동하고 싶은 열정을 품게 된 것도 큰 수확이라 여겨진다.

농촌지역 결혼이주여성들이 지속적으로 사회활동이 가능하기 위해서
는 본인 스스로 개척자임을 자각하여 적극적이고 진취적으로 지역사
회와 교류하는 과정이 필요하다. 이러한 과정은 지지적인 가족체계
와 지역사회 차원의 공적 지원체계가 다차원적으로 작동되어야 가능
하다. 즉, 농촌지역 결혼이주여성들은 가족체계인 배우자, 시댁, 원가
족으로부터 지지를 받으면서 한국생활에 정착해 가는 과정을 경험한
다. 조선족 출신의 이주여성의 경우 남동생이나 아버지가 한국에 들
어와 살면서 든든한 지원자 역할을 수행하기도 하였다. 또한, 직장동
료와 이웃 그리고 자조집단과의 교류를 통해 배움을 함께하고 아이
들을 통해 이웃 간의 정을 쌓아가는 노력을 하는 것을 관찰할 수 있
었다.

이러한 한국생활상의 과정에는 불안한 요소들도 늘 상존하고 있다.
즉, 현재의 경제적 불안정과 남편과의 연령차이로 인한 남편의 건강
문제와 자신들의 노후 걱정도 미래의 불안 요소이다. 그러나 배우자
만 의지하며 손 놓고 있을 수가 없는 처지라 참여자들은 미래를 대
비해야 한다고 생각한다. 자녀들의 대학 등록비를 위해 적금을 들고
내 집 마련의 꿈을 이루기 위해 더 열심히 일을 한다. 생활비를 쪼
개어 배우자의 건강보험도 가입하였다. 불안하기만 한 미래지만 꿈
과 희망이 있기에 결혼이주여성들은 결코 도전을 멈추지 않는다.

지역사회 참여과정에서 자기 자신의 능력과 자원을 활용하여 의사소
통이 어려운 자국민을 위한 통역활동을 꾸준히 하겠다는 참여자도
있었다. 농업에 종사하는 참여자들은 자연재해가 발생하여 농가가
큰 손실을 입었을 때 관계처의 보조비 지원이 이루어지길 기대하였
다. 또한 참여자들은 한국에 정착하여 사회활동을 지속하기 위해서
는 언어·문화·법률 지식 등 사회 전반적인 교육이 필요함을 느낀
다. 이를 위해 참여자들은 배우기를 희망하는 결혼이주여성들의 교
육비를 정부가 일정 부분 지원해주기를 희망한다. 따라서 본 연구의

핵심범주인 "자신이 삶의 개척자임을 인식하고 지속적인 사회활동 참여하기"는 현실의 당혹감과 갈등 그리고 힘듦의 과정을 극복하고 가족과 지역사회 차원의 지지를 토대로 보다 안정적인 직업교육을 받고 공적인 자립 지원체계의 마련을 통해 미래를 준비하며, 자신의 자원을 활용하여 지속적인 지역사회 참여활동을 통해 자신의 삶의 개척자로 나아가는 과정이다.

2. 이야기 윤곽의 전개

이야기 윤곽은 연구의 핵심범주를 다른 개념이나 범주에 체계적으로 연관시키고 그 연관성을 확인하여 다듬으면서 범주를 기술하는 과정으로서 서술에서 개념화로 가기 위한 과정이다(Strauss and Corbin, 1998).

결혼이주여성들이 한국 남성과 결혼하여 지역사회 차원의 생활에 정착하는 과정을 살펴본 본 연구의 핵심범주를 **'자신이 삶의 개척자임을 인식하고 지속적인 사회활동 참여하기'**로 설정하였으며 이에 대한 이야기의 윤곽을 다음과 같이 서술하였다.

연구 참여자들은 한국에서 열심히 일하면 잘살 수 있고 자신이 계획한 꿈도 이룰 수 있을 것이라는 막연한 기대감과 희망으로 **국제결혼**을 선택하였거나 결혼적령기를 넘기게 되자 불안하고 조급한 마음에 여러 가지 조건을 따져보지 않고 결혼하였다. 통일교를 통해 결혼한 참여자들은 배우자에 대한 기본적인 사전정보조차 없이 **종교적 신념** 하나만으로 모험과도 같은 결혼생활을 시작하였다. 생면부지의 남편이 지적장애인이라는 사실도 시집 온 후에야 알게 되었다. 사랑하는 사람을 따라 망설임 없이 한국에 온 참여자도 있지만 대부분의 참여자들은 심하게 **반대하는 가족들을 설득**하여 가정을 이루었다.

처음 한국에 와서 겪게 된 **가장 큰 어려움은 언어문제**였다. 배우자를 제외한 가족은 물론 동네 어른들과의 의사소통이 이루어지지 않으니 말을 알아듣지 못하고 본인의 생각도 제대로 전달하지 못해 답답한 나머지 외출도 거의 하지 않고 지냈다. 게다가 사는 곳이 농촌지역이라 대화를 나눌 상대나 친하게 지낼 수 있는 또래도 없었으므로 **언어습득에 한계**가 있었다. 한 일본인 참여자는 한국 사람들의 하는 말이 무척 빠르고 목소리도 커서 이야기를 할 때 서로 싸우는 것처럼 들렸으며, 상대방의 특징을 농담 삼아 이야기하는 것도 **마음의 상처**가 되었다고 말한다.

보수적인 노인층이 많은 지역에 살다 보니 인사 예절 등 **문화와 의식구조의 차이로 인한 혼란과 부적응**도 있었다. 모르는 분이라 인사를 안 했다가 오해를 받았고, 어른을 보면 무조건 인사를 해야 한다는 것도 나중에서야 알게 되었다. 시골 어르신들과 같이 대화를 할 때도 너무 가깝게 다가와서 말씀하시는 것이 부담스럽기도 했다. 지금은 어느 나라 음식이든 인터넷으로 주문할 수도 있고 전국 어디나 배달이 가능하지만 당시에는 **한국 음식이 전혀 입에 맞지 않아 고생**이 많았다. **입덧이 심해 한 달 동안 음식을 입에 대지 못했고** 친정으로 돌아가고 싶어 날마다 울기만 했다.

농촌에서 시부모님을 모시고 살면서 **심적 스트레스**도 만만치 않았다. 외출할 때도 어른들의 식사를 준비해놓고 나가야 하고 친구들을 만날 때도 어른들의 허락을 받아야 하는 등 **다른 풍습과 환경으로 인해 적응하기가 쉽지 않았다.** 남자는 절대 부엌에 들어가서도 안 되며 남편을 하늘처럼 받들어야 한다는 **가부장적인 전통사상**을 가진 시댁 어른들의 비위를 맞추기 위해 순종하며 가사를 전담했다. 한 참여자는 치매에 걸린 시할머니 점심상을 하루에 8번씩 차리기도 하면서 **자아상실감과 무력감**에 빠져들었다.

동네 분들과는 인사 정도만 하고 다닐 뿐 특별한 교류나 왕래는 없이 지냈고, 아는 사람 하나 없는 **낯선 곳에서의 정신적 외로움**으로 인한 스트레스를 경험하였다. 모국에서는 한 번도 해본 적 없는 **농사일도 힘들었다. 자연재해로 인한 피해**가 심해 애써 지은 농사를 망치고 빚이 늘어갈 때는 한숨만 나왔다. 남편이 농사짓는 일을 하는 줄 알았으면 시집오지 않았을 것이라고 한다. 수입이 일정하지 않고 단순노무직이라서 경제적으로 여유 있는 생활을 하기 어렵기 때문에 **참여자들이 생계를 책임**져야 한다.

참여자들이 거주하는 농촌은 도시에 비해 여러 가지 시설도 부족하고 교통이 불편할 뿐만 아니라 생필품을 구입하기 어려운 **지역적 한계**로 인해 자녀들을 위해서는 도시로 나가고 싶지만 부모님과 함께 터전을 잡고 생활하는 곳을 떠나기는 쉽지 않다.

결혼이주여성들은 주로 가족 내에서 **많은 갈등들을 경험**하게 된다. 배우자의 성격이나 가정환경조차 파악하지 못하고 결혼생활을 하게 되니 서로 부딪치는 부분이 빈번하게 발생한다. 한국보다 못사는 나라에서 왔다는 열등감을 갖고 있는데다 자신의 생각을 제대로 전달할 수 없는 언어적 제약 때문에 **남편으로부터 무시당한다**는 생각이 강하다. 더군다나 일정한 수입이 없는 남편으로 인해 겪어야 하는 **금전적 어려움**은 견디기 힘든 갈등 요소 중 하나였다. 아내가 생계를 책임지고 있는데도 집안일에 전혀 관심조차 없는 **비협조적인 태도와 남편의 무뚝뚝한 말투**는 아는 사람 없이 타국에서 적응해야 하는 이들을 더욱 외롭게 만들었다.

맏며느리지만 집안의 중요한 결정을 할 때는 아들과만 상의하는 시어머니에게 며느리로서 인정받지 못한다는 서운함과 소외감도 느꼈다. 본인을 인정해주지 않는 **시어머니와의 갈등**은 계속 쌓여갔고 그 갈등은 분가 후에야 해소되었다. 자녀들 또한 자신이 다문화가정의 자녀라는 사실을 부끄럽게 생각하기 때문에 **아이들이 상대적으로 자**

존감이 낮고 사회성이 **떨어지는 면**을 보였다.

한국에 가면 잘살 것이라는 기대는 무너지고 **경제적인 궁핍함과** 허무함으로 인해 살고 싶은 희망마저 희미해진 참여자들에게 현실에서 부딪치게 되는 문제들을 비롯하여 배우자와 시댁 식구들로 인해 야기되는 갈등들은 삶을 더욱 힘들게 만들었다.

참여자들은 **친정 부모님의 심한 반대**에도 불구하고 남편을 믿고 한국에 온 것을 후회하였다. 한국 드라마를 보며 '코리안 드림'을 꿈꾸었던 참여자들은 화려한 생활을 향유하는 **드라마 속 주인공들과는 거리가 먼 농촌에서 생활**하면서 자신들이 기대했던 것과는 사뭇 다른 현실을 인식하게 되었고 **실망감과 당혹감**을 감출 수가 없었다. 브로커의 소개로 나이 차이가 15년이나 되는 남편과 결혼한 참여자는 당시에 신부의 환심을 사기 위해 빚을 얻어 부자 행세를 했던 남편이 실제로 결혼하고 보니 빈털터리였다고 진술하였다. 이러한 현실은 참여자에게 심한 **상실감과 좌절감**을 안겨 주었다.

집안 사정을 아는 동네 분들은 참여자가 힘들어서 도망갈지도 모른다는 **선입견**까지 가지고 있었다. 보육교사로 일하고 있는 참여자는 국제결혼을 한 이주여성들에 대한 **부정적인 인식** 때문에 아이들을 참여자에게 맡기기를 꺼려하는 학부모의 불신이 견디기가 힘들었다고 한다.

참여자들은 정착 초기에 배우자나 시댁과의 갈등과 부정적 측면을 접했지만 다양한 지지체계로부터 도움을 받았다. 가족체계 내에서는 **남편의 언어적 지지**를 비롯하여 **시부모님들과 정서적 유대감**을 나누었다. 가족들의 지지는 참여자들이 낯선 땅에서도 깊숙이 뿌리내릴 수 있는 힘의 원천이었다. 직장동료들은 이해하기 힘든 부분이나 해결하기 어려운 업무 등을 설명해주고 도와줌으로써 **참여자가 지역사회활동에 적응하기 쉽도록 지지**하였다.

이웃들은 먼 타국에 와서 고생하는 참여자에게 음식을 나눠주고 따뜻하게 환대해주면서 **긍정적인 관계를 유지**하였다. 참여자들은 자신과 같은 처지에 있는 **자조집단을 통해 서로 정보를 교환**하고 교제를 나누었다. 그밖에도 학교 운동회나 학부모들의 모임에 참석하여 자녀들의 교육문제를 서로 의논하며 해결책을 찾는 등 **지역사회 안에서 활발한 관계를 유지**하였다.

참여자들이 처음 한국에 왔을 때 겪었던 어려움들은 시간이 지나면서 차츰 극복되었고 불편하게 생각되었던 **농촌생활도 익숙**해졌다. 오히려 공기 좋고 여유 있는 시골이 도시보다 만족스럽다고 여겨진다. 한국 드라마를 보며 언어를 습득하고 다양한 직업을 통해 한국 문화를 습득했다. 세월이 지나 자연스럽게 **한국의 고유문화를 인식**하고 풍습을 받아들이게 되면서 **한국사회에 적응**하게 되었다. 참여자들은 수많은 어려움에도 불구하고 여러 가지 방법을 통해 처한 **현실을 수용하고 적응**하려 노력했다. 현실을 회피하거나 가출이나 이혼을 생각하기보다 **주어진 삶에 만족**하며 **시댁식구들과의 관계를 개선**하기 위해 노력하였다.

한국에 정착하기 시작하면서 정신적·육체적·경제적 어려움 등의 현실문제에 직면하게 되었던 참여자들은 의사소통이 자유로워지자 자신이 처한 상황을 극복하고 해결하기 위해 다양한 방법을 모색하였다. 우물 안의 개구리처럼 집안에서만 갇혀 지내던 자신을 버리고 삶을 적극적으로 개척하고자 세상 밖으로 걸어 나왔다.

강한 생활력을 가진 참여자들은 가정경제에 보탬이 될 수 있는 **경제활동** 이외에도 **자신의 자원을 활용**하여 처지가 어려운 이주여성들을 위한 **자원봉사활동에도 적극적**이다. 결혼이민자지원센터를 통해 **지역사회활동에 참여**하면서 원어민 강사 모임을 결성하기도 하고 다문화가정 자녀들을 위한 자원봉사활동을 하기도 한다.

한편, 의사소통이 어려운 이주여성들을 돕기 위해서 **통 · 번역 일을 사원**하였다. 이주여성들에게 통역뿐만 아니라 자신의 경험을 얘기해주며 위로와 격려, 조언도 아끼지 않는다. **마을주민들과의 교류**를 위해서 지역축제나 다문화 행사에도 적극적으로 참여하여 **한국의 문화와 풍습, 음식 등을 배우는 문화교류의 기회**로 삼았다.

참여자들은 지역사회활동을 하면서 생활에 변화가 생겼다. 아무 활동도 하지 않고 집에 있을 때는 남편에게 짜증을 낼 때가 많았는데 지역사회활동을 통해 여러 사람을 만나고 한국어를 배우면서 **삶의 활력**을 찾았다. 사회활동을 **지지하고 배려해주는 가족들** 덕분에 하고 있는 일에 자신감이 생겼고 일하는 **보람**을 느낀다. 사회활동을 하게 된 후, 자신보다 힘들게 사는 사람들을 지켜보면서 예전에 느끼지 못했던 감사한 마음을 갖게 되었고 내 가족을 위해 더 열심히 노력하여 **행복한 가정을 만들고 싶다는 생각**도 하게 되었다.

직장에서도 성실함을 인정받게 되면서 **자신이 사회에 필요한 존재**라는 것을 인식하게 되었다. 스스로 인내하고 희생한 만큼 가족 및 주변 사람들의 인식이 변화되었고 참여자도 자신을 믿고 인정해주자 **자존감과 삶의 만족도가 높아졌다.** 가족 간의 **결속력**과 사랑도 깊어졌다. **경제활동으로부터 얻은 소득**도 존재감 형성에 중요한 요소가 되었다.

불안한 미래를 위한 대비도 게을리 하지 않았다. 자녀의 대학입학금을 마련하기 위해 적금을 들고 **내 집 마련의 꿈**을 이루기 위해 열심히 저축하고 있으며 생활비를 쪼개어 남편의 건강보험에 가입하였다. 또한 삶의 목표를 세워 그 꿈을 이루기 위해 끊임없이 정진한다. '대학 진학', '외국어 강사', '자격증 취득' 등 자신이 선택한 방법을 통해 부족한 부분을 개선하고 **자아실현을 위해 도전**을 멈추지 않는다. 참여자들은 한국사회에서 **자신들의 정체성을 잃지 않으면서도 한국문화를 이해**하고 순응하며 조화를 이루기 위해 노력하였다. 이러한 일련의 활동을 통해 한국생활에 적응하기 위해서는 어쩔 수 없는 현실에 얽매여 안주하는 것이 아니라 자신의 노력 여하에 따라 얼마든지 성장, 발전할 수 있다는 것을 깨닫고 **지역사회 활동에 적극 참여하는 과정을 발판삼아 사회적 관계망을 넓혀가며 자신이 삶의 개척자임을 인식하며 오늘도 미래를 준비하는 과정상의 경험**을 하게 되었다.

3. 가설적 정형화 및 관계 진술

1) 가설적 정형화

가설적 정형화란 관계유형을 찾아내기 위한 유형분석 과정의 첫 단계로 핵심범주와 각 범주간의 가설적 관계유형을 정형화하는 작업이다(Strauss & Corbin, 1998). 이에 본 연구에서 핵심범주인 '자신이 삶의 개척자임을 인식하고 지속적인 사회활동 참여하기'를 중심으로 맥락적 조건을 형성하는 범주인 '현실에 당혹함', '갈등을 경험함', '부정적 선입견으로 바라봄'들의 속성과 차원에 따라 범주들간의 가설적 관계를 정형화하면 다음의 <표 4-9>와 같다.

<표 4-9> '자신이 삶의 개척자임을 인식하고 지속적인 사회활동 참여하기'의 가설적 정형화

	핵심범주	현실에 당혹함	갈등을 경험함	부정적 선입견으로 바라봄
1		큼	큼	큼
2		큼	큼	적음
3		큼	적음	큼
4	자신이 삶의 개척자임을 인식하고 지속적인 사회활동 참여하기	큼	적음	적음
5		적음	큼	큼
6		적음	큼	적음
7		적음	적음	큼
8		적음	적음	적음

<표 4-9>의 맥락적 조건에 따른 핵심범주의 가설적 정형화를 진술
문으로 나타내면 다음과 같다.

(1) 현실에 당혹함이 크고, 갈등의 경험이 크고, 부정적 선입견으로
    바라봄이 큰 경우의 '자신이 삶의 개척자임을 인식하고 지속적인
    사회활동 참여하기'

(2) 현실에 당혹함이 크고, 갈등의 경험이 크고, 부정적 선입견으로
    바라봄이 적은 경우의 '자신이 삶의 개척자임을 인식하고 지속적
    인 사회활동 참여하기'

(3) 현실에 당혹함이 크고, 갈등의 경험이 적고, 부정적 선입견으로
    바라봄이 큰 경우의 '자신이 삶의 개척자임을 인식하고 지속적인
    사회활동 참여하기'

(4) 현실에 당혹함이 크고, 갈등의 경험이 적고, 부정적 선입견으로
    바라봄이 적은 경우의 '자신이 삶의 개척자임을 인식하고 지속적
    인 사회활동 참여하기'

(5) 현실에 당혹함이 적고, 갈등의 경험이 크고, 부정적 선입견으로
    바라봄이 큰 경우의 '자신이 삶의 개척자임을 인식하고 지속적인
    사회활동 참여하기'

(6) 현실에 당혹함이 적고, 갈등의 경험이 크고, 부정적 선입견으로
    바라봄이 적은 경우의 '자신이 삶의 개척자임을 인식하고 지속적
    인 사회활동 참여하기'

(7) 현실에 당혹함이 적고, 갈등의 경험이 적고, 부정적 선입견으로
    바라봄이 큰 경우의 '자신이 삶의 개척자임을 인식하고 지속적인
    사회활동 참여하기'

(8) 현실에 당혹함이 적고, 갈등의 경험이 적고, 부정적 선입견으로
    바라봄이 적은 경우의 '자신이 삶의 개척자임을 인식하고 지속적
    인 사회활동 참여하기'

 농촌 다문화가정 결혼이주여성의 지역사회 참여 연구

2) 가설적 관계 진술

관계진술은 근거자료의 분석과정에서 드러난 맥락적 조건에 따른 핵심 범주와 인과적 조건, 작용/상호작용 전략, 결과의 속성 사이에 있을 수 있는 가설적 관계를 근거자료와 지속적으로 대조하여 진술한 것이다. 본 연구에서는 '자신이 삶의 개척자임을 인식하고 지속적인 사회활동 참여하기'의 핵심범주를 중심으로 다음과 같은 관계진술을 도출하였다.

(1) 현실과 기대의 차이에 따른 당혹함을 적게 느끼고, 갈등의 경험이 적고, 부정적 선입견이 적은 경우의 '자신이 삶의 개척자임을 인식하고 지속적인 사회활동 참여하기'는 사회적 지지체계의 지원 수준이 높고, 사회적 지원원도 많으며, 지역적 한계를 극복할 수 있는 여건이 충분함을 거쳐 자기주도의 미래를 위해 준비하며 살아가는 유형을 가질 것이다.

(2) 현실과 기대의 차이에 따른 당혹함을 크게 느끼지만, 갈등의 경험이 적고, 부정적 선입견이 적은 경우의 '자신이 삶의 개척자임을 인식하고 지속적인 사회활동 참여하기'는 사회적 지지체계의 지원 수준이 높고, 사회적 지원원도 많지만, 지역적 한계를 극복할 수 있는 여건이 불충분함을 거쳐 현실에 안주하며 삶의 돌파구를 찾고자 하는 기회를 기다리며 살아가는 유형을 가질 것이다.

(3) 현실과 기대의 차이에 따른 당혹함을 적게 느끼지만, 갈등의 경험이 크고, 부정적 선입견이 큰 경우의 '자신이 삶의 개척자임을 인식하고 지속적인 사회활동 참여하기'는 남편의 지원 수준이 높지만, 다른 가족의 지지는 약하며, 지역적 한계를 극복할 수 있는 여건이 불충분함을 거쳐, 지역사회 참여활동 수준도 유동적인 상태에 있으면서 삶의 돌파구를 찾고자 하는 기회를 기다리며 살아가는 유형을 가질 것이다.

(4) 현실과 기대의 차이에 따른 당혹함을 크게 느끼고, 갈등의 경험
    이 크고, 부정적 선입견이 큰 경우의 ‘자신이 삶의 개척자임을
    인식하고 지속적인 사회활동 참여하기’는 사회적 지지체계의 지
    원 수준이 낮고, 사회적 지원원도 적으며, 지역적 한계를 극복할
    수 있는 여건이 불충분함을 거쳐 공적 지원체계의 지원을 기대하
    며 현실문제에서 벗어나지 못하고 살아가는 유형을 가질 것이다.

4. ‘자신이 삶의 개척자임을 인식하고 지속적인 사회 활동 참여하기’의 유형분석

유형분석은 이론을 구축하기 위하여 가설적 정형화 및 관계진술문을
근거자료와 지속적으로 비교해 각 범주 간에 반복적으로 나타난 관
계를 정형화하는 것이다(Strauss & Corbin, 1998).
본 연구에서는 농촌지역 결혼이주여성의 ‘자신이 삶의 개척자임을
인식하고 지속적인 사회활동 참여하기’의 과정은 각 조건들과 전략,
그리고 이에 따른 결과에 이르는 여러 가지의 경우의 수가 있었으나,
4가지 유형으로 유형분석을 하였다. 4가지 유형은 ‘자기성장 주도
형’, ‘현실 안주형’, ‘유동형’, ‘사회적 지원 기대형’ 등으로 구분하고
그 내용은 다음의 <표 4 - 10>에 제시하였다.

 농촌 다문화가정 결혼이주여성의 지역사회 참여 연구

<표 4-10> '자신이 삶의 개척자임을 인식하고 지속적인 사회활동 참여하기'의 유형

구분	자기성장 주도형	현실 안주형	유동형	사회적 지원 기대형
인과적 조건	국제결혼 선택 (주도적)	국제결혼 선택 (주도적)	국제결혼 선택 (미온적)	국제결혼 선택 (미온적)
	현실문제 (적음)	현실문제 (적음)	현실문제 (많음)	현실문제 (많음)
현상	지역사회 활동에 참여 (전체적, 큼)	지역사회 활동에 참여 (부분적, 큼)	지역사회 활동에 참여 (부분적, 적음)	지역사회 활동에 참여 (부분적, 적음)
맥락적 조건	현실에 당혹함 (적음)	현실에 당혹함 (큼)	현실에 당혹함 (적음)	현실에 당혹함 (큼)
	갈등을 경험 (적음)	갈등을 경험 (적음)	갈등을 경험 (큼)	갈등을 경험 (큼)
	부정적 선입견 (적음)	부정적 선입견 (적음)	부정적 선입견 (큼)	부정적 선입견 (큼)
중재적 조건	사회적 지지체계 (큼 - 많음)	사회적 지지체계 (큼 - 많음)	사회적 지지체계 (큼 - 적음)	사회적 지지체계 (적음 - 적음)
	지역적 한계 극복 여건 (충분)	지역적 한계 극복 여건 (불충분)	지역적 한계 극복 여건 (불충분)	지역적 한계 극복 여건 (불충분)
작용/상호작용 전략	삶의 돌파구 찾기 (적극적)	삶의 돌파구 찾기 (소극적)	삶의 돌파구 찾기 (소극적)	삶의 돌파구 찾기 (소극적)
	적응해 나감 (적응)	적응해 나감 (적응)	적응해 나감 (적응)	적응해 나감 (부적응)
결과	미래를 준비함 (충분)	미래를 준비함 (불충분)	미래를 준비함 (불충분)	미래를 준비함 (불충분)
	지속적인 사회활동 희망 (투명 - 지속적)	지속적인 사회활동 희망 (불투명 - 지속적)	지속적인 사회활동 희망 (불투명 - 일시적)	지속적인 사회활동 희망 (불투명 - 일시적)
	공적 지원체계에 대한 기대 (현실적 - 낮음)	공적 지원체계에 대한 기대 (현실적 - 낮음)	공적 지원체계에 대한 기대 (현실적 - 낮음)	공적 지원체계에 대한 기대 (다층적 - 높음)

1) 자기성장 주도형

'자기성장 주도형'에서는 국제결혼을 주도적으로 선택했고, 결혼 후 부딪치는 현실문제도 많지 않은 것을 관찰할 수 있었다. 따라서 지역사회 활동 참여도 단순 생계형 이상의 직업적 안정성을 추구하는 미래지향적이며, 전체적인 측면에서 접근하고 있음을 알 수 있다. 이러한 접근이 가능했던 것은 현실과 기대 간의 차이가 적고, 남편을 비롯한 가족과의 갈등도 적었을 뿐만 아니라 주위의 부정적 시선도 상대적으로 적었던 편으로 나타났기 때문이다. '자기성장 주도형'의 참여자들은 자신을 둘러싸고 있는 남편과 시댁식구, 원가족, 자조집단, 직장동료와 지역사회의 지지체계가 많고, 사회적 지지의 내용도 다양하게 인식하며, 이러한 사회적 지지체계 토양은 농촌지역이라는 지역적 한계를 극복하고 지역사회 활동에 지속적으로 참여하기에 충분한 여건을 제공하는 특징을 보였다.

'자기성장 주도형'의 참여자들이 사용하였던 작용/상호작용 전략을 살펴보면 자신의 강점과 자원을 활용하여 적극적인 삶의 돌파구 찾기, 높은 수준의 적응방식 통해 지역사회 활동에 지속적으로 참여하는 태도를 보인다. 따라서 이 유형의 결과로 나온 지역사회 활동에 참여하기 위한 미래를 준비하는 수준은 충분하며, 지속적인 사회활동 가능성도 높아, 상대적으로 공적 지원체계에 대한 기대는 지역적인 한계를 대처할 수 있는 정도의 현실적으로 낮은 기대로 나타났다. 이러한 특성을 갖는 '자기성장 주도형' 유형에는 <참여자 6>, <참여자 11>, <참여자 14>, <참여자 15>, <참여자 16>이 속해 있다.

이 유형에서 <참여자 11>은 TV 드라마를 보기도 하고 동네 할머니들과 대화를 나누며 한국어를 배우기 시작하였다. 한국어가 익숙해지자 배 농사를 잘 짓는 집에서 일을 도와주며 농사 방법도 열심히 배웠다. 남편과 함께 배 농사에 열정을 쏟으며 농사에 대한 보람도 느꼈다. 남편의 적극적인 지지에 힘입어 앞으로도 꾸준히 개발하고 노력하여 배를 이용한 전통음식을 지역특화상품으로 사업화시키고 싶은 꿈을 갖고 있다. 이러한 꿈을 이루기 위해 참여자 혼자 헤쳐나가기에는 역부족인 문제들이 많아 지역사회 차원의 다각적인 지원을 희망하고 있다. <참여자 15>는 농사를 쉬는 겨울철에 일을 찾아 자활에 들어갔다가 우연히 원어민 강사 일을 맡게 되었다. 그 후 필리핀 친구들에게 가입을 권유하여 함께 교육을 받고 이주여성들이 원어민강사 모임을 결성하게 되었다. 원어민 강사를 하면서 영이뿐만 아니라 필리핀의 음식과 문화도 소개하는 등 아이들에게 많은 것들을 가르쳐주려고 노력하는 선생님을 아이들도 무척 따르고 좋아한다. 일을 하면서 보람과 행복을 느낀다는 참여자는 일요일은 교회에서 다문화가정 어린이들을 위한 자원봉사 활동도 하고 있다.

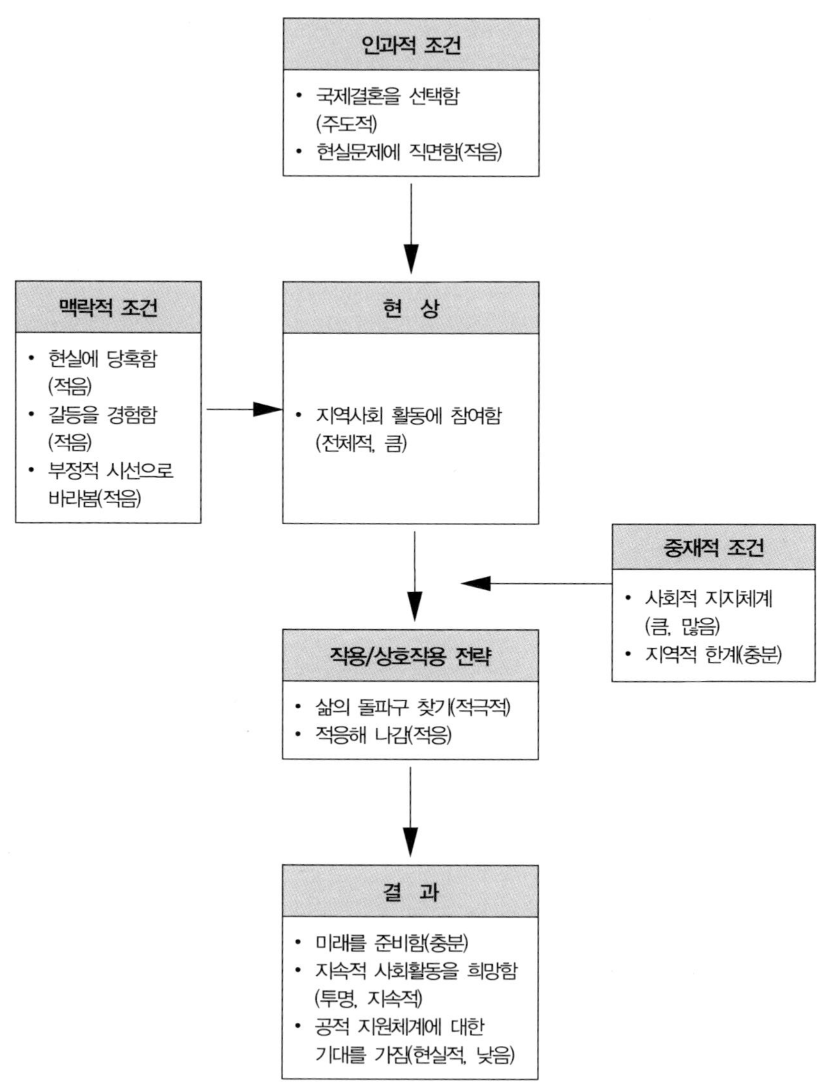

〈그림 4-3〉 '자신이 삶의 개척자임을 인식하고 지속적인 사회활동 참여하기'의 유형(자기성장 주도형)

2) 현실 안주형

'현실 안주형'에서는 국제결혼을 주도적으로 선택했고, 결혼 후 부딪치는 현실문제도 많지 않은 것을 관찰할 수 있었다. 따라서 지역사회 활동 참여도 단순 생계형 추구보다는 현실적으로 안정성 측면에서 접근하고 있음을 알 수 있다. 이러한 접근이 가능했던 것은 현실과 기대 간의 차이가 커 당혹스러웠지만, 남편을 비롯한 가족과의 갈등도 적었을 뿐만 아니라 주위의 부정적 시선도 상대적으로 적었던 편으로 나타났기 때문이다. '현실 안주형'의 참여자들은 자신을 둘러싸고 있는 남편과 시댁식구, 원가족, 자조집단, 직장동료와 지역사회의 지지체계가 많고, 사회적 지지의 내용도 다양하게 인식하였지만, 농촌지역이라는 지역적 한계에 봉착하면서 지역사회 참여활동은 지속적으로 유지하지만 전망은 불투명하게 바라본다.

'현실 안주형'의 참여자들이 사용하였던 작용/상호작용 전략을 살펴보면 자신의 강점과 자원을 활용한 삶의 돌파구 찾기 방식은 소극적이지만, 높은 수준의 적응방식을 통해 지역사회 활동에 지속적으로 참여하는 태도를 보인다. 따라서 이 유형의 결과로 나온 지역사회 활동에 참여하기 위한 미래를 준비하는 수준은 불충분하며, 지속적인 사회활동 참여를 위해 현실적인 수준에서 공적 지원체계에 대한 기대감을 가지고 있다. 이러한 특성을 갖는 '현실 안주형' 유형에는 <참여자 1>, <참여자 2>, <참여자 3>, <참여자 10>, <참여자 12>가 속해 있다.

이 유형에서 <참여자 3>은 재가복지를 통해서 도시락 배달 자원봉사도 하게 되었다. 참여자는 한국어를 모르는 외국인 근로자나 이주여성을 위한 통역과 인력개발공단 및 여러 회사의 외국 관리를 채용할 때도 면접관으로 참여하는 등 다양한 사회활동을 하고 있다. 또한, 이런 통역이나 자원봉사활동을 하면서 부부간에 서로 불만이 있어도 조금 양보하며 맞춰 살게 되었고, 내 가족을 위해 더 열심히 노력하여 행복한 가정을 만들고 싶다는 생각도 하게 되었다. 참여자는 자원봉사나 프리랜서로 하는 통역도 좋아하는 일이지만, 수입이 많진 않더라도 커가는 아이와 보다 나은 생활을 위하여 매달 고정적인 수입이 들어오는 직업을 갖기 원한다. <참여자 12>는 1년 전부터 한국어 지도사로 활동하고 있다. 결혼이주여성들에게 한국어 교육뿐만 아니라 이들이 한국생활에 잘 적응할 수 있도록 조언과 정서적 지지를 아끼지 않는다. 결혼이민자지원센터를 통해 지역사회활동에 참여하면서 경제적으로도 여유가 생겼고 결혼이주여성을 보는 시각도 긍정적으로 바뀌었다. 자녀들도 TV나 신문에 나오는 엄마를 자랑스럽게 생각하며 면담자도 사회활동을 하면서 자신감과 보람을 찾았다. 미래에는 대학에서 사회복지를 공부한 후 결혼이주여성을 위한 봉사활동을 하겠다는 꿈을 갖고 있다.

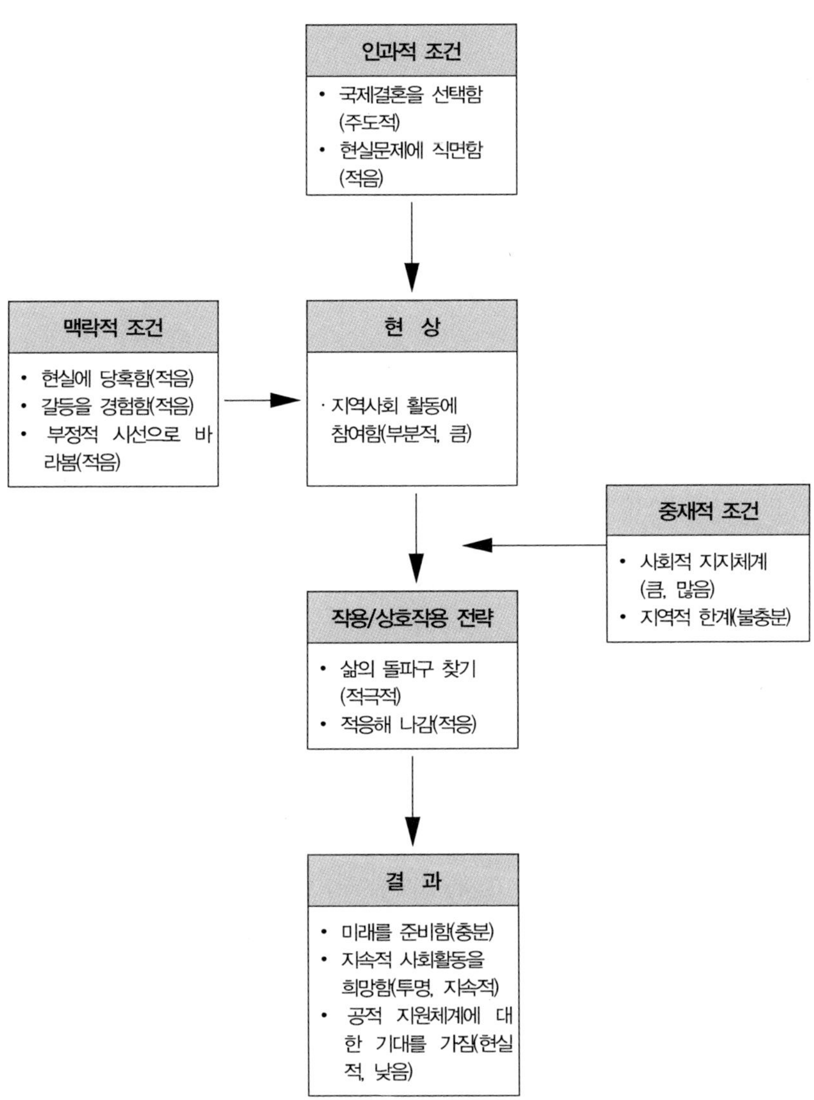

〈그림 4-4〉 '자신이 삶의 개척자임을 인식하고 지속적인 사회활동 참여하기'의
유형(현실안주형)

3) 유동형

'유동형'에서는 국제결혼을 미온적인 태도를 가지고 했고, 결혼 후 부딪치는 현실문제도 많다는 것을 관찰할 수 있었다. 따라서 지역사회 활동 참여도 단순 생계형 정도로 활발한 상태가 아니며, 부분적인 측면에서 접근하고 있음을 알 수 있다. 이러한 접근은 현실과 기대 간의 차이가 크고, 남편을 비롯한 가족과의 갈등도 많았을 뿐만 아니라 주위의 부정적 선입견도 상대적으로 많은 편으로 나타났기 때문이다. '유동형'의 참여자들은 자신을 둘러싸고 있는 남편과 시댁 식구를 중심으로 한 지지체계가 많지만, 가족 이외의 사회적 관계망과는 형식적인 수준에 머물러 있으며, 농촌지역이라는 지역적 한계는 여전한 채 지역사회 활동에 지속적으로 참여하기에는 불투명한 여건을 가지고 있는 특징을 보였다.

'유동형'의 참여자들이 사용하였던 작용/상호작용 전략을 살펴보면 자신의 강점과 자원을 활용하여 적극적인 삶의 돌파구 찾기에는 소극적이지만, 높은 수준의 적응방식 통해 지역사회 활동에 지속적으로 참여하고 싶어 하는 태도를 보인다. 따라서 이 유형의 결과로 나온 지역사회 활동 참여하기는 미래를 준비하는 수준은 불충분하며, 지속적인 사회활동 가능성도 낮고, 가족에 의지하는 수준이 높아 공적 지원체계에 대한 기대는 지역적인 한계를 대처할 수 있는 현실적인 수준에서 낮은 기대로 나타났다. 이러한 특성을 갖는 '유동형' 유형에는 <참여자 8>이 속해 있다.

이 유형에서 <참여자 8>의 경우, 보수적인 사고방식을 가진 전형적인 시골 분이신 시어머니는 바깥에 나가 며느리를 험담하거나 깎아내리는 말씀은 하지 않으셨지만 외국인 며느리에 대한 선입견을 갖고 계셨다. 의사소통이 전혀 되지 않는데다 익숙하지 않은 살림까지 맡아서 해야 하니 참여자는 이래저래 스트레스가 심했다. 집안일이 너무 버거워 고향으로 돌아가고 싶은 마음이 간절했지만 동생의 설득으로 마음을 돌리게 되었다. 참여자는 지역의 대학 부설 평생교육원에서 3개월의 교육과정을 이수하여 원어민강사로 활동하고 있다. 원어민강사로 활동한 지는 1년쯤 되었다. 그 전에는 버섯공장에 다니기도 하고 테이프공장, 박스공장, 자동차 스티커 이니셜을 만드는 공장에서도 일한 경험이 있다. 영어를 아는 것과 가르치는 것은 너무 달라 남편의 도움이 전적으로 필요하였다. 학교에 방문하여 영어강사 활동을 수행하고 있지만, 학교 관계자와는 형식적인 관계에 머물러 있고, 가정교사와 같은 더 많은 보수가 있는 안정적인 일을 찾고자 한다.

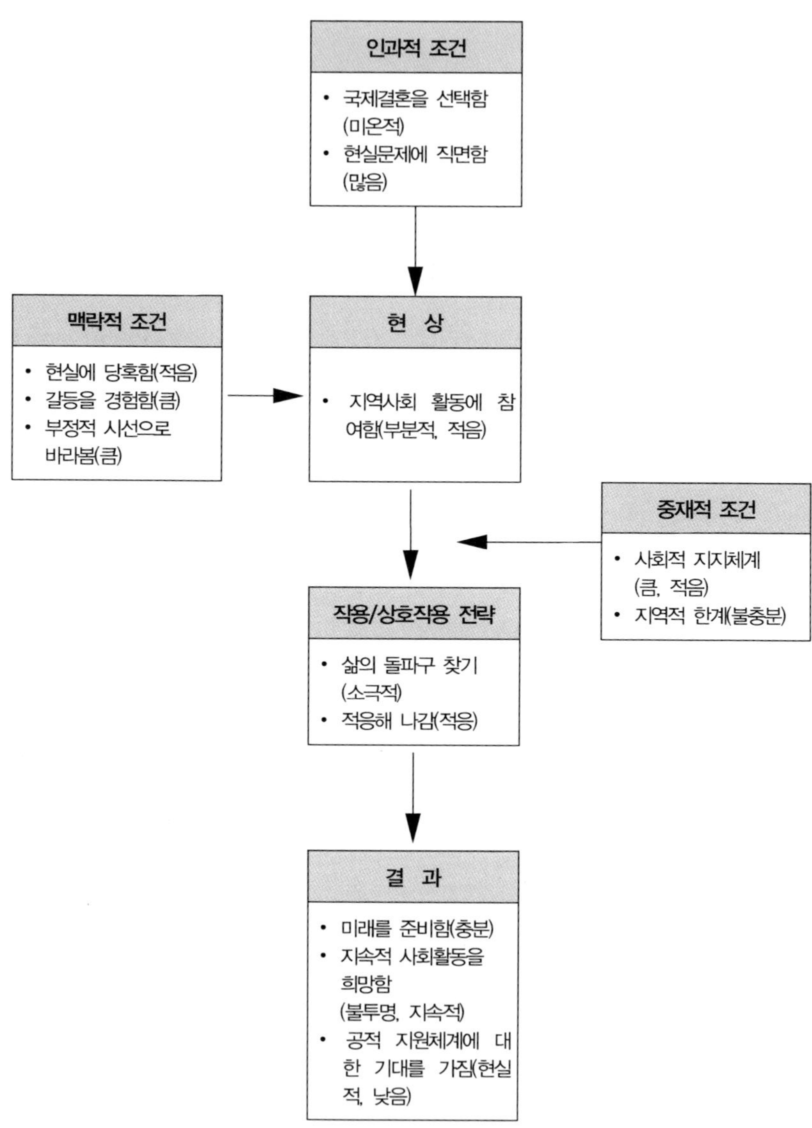

〈그림 4-5〉 '자신이 삶의 개척자임을 인식하고 지속적인 사회활동 참여하기'의
유형(유동형)

4) 사회적 지원 기대형

'사회적 지원 기대형'에서는 국제결혼을 부득이 하게 선택하였고, 결혼 후 부딪치는 현실문제도 많다는 것을 관찰할 수 있었다. 따라서 지역사회 활동 참여도 단순 생계형 수준에 머물러 있으며 지역사회 참여활동도 부분적 측면에서 접근하고 있음을 알 수 있다. 이러한 접근이 가능했던 것은 현실과 기대 간의 차이가 크고, 남편을 비롯한 가족과의 갈등도 컸을 뿐만 아니라 주위의 부정적 시선도 상대적으로 높은 것으로 나타났기 때문이다. '사회적 지원 기대형'의 참여자들은 자신을 둘러싸고 있는 남편과 시댁식구, 원가족, 자조집단, 직장동료와 지역사회의 지지체계가 적고, 사회적 지지의 내용 역시 빈약하다고 인식하며, 농촌지역이라는 지역적 한계가 더욱 증폭작용을 하여 지역사회 활동 참여가 어려운 여건을 제공하는 특징을 보였다. '사회적 지원 기대형'의 참여자들이 사용하였던 작용/상호작용 전략을 살펴보면 자신의 강점과 자원을 활용한 적극적인 삶의 돌파구를 찾고자 하는 열정이 낮고, 낮은 수준의 적응방식으로 인해 지역사회 참여활동 역시 일시적이며 불투명하다. 따라서 이 유형의 결과로 나온 지역사회 활동 참여하기는 미래를 준비하는 수준은 불충분하고, 지속적인 사회활동 가능성도 낮으며 공적 지원체계에 대한 기대는 지역적인 한계를 극복할 수 있는 다층적 수준에서 높은 기대로 나타났다. 이러한 특성을 갖는 '사회적 지원 기대형' 유형에는 <참여자 7>, <참여자 9>, <참여자 13>이 속해 있다.

이 유형에서 한국보다 못사는 중국에서 왔다는 열등감을 갖고 있던 <참여자 7>은 집안의 중요한 결정을 할 때 남편과만 상의하는 시어머니에게 며느리로서 인정받지 못한다는 서운함마저 느끼게 되었다. 참여자는 결혼이주여성들 모임의 총무로 활동하며 같은 처지의 그들과 성서직인 유대관계를 맺고 있다. 또한 여성농업경영인 단체에 가입하여 활동할 계획도 가지고 있다. 개인적인 바람은 정부차원에서의 자연재해로 인한 피해보상과 불임수술에 대한 보조금 지원 및 중국이주여성들에 대한 빠른 국적취득을 기대한다. <참여자 13>은 조선족 학교가 거리상 너무 멀리 있었기 때문에 근처에 있는 한족 학교에 다닐 수밖에 없었고 국제결혼을 결심하고서야 한국어를 배우기 시작하였다. 아는 사람 하나 없는 타국에서 경제적으로 힘들었고 의사소통도 되지 않아 마음고생이 이만저만이 아니었다. 농촌지역이라 교육이나 훈련을 받을 수 있는 배움의 장소가 부족하다 보니 아쉬움이 많다는 참여자는 시·군에서 직업(일)으로 연결 될 수 있는 교육의 기회가 많이 제공되었으면 하는 희망을 내비쳤다. 그리고 기초생활수급자이기도 한 참여자는 결혼 10년 이상 된 결혼이주여성들에게 자녀들과 함께 고국을 방문할 수 있는 제도를 마련해주었으면 하는 간절한 소망도 품고 있다.

 농촌 다문화가정 결혼이주여성의 지역사회 참여 연구

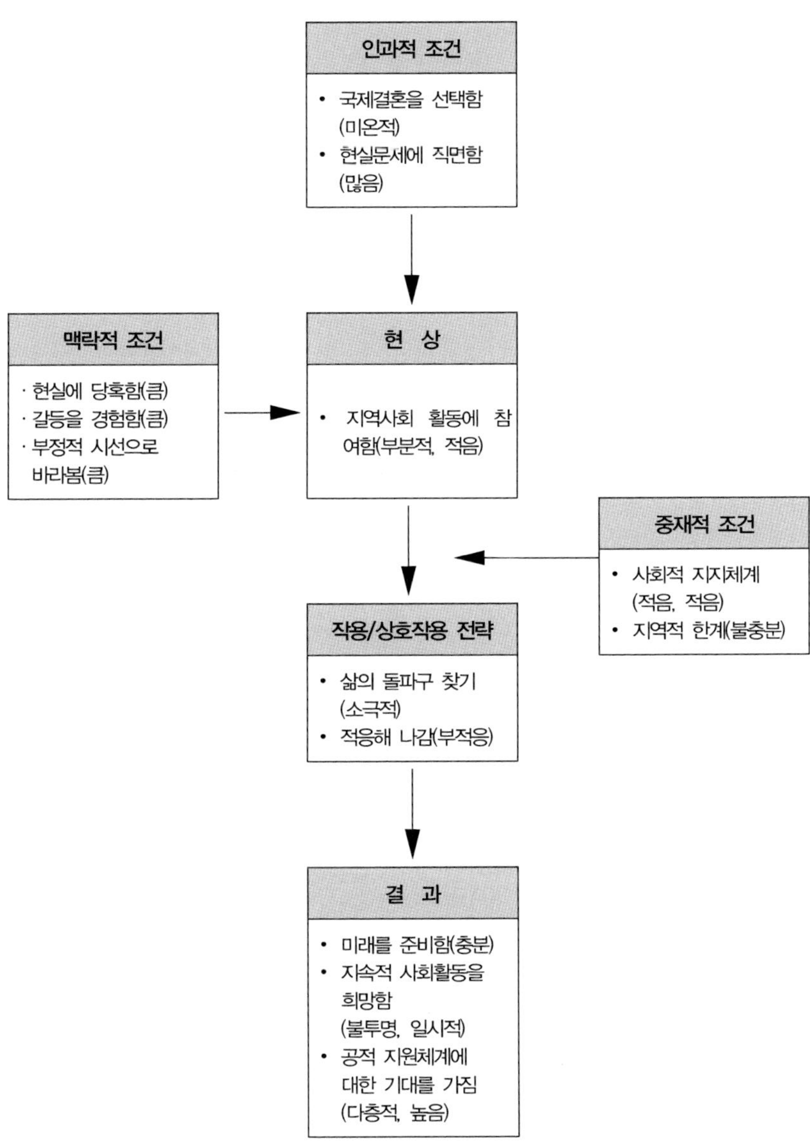

〈그림 4-6〉 '자신이 삶의 개척자임을 인식하고 지속적인 사회활동 참여하기'의 유형(사회적 지원 기대형)

제5절 '자신이 삶의 개척자임을 인식하고 지속적인 사회활동 참여하기'의 상황모형

상황모형은 연구 중인 현상과 관련된 다양한 상황조건이 미시적 조건과 거시적 조건에 따라 작용/상호작용 전략과 관련되어 어떻게 결과에 영향을 미치는가를 설명하는 마지막 단계로서 지금까지의 모든 범주를 통합하여 설명하는 단계이다(Strauss & Corbin, 1998).

본 연구에서 '자신이 삶의 개척자임을 인식하고 지속적인 사회활동 참여하기'의 상황모형은 <그림 4 – 7>과 같다. <그림 4 – 7>에서는 '자신이 삶의 개척자임을 인식하고 지속적인 사회활동 참여하기'가 개인 수준에서의 '현실에 당혹함'과 가족 수준에서의 '갈등을 경험함', 지역사회 수준에서의 '부정적 선입견으로 바라봄'에 따라 달라짐을 표현하였고, 개인/가족/지역사회 수준에서의 지지체계인 '가족의 지지'와 '지역사회의 지지', 지역사회 수준에서의 지역사회의 한계인 '문화공간의 부재'와 '생활여건의 부족'의 중재적 조건에 따라 개인/가족수준에서 '삶의 돌파구 찾기'를 지역사회 수준에서 '적응해 나감'의 작용/상호작용 전략이 사용되고 그 결과 미래를 준비함, 지속적 사회활동을 희망함, 공적 지원체계에 대한 기대를 가지게 되는 과정을 이미지로 표현하였다.

현상과 관련된 각 수준에 따른 상황적 조건과 작용/상호작용 전략
그리고 결과 간의 관계는 다음과 같다.

1. 개인 수준

본 연구에서 중심현상으로 다루고 있는 '자신이 삶의 개척자임을 인
식하고 지속적인 사회활동 참여하기'의 경험 속에서 개인 수준에서
작용하는 인과적 조건은 언어와 문화의 차이, 그리고 힘든 현실문제
에 직면하면서 시작된다. 이러한 고단한 현실은 사회활동 참여하기
에 영향을 미치는 주요 요인이다. 또한 자신의 삶의 개척자임을 인
식하고 지속적인 사회활동 참여하기를 가능하도록 하는 맥락적 조건
중 개인적 수준에 해당하는 조건은 기대와 현실 간의 차이에서 오는
현실의 당혹스러움이다. 이러한 결과를 통해 농촌지역 결혼이주여성
들이 지역사회에 참여활동하게 되는 과정은 결혼 후 언어와 문화의
차이에 따른 고립된 자아를 이겨내고, 한편으로는 고립무원의 외로
움과 현실의 막막함을 벗어나고자 하는 한계 상황들의 주요한 단초
로 작용함을 알 수 있다.
그리고 '삶의 돌파구를 찾기' 위해 지역사회와 교류하고 한국생활에
적응하기 위한 다양한 전략을 구축하는 행위가 개인 수준에서 시작되
는 것을 관찰할 수 있다. 여기서 특히 한국문화를 배우려는 노력을
통한 적응 전략은 지역사회 활동참여를 가능하게 하는 주요 구성요소
로서, 이러한 경험은 개인수준의 차원으로 간주한다. 그러나 한편으로
는 결혼이주여성이라는 현실적 제약 앞에 남편과 가족의 지지와 배려
와 무관할 수 없어서, 개인 수준의 차원이기는 하나 가족 수준과도
밀접하게 관련되어 있다고 볼 수 있다.

2. 가족 수준

본 연구에서 중심현상으로 다루고 있는 '자신이 삶의 개척자임을 인식하고 지속적인 사회활동 참여하기'의 경험 속에서 가족 수준에서 작용하는 인과적 조건은 자녀교육의 어려움, 의식구조의 차이, 한 번도 해보지 않은 힘든 농사일과 가정의 경제적 어려움에서 오는 갈등의 경험이다. 또한 자신이 삶의 개척자임을 인식하고 지속적인 사회활동 참여하기를 가능하도록 하는 맥락적 조건 중 가족적 수준에 해당하는 조건은 시어머니의 외국인 며느리에 대한 선입견에서 오는 부정적 시선이다.

가족 수준에서 적용되는 중재적 조건은 남편과 가족의 지지, 그리고 원가족의 지지이다. 비록 농촌지역이라는 지역적 한계에도 불구하고 이러한 지지체계의 영향은 결혼이주여성들이 지역사회 활동에 영향을 미치는 요소로 작용하게 된다.

그리고 앞의 개인 수준에서와 마찬가지로 삶의 돌파구 찾기와 적응해 나가기는 가족수준에서 주요하게 사용하는 작용/상호작용 전략임을 알 수 있다. 참여자들은 생활의 여유를 가지고자 노력하며, 강한 생활력을 가지고 열정을 갖고 내 집 마련의 꿈과 대학진학의 희망을 품으며 미래를 준비해 나가는 전략을 사용하는 데 있어 가족체계는 중요한 영향을 미치며, 이러한 준비과정에 여성단체에 가입하거나 안정적인 일자리를 찾기 위한 교육과 훈련에 참여하는 데에는 가족 수준에서의 지지적 환경이 필요함을 관찰할 수 있었다.

3. 지역사회 수준

본 연구에서 중심현상으로 다루고 있는 '자신이 삶의 개척자임을 인식하고 지속적인 사회활동 참여하기'의 경험 속에서 지역사회 수준에서 작용하는 인과적 조건은 언어의 차이에 따라 주변사람들로부터 상처를 받는 현실문제의 직면이다. 비단 언어의 차이는 지역사회 수준뿐만 아니라 남편과 가족 간에도 주요 스트레스원이다. 또한 자신이 삶의 개척자임을 인식하고 지속적인 사회활동 참여하기를 가능하도록 하는 맥락적 조건 중 지역사회 수준에 해당하는 조건은 결혼이주여성에 대한 보편화된 사회의 부정적 시선이다.

지역사회 수준에서 적용되는 중재적 조건은 직장동료의 지지, 이웃의 지지, 자조집단의 지지이다. 이러한 다양한 지지의 원천은 결혼이주여성들이 사회활동 참여에 한 걸음 더 가까이 갈 수 있는 주요한 영향요소이다.

그리고 마을 주민들과의 교류나 마을축제에 참여하는 공동체 활동은 지역사회 수준에서 주요하게 사용하는 작용/상호작용 전략임을 알 수 있다. 또 다른 전략은 취업을 위해 적극적으로 노력하며 다양한 직업세계를 경험해 보는 도전정신이다. 다만, 이 과정에서 자신의 자원을 활용하는 데 일정한 한계가 있는 결혼이주여성들은 공적 지원체계를 통해 직업교육을 희망하며, 이와 함께 정부는 이들 자녀들의 교육비 지원을 제공해주는 역할을 기대한다. 또한, 자신의 자원을 자국민을 위한 사회봉사활동에 참여하는 방법을 통해 지역사회 활동에 참여하며, 자신의 삶의 개척자가 되려는 것을 관찰할 수 있었다.

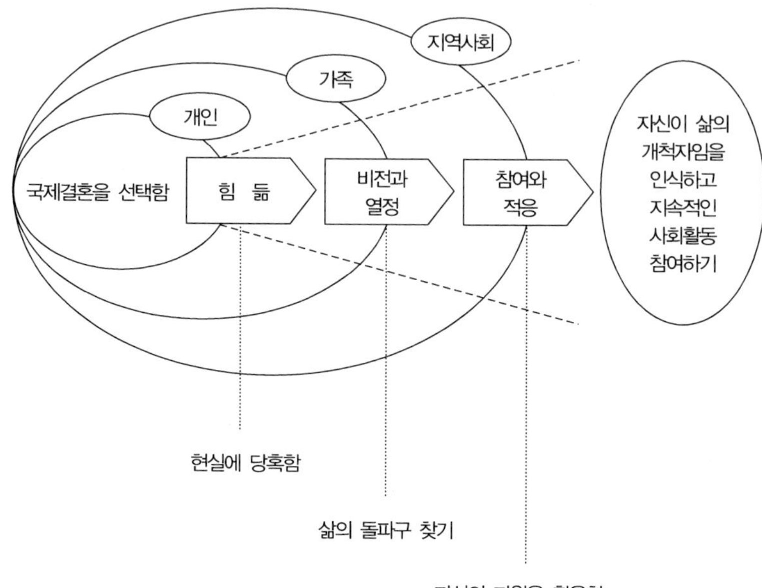

〈그림 4-7〉 '자신이 삶의 개척자임을 인식하고 지속적인 사회활동 참여하기'의
상황모형

'자신이 삶의 개척자임을 인식하고 지속적인 사회활동 참여하기'의 경험 속에서
지역사회 수준에서 작용하는 인과적 조건은 언어의 차이에 따라 주변사람들로부터
상처를 받는 현실문제의 직면이다.

05

결론 및 논의

본 연구는 **농촌지역 결혼이주여성의 지역사회 참여과정**에 대한 경험을 규명하고 실체이론을 개발하고자 실시되었다. 본 연구의 연구문제는 "결혼이주여성이 지역사회 참여과정에서 경험하는 것은 무엇인가?"로, Strauss와 Corbin(1998)이 제시한 근거이론방법을 적용하여 수행되었다.

 # 제1절 연구결과 요약

본 연구는 농촌지역 결혼이주여성의 지역사회 참여과정에 대한 경험을 규명하고 실체이론을 개발하고자 실시되었다. 본 연구의 연구문제는 "결혼이주여성이 지역사회 참여과정에서 경험하는 것은 무엇인가?"로, Strauss와 Corbin(1998)이 제시한 근거이론방법을 적용하여 수행되었다.

본 연구의 참여자는 연구 목적과 연구방법을 설명 듣고 연구 참여에 동의한 결혼이주여성 14명이다. 참여자들의 연령은 26세부터 46세로, 20대 2명, 30대 7명, 40대 5명이다. 결혼 후 한국에 체류기간은 3년부터 16년으로 평균 9.1년 정도 되었다. 참여자의 학력은 중학교 졸업 2명, 고등학교 졸업(중퇴 포함) 6명, 전문대학 졸업 2명, 대학교 졸업 4명이었다. 참여자의 직업상태는 직업을 가지고 있는 사람이 8명, 자활사업 참여 2명, 가족단위 농업에 종사 2명, 통번역사 1명, 자원봉사활동 1명이다. 주관적인 경제상태는 기초수급 2명, 저소득 4명, 중간 정도 8명이었다. 참여자의 출신국가는 필리핀 4명, 중국(조선족) 3명, 일본 2명, 베트남 2명, 인도네시아 1명, 미얀마 1명, 과테말라 1명이었다. 거주지역은 전남의 1개 시의 면단위 지역 5명, 5개 군 지역 9명이었다.

자료수집은 2008년 9월부터 2009년 5월까지 심층면담을 통해 이루어졌으며, 면담 전에 참여자로부터 서명화된 연구참여 동의서를 받았고, 면담 내용은 녹음한 뒤 그 내용을 녹취하였다. 근거이론의 절차에 따라 자료수집과 동시에 분석 작업을 하였다. Strauss와 Corbin(1998)의 자료분석 방법에 따라 개방코딩을 하였고, 축코딩 단계에서는 패러다임에 의한 범주분석과 과정분석을 하였으며, 선택코딩에서는 핵심범주를 발견하고 이야기 윤곽을 적고 핵심범주를 중심으로 범주의 관련성을 도출하고 유형을 분류한 후 상황모형을 설정하였다.

본 연구결과 개방코딩에서는 71개의 개념, 27개의 하위범주, 13개의 범주가 도출되었다. 축코딩에서 패러다임에 의한 범주분석 결과, 농촌지역 결혼이주여성의 지역사회 참여과정에서 인과적 조건은 '국제결혼을 선택함', '현실문제에 직면함'이었고, 중심현상은 '지역사회 활동에 참여함'이었으며, 이 현상에 대응하는 맥락적 조건은 '현실에 당혹함', '갈등을 경험함', '부정적 선입견으로 바라봄'이었다. 현상을 조절하기 위한 작용/상호작용 전략은 '삶의 돌파구 찾기', '적응해 나감'이었으며, 이러한 작용/상호작용 전략을 촉진하고 억제하는 작용을 하는 중재적 조건은 '사회적 지지체계', '지역적 한계'로 나타났다.

농촌지역 결혼이주여성들의 지역사회 참여과정은 '현실문제 직면 과정', '삶의 돌파구를 찾기 과정', '미래를 위한 준비과정'으로 파악되었다.

'현실문제 직면 과정'은 참여자들이 막연한 환상이나 가족의 반대를 무릅쓰고 결혼을 선택했지만 기대와는 전혀 다른 현실에 직면하게 되고 시댁식구들과 이웃 등 새로운 관계를 형성하면서 문화의 차이, 부정적인 선입견, 외로움 등으로 인해 힘들고 어려운 상황을 겪게 되는 과정이다.

'삶의 돌파구 찾기 과정'은 참여자들이 한국사회에 정착하면서 직면

하게 된 문제와 갈등을 해결하기 위해 다각적인 노력을 기울이는 과정이다. 참여자들은 전혀 다른 환경에서 겪는 어려움과 난관들을 부정하거나 회피하지 않고 순응하며 받아들였다. 이러한 과정들은 지역사회 구성원과의 교류, 자원봉사, 자활 프로그램, 지역사회 참여활동, 해당 기관의 지원요청 등을 활용하였다. 그 결과 자신의 존재감을 확인하고 보람, 삶의 활력을 느끼며, 비전과 열정을 품게 되는 과정이었다.

‘미래를 위한 준비과정’은 참여자들이 어느 정도 한국 사회에 적응하게 되고 생활에 익숙해지면서 불투명한 미래를 준비하고 계획을 세우는 과정이다. 자격증 취득을 위해 열정을 쏟으며 지역사회와의 적극 교류와 참여활동을 강화해 가는 단계이며, 삶의 돌파구를 찾기 위해 다양한 직장경험을 겪게 되며, 한국사회에서 자립적인 삶을 살기 위해 직업교육과 훈련에 대한 지원을 희망하는 과정으로 지역사회에 적응하면서 개척자인 마음으로 미래를 위한 준비와 계획까지 세우게 되는 단계이다.

선택코딩에서 핵심범주는 ‘자신이 삶의 개척자임을 인식하고 지속적인 사회활동 참여하기’로 나타났으며, 핵심범주를 중심으로 지속적으로 나타나는 범주들 간의 관련성을 확인한 결과 지역사회 참여유형은 ‘자기성장 주도형’, ‘현실 안주형’, ‘유동형’, ‘사회적 지원 기대형’으로 나타났다.

‘자기성장 주도형’은 국제결혼을 주도적으로 선택하였고, 결혼 후 부딪치는 현실문제도 많지 않은 것을 관찰할 수 있었다. 참여자들은 자신을 둘러싸고 있는 남편과 시댁식구, 원가족, 자조집단, 직장동료와 지역사회의 지지체계가 많고, 사회적 지지의 내용도 다양하게 인식하며, 이러한 사회적 지지체계 토양은 농촌지역이라는 지역적 한계를 극복하고 지역사회 활동에 지속적으로 참여하기에 충분한 여건을 제공하는 특징을 보였다. 따라서 이 유형의 결과로 나온 지역사회

활동에 참여하기 위한 미래를 준비하는 수준은 충분하며, 지속적인 사회활동 가능성도 높은 유형이다.

‘현실 안주형’은 국제결혼의 선택과 현실의 문제는 ‘자기성장 주도형’과 비슷하다. 지역사회 활동 참여도 단순 생계형 추구보다는 현실적으로 안정성 측면에서 접근하고 있음을 알 수 있다. 참여자들은 자신을 둘러싸고 있는 남편과 시댁식구, 원가족, 자조집단, 직장동료와 지역사회의 지지체계가 많고, 사회적 지지의 내용도 다양하게 인식하였지만, 농촌지역이라는 지역적 한계에 봉착하면서 지역사회 참여활동은 지속하지만 전망은 불투명하게 바라보았다. 이들 참여자들은 높은 수준의 적응방식을 통해 지역사회 활동에 지속적으로 참여하고자 하는 태도를 가지는 유형이다.

‘유동형’은 국제결혼을 미온적인 태도를 가지고 했고, 결혼 후 부딪치는 현실문제도 많다는 것을 관찰할 수 있었다. 지역사회 활동 참여도 단순 생계형 정도로 활발한 상태가 아니며, 부분적인 측면에서 접근하고 있음을 알 수 있다. 이 유형의 결과로 나온 지역사회 활동 참여하기는 미래를 준비하는 수준은 불충분하며, 지속적인 사회활동 가능성도 낮아, 가족에 의지하는 수준이 높아 공적 지원체계에 대한 기대는 지역적인 한계를 대처할 수 있는 현실적인 수준에서 낮은 기대로 나타나는 유형이다.

‘사회적 지원 기대형’은 국제결혼 선택과 현실문제에 있어서는 ‘유동형’과 비슷하다. 참여자들은 자신을 둘러싸고 있는 남편과 시댁식구, 원가족, 자조집단, 직장동료와 지역사회의 지지체계가 적고, 사회적 지지의 내용 역시 빈약하다고 인식하며, 농촌지역이라는 지역적 한계가 더욱 증폭작용을 하여 지역사회 활동 참여가 어려운 여건을 제공하는 특징을 보였다. 참여자들은 자신의 강점과 자원을 활용한 적극적인 삶의 돌파구를 찾고자 하는 열정도 낮고, 낮은 수준의 적응방식으로 인해 지역사회 참여활동 역시 일시적이며 불투명하다. 공적 지원체계에 대한 기대는 지역적인 한계를 극복할 수 있는 다층적 수준에서 높은 기대로 나타내는 유형이다.

이상의 결과와 같이 본 연구를 통해서 농촌지역 결혼이주여성이 경험하는 '자신이 삶의 개척자임을 인식하고 지속적인 사회활동 참여하기' 과정에 대해 파악할 수 있었다.

제2절 논의

본 연구는 농촌지역 결혼이주여성의 지역사회 참여과정이 어떠한가를 이해하기 위해 실시되었다. 그 결과 농촌지역 결혼이주여성의 지역사회 참여과정의 중심현상은 '자신이 삶의 개척자임을 인식하고 지속적인 사회활동 참여하기'의 과정으로 파악되었다. 본 연구에서 살펴본 농촌지역 결혼이주여성의 지역사회 참여과정에 대한 경험은 국제결혼을 선택하는 것에서부터 시작하여, 이들이 처한 사회문화적 환경, 맥락을 인식하고 상호작용하며 지역사회를 통해 교류와 적응하는 경험에 대해 설명하고자 하였다.

본 논의에서는 농촌지역 결혼이주여성의 지역사회 참여과정에서 그 중심현상, 작용/상호작용 전략, 결과 등에 대해 논의해 보고자 한다.

1. 중심현상에 대한 논의

본 연구에서 나타난 농촌지역 결혼이주여성의 지역사회 참여과정의 중심현상은 '자신이 삶의 개척자임을 인식하고 지속적인 사회활동 참여하기'였다.

참여자들은 지역사회 참여활동을 통해 세상 밖과 소통하며 다양한 사람들과 만날 수 있는 기회가 생기고 일을 함으로써 자신감과 삶의 활력을 찾게 되었다. 집에서 혼자 남게 되어 겪었던 외로움과 스트레스, 낮은 자아정체감의 굴레는 점차 줄어든 반면 외부와 소통할 수 있는 기본적인 수단인 한국어 실력은 점점 늘었다. 참여자들은 일을 통해 지역사회와 함께 호흡하며 인정과 비전을 갖고 보람을 느꼈으며, 몸은 지치고 힘들지만 마음만은 기쁘고 행복하다고 말하였다. 지역사회활동을 통해 한국문화도 경험할 수 있었다. 많지는 않지만 직접 벌어들인 수입이 생기면서 가족들에게 인정받고 자존감도 높아졌다. 할 수 있다는 자신감이 생겼으며 잃어버렸던 꿈과 비전도 다시 생겼다. 기회만 주어진다면 지속적으로 활동하고 싶은 열정을 품게 된 것도 큰 수확이라 여겨진다. 즉, 농촌지역 결혼이주여성들이 지속적으로 사회활동이 가능하기 위해서는 본인 스스로가 개척자임을 자각하여 적극적이고 진취적으로 지역사회와 교류하는 과정이 필요하다. 이러한 과정은 지지적인 가족체계와 지역사회 차원의 공적 지원체계가 다차원적으로 작동되어야 가능하다. 물론 이러한 과정에는 불안한 요소들도 늘 상존하고 있다. 현재의 경제적 불안정과 남편과의 연령 차이로 인한 남편의 건강문제와 자신들의 노후 걱정도 미래의 불안 요소이다. 비록 현재는 불안하기만 한 미래지만 꿈과 희망이 있기에 결혼이주여성들은 결코 도전을 멈추지 않는다.

또한 참여자들은 한국에 정착하여 사회활동을 지속하기 위해서는 언어·문화·법률 지식 등 사회 전반적인 교육이 필요함을 느낀다. 이를 위해 참여자들은 배우기를 희망하는 결혼이주여성들의 교육비를 정부가 일정 부분 지원해주기를 희망한다.

본 연구에서의 '자신이 삶의 개척자임을 인식하고 지속적인 사회활동 참여하기'라는 중심현상은 Berry(1997)의 문화적응 3단계 중 마지막 단계인 해결단계에서 나타나는 현상이며, Oberg(1960)의 이주자의 적응 4단계 중 3단계인 회복단계의 양상을 나타낸다. 또한 구차순(2007)의 결혼이주가정의 적응과정 4단계 중 3단계에 해당하는 마지막 단계인 '공동체 구성원으로 뿌리내림의 단계'의 특성들과 일치하고 있다. 구차순(2007)은 "결혼이주가족이 적응과정에서 겪는 마지막 단계는 공동체 구성원으로 뿌리내리는 단계로서, 이 시기에 가족 내에서 이주여성의 위치는 확고해지고 결혼이주가족은 특별한 문화를 가진 다문화가족으로서 정체성을 갖고 한국사회에 뿌리를 내린다고 하였다. 마지막 단계에서는 노력의 결과와 목표달성에 성취감을 느낀다. 반면 적합함을 이루지 못한 여성은 미래에 회의를 가지며 사회에서 주변인의 처지에 머문다."라고 하였다. 본 연구결과에서도 지역사회 참여활동의 유형이 4가지 유형으로 다양하게 나타나고 있다. 즉, 노력의 결과에 목표달성의 일정 수준이 일치하고 있는 '자기성장 주도형'이 나타났으며, 이와 반대로 '주변인'의 유형이라 할 수 있는 '유동형'의 참여유형도 발견할 수 있었다.

또한 최금해(2006)의 연구결과 나타난 한국생활 적응 유형 중 '변화시도형'이 본 연구의 결혼이주여성의 지역사회 참여하기에 대한 설명력을 높이는 유형으로 볼 수 있다. 즉, "국제결혼을 새로운 삶의 도전이라고 생각하고 있기 때문에 국제결혼에 대해 상대적으로 긍정적인 태도를 보이며, 한국인과의 결혼과 한국문화 적응을 하나의 도전이라고 생각할 뿐만 아니라 도전을 위해 실제 노력하고 있기 때문에 문화적 차이와 정체성의 혼란을 크게 느끼지 않는다는 특징을 보여준다."는 점이다.

한편, 농촌지역 결혼이주여성의 사회 참여 활동은 지역의 인적자원으로서의 역할에 주목할 필요성이 있다는 양애경(2007)의 연구결과와도 일치하고 있다. 즉, 여성 결혼자 중 상당수가 취업을 원하고 있음은 그들의 생활영역이 단지 가족에만 머무르지 않을 것임을 단적으로 보여주며, 다른 문화와 다른 언어권의 여성결혼이민자야말로 지구화 및 지방화 시대의 소중한 지역인적자원이라는 인식의 전환이 필요하다는 점을 강조한다.

현재 농촌지역 결혼이주여성들에게 있어 무엇보다 중요한 과제는 기초적 적응 과정을 거친 결혼이민자들이 경제활동을 계기로 한국사회로의 통합을 진전시킬 수 있는 기회 자체가 지극히 제한되어 있는 현실에서 찾아볼 수 있다. 현재로서는 취업기술 교육을 시행하고 있는 기관 자체가 적을 뿐 아니라 교육의 내용이 실질적인 취업으로 연결될 수 있는 방향으로 이루어지고 있지 못하며, 결과적으로 교육을 통해 일자리를 찾을 수 있는 기회는 지극히 제한되어 있는 상황이다. 따라서 결혼이민자가족 지원 정책의 우선적인 과제로서 결혼이민자를 위한 일반적 서비스의 일환으로 취업기술 교육을 시행하는 차원을 넘어 결혼이민자를 위한 취업기술 교육과 일자리 알선을 위한 특화된 지원책이 마련될 필요가 있다. 이와 함께 여성결혼이민자의 인적자원 수준과 노동시장 환경을 종합적으로 고려한 여성결혼이민자 인적자원 개발 사업을 여성인적자원 개발사업에 통합하여 추진하는 것이 대안으로 고려될 수 있을 것이다. 이러한 사업이 실효를 거두기 위해서는 무엇보다도 우선 결혼이민자들이 지니고 있는 언어, 문화적 배경을 가치 있는 자원으로 인정하고 이를 활용할 수 있는 업무 분야-통·번역, 관광, 문화 분야 등-를 개발하는 것이 중요하다. 나아가 특정한 자격을 갖추거나 교육과정을 거친 결혼이민자를 위한 특수 자격제도-특별교사, 특별 통역사 등-를 도입하는 방안도 고려될 수 있다. 또한 결혼이민자를 위한 취업기술교육과 사회적 기업 운영을 연계하여 교육을 이수한 결혼이민자가 사회적 기업에 취업될 수 있도록 하는 모델 사업을 집중 개발함으로써 취업기술교육의 실효성을 높이려는 노력도 필요하다. 부연하면, 이러한 사업은 여성인력개발원과 연계를 통해 프로그램을 개발하고 기업이나 학교, 단체 등의 협조를 얻어 취업과 연계시키며, 바람직한 결혼이민자 취업과 창업모델케이스를 발굴하여 결혼이민자들에게 역할모델을 제공함으로써 지역사회에 안정적인 뿌리를 내리고 자기주도적인 삶의 계획과 미래를 설계할 수 있는 토대를 마련해 줄 것이다.

2. 작용/상호작용에 대한 논의

본 연구에서 드러난 작용/상호작용 전략은 '삶의 돌파구 찾기', '적응해 나감'으로 분석되었다. 이를 지역사회 참여과정의 단계인 '현실문제 직면 과정', '삶의 돌파구 찾기 과정', '미래를 위한 준비과정'과 연결하여 논의하고자 한다.

'현실문제 직면 과정'은 참여자들이 막연한 환상이나 가족의 반대를 무릅쓰고 결혼을 선택했지만 기대와는 전혀 다른 현실에 직면하게 되고 시댁식구들과 이웃 등 새로운 관계를 형성하면서 문화의 차이, 부정적인 선입견, 외로움 등으로 인해 힘들고 어려운 상황을 겪게 되는 과정이다.

본 연구에서 나타나는 농촌지역 결혼이주여성이 한국사회에 정착해 가는 과정에서 언어와 문화의 차이, 갈등에 부딪치는 상황은 기존의 연구결과(강유진, 1999; 양철호 외, 2003; 신경희, 2004; 윤형숙, 2004; 임경혜, 2004; 신란희, 2005; 이태옥, 2005: 최금해, 2005, 김이선 외, 2006; 최금해, 2006; 구차순, 2007, 권복순, 2009; 최혜지, 2009)와 일치한다.

이 과정에서 작용/상호작용 전략으로는 두 가지 차원이 고려되어야 한다. 먼저 여성결혼이민자의 체계적 한국어 교육 교재와 양질의 한국어 교사 확보 및 '맞춤식 한글교육'이 중요하며, 한국어 교육의 체계화, 구체화, 현실화를 적극 추진해야 한다(권복순, 2009). 한국어 수준은 여성결혼이민들에게 결혼생활의 질을 향상시키는 것 이외에 한국사회의 조기 정착을 위해서도 핵심적인 열쇠가 된다. 이와 동시에 여성결혼이민자는 출신국, 학력, 거주지역, 가족유형 등의 인구사회학적 특성이 다양하므로 출신국별로 한국어 교육이 가능한 그 나라의 결혼이민자들을 한국어 교사로 교육시켜 초급단계에서 이들을 교사로 활용하면 더욱 효과적인 한국어 교육이 이루어질 수 있을 것으로 보인다(서해정·김형모, 2009). 그리고 또 하나는, 결혼 초기 '혼자 남겨짐'에 대한 외로움과 힘듦에 대처하기 위해서는 여성결혼이민자 개인의 내적 역량(자존감, 성취감, 자신감 등)이 한국사회에 통합, 한국 사람들과의 교류의 기초가 된다고 보고 이에 초점을 둔 역량증진 지향 프로그램 지원이 필요하다.

'삶의 돌파구 찾기 과정'은 참여자들이 한국사회에 정착하면서 직면하게 되는 문제와 갈등을 해결하기 위해 다각적인 노력을 기울이는 과정이다. 참여자들은 전혀 다른 환경에서 겪는 어려움과 난관들을 부정하거나 회피하지 않고 순응하며 받아들인다. 이러한 과정에서 지역사회 구성원과의 교류, 자원봉사, 자활 프로그램, 지역사회 참여 활동, 해당 기관의 지원요청 등을 활용하였다. 그 결과 자신의 존재감을 확인하고 보람, 삶의 활력을 느끼며, 비전과 열정을 품게 되는 과정이었다.

이 과정에서 요구되는 것은 지역사회가 농촌지역 결혼이주여성에게 지역사회 참여 기회를 확대하는 방안이다. 농촌지역 결혼이주여성들이 지역사회의 일원으로서 참여할 수 있는 기회를 확대하고 지역행사와 프로그램을 좀 더 다양하게 개발해야 한다. 이들이 한국생활에 적응하기 위해서는 본국 여성들과의 만남도 중요하지만 궁극적으로 지역사회의 한국이웃과의 적극적인 교류가 중요하기 때문이다. 결혼이민자센터, 보육정보센터, 건강가정지원센터 등에서 프로그램을 개발하고 지원하면, 농촌지역의 특성상 넓은 지역에 여성들이 흩어져 살고 있으므로 지역의 읍, 면 단위 소속 공무원, 사회복지사, 마을 이장, 마을 부녀회, 여성 농민회 등 마을 사정을 잘 알고 있는 비공식적 사회관계망 선상에 있는 사람들이 먼저 다가가 참여를 이끌어 내는 노력을 해야 한다(이순형, 2008). 또한, 결혼이주여성들이 주류사회 구성원과의 접촉의 질과 양, 가족과 이웃 그리고 자조집단과 같은 중요한 사람들과의 연결망, 교회와 남편모임의 한 형태인 계모임은 지지체계로서의 역할을 촉진한다는 연구결과(구차순, 2007)와도 일치하다.

'미래를 위한 준비과정'은 참여자들이 어느 정도 한국 사회에 적응하게 되고 생활에 익숙해지면서 불투명한 미래를 준비하고 계획을 세우는 과정이다. 자격증 취득을 위해 열정을 쏟으며 지역사회와의 적극 교류와 참여활동을 강화해 가는 단계이자 삶의 돌파구를 찾기 위해 다양한 직장경험을 겪게 되고, 한국사회에서 자립적인 삶을 살기 위해 직업교육과 훈련에 대한 지원을 희망하는 과정으로 지역사회에 적응하면서 개척자인 마음으로 미래를 위한 준비와 계획까지 세우게 되는 단계이다. 이러한 미래지향적인 결혼이주여성의 적응유형은 이주 후에 얻게 되는 이익이 이주로 인한 불이익을 능가한다고 믿는다(Mackoic & Manderson, 2000: 구차순, 2007: 36에서 재인용).

이 과정에서 요구되는 것은 취업을 위한 직업교육 제공, 체계적인 취업정보 제공, 영농교육과 영농지원 활동이다. 농촌지역 여성결혼이민자들의 경우 전적으로 집안일과 농사일을 책임지지 않는 경우 취업을 하고자 하는 욕구가 매우 높다. 따라서 이들에게 적합한 일자리를 개발하고 취업교육을 제공하여 농촌사회 인력으로 개발하는 것이 필요하다. 본국에서 익힌 기술이 있거나 관련 자격증이 있는 경우에는 이를 한국에서 활용할 수 있도록 재교육 시키는 것이 필요하다(이순형, 2008). 이와 동시에 인터넷이 광범위하게 활용되고 있는 한국 사회에서 정보화 교육은 상당히 중요한 위치를 차지하고 있다. 그러나 한국어도 능숙하지 않은 상태에서 여성결혼이주자들이 정보화 교육에서 사용되는 전문용어를 이해하기란 상당히 어렵기 때문에 이를 보조할 수 있는 각국 언어별 보조강사로 이주여성들을 활용하는 방법도 있을 것이다(이선주, 2008). 또한, 정부의 다문화 사회 대응정책의 체계적인 접근이 필요하다. 민간과 정부의 상생적 협력체계 혹은 적절성을 갖춘 서비스 전달체계의 마련이 제도적 기초로서 언급될 수 있다. 새로운 정책영역을 둘러싼 중앙부처 사이의 경쟁과 사업수행 기관들의 난립은 서비스 수준의 하락을 가져와 체계적인 다문화 사회 준비를 어렵게 하는 요소로 작용할 개연성이 높다. 효율적 전달체계의 부재는 지방정부 업무에 혼선이 생기게 하고, 여성 혹은 복지업무 부서에 모든 업무가 일임되면서 업무의 과다를 호소하게 한다. 농촌지역 결혼이주여성의 생애주기별 역할분담 체계에 따른 전달체계의 확립도 고려되어야 할 사항이다(유용식·손호중, 2009). 이와 함께 이주민정책을 체계적이고 총괄적으로 담당할 전담부서의 확대·설치, 다문화 사회통합정책 수립을 위해 민-관의 파트너십 형성·강화하고 시민사회와 이주외국인 대표의 실질적 참여를 제도적으로 보장하는 거버넌스(governance)적 의사결정기구의 설립도 필요하다(권승, 2009).

3. 결과에 대한 논의

본 연구에서 농촌지역 결혼이주여성의 지역사회 참여과정의 결과는 '미래를 준비함', '지속적 사회활동을 희망함', '공적 지원체계에 대한 기대를 가짐'이었다.

결혼이주여성들 역시 한국의 여느 엄마와 같이 자녀들의 대학 등록
비를 위해 적금을 들고 내 집 마련의 꿈을 이루기 위해 일을 찾아
나서는 부지런함을 보인다. 다만, 남편과의 많은 나이 차이는 노후불
안과 함께 머지않아 남편의 건강문제의 위기에 대한 대비가 필요함
을 실감하게 한다. 참여자들은 현재 자신이 하고 있는 일에 만족하
며 앞으로도 지속적인 사회활동을 희망하였다. 그러나 계약직으로
활동하는 경우 계속 일을 할 수 있을지의 여부가 불투명하기 때문에
매달 일정하게 수입을 창출할 수 있는 안정적인 직장을 원하는 참여
자가 많았다. 또 다양한 사람들을 만나 정보를 얻고 지역사회에 더
빨리 뿌리내리고자 여성단체에 가입하고 싶어 하였으며 자원을 활용
하여 의사소통이 어려운 자국민을 위한 통역활동을 꾸준히 하겠다는
참여자도 있었다. 또한, 경제적인 어려움을 안고 있는 결혼이주여성
들은 취업을 원하였다. 그러나 이들이 원하는 안정적인 일자리를 찾
기는 상당히 어렵다. 영어를 가르칠 수 있는 필리핀 이주여성 등 몇
몇 참여자를 제외하고는 참여자들이 안정적으로 일할 수 있는 공간
이 그다지 많지 않다. 더구나 거주지역이 농촌이라 일거리도 매우
제한적이다. 참여자들은 경제적 어려움을 겪는 다문화가정의 자립을
위해 시군구가 관심을 가지고 우선적으로 생활이 궁핍한 이주여성들
에게 일자리를 제공해주기를 바란다.

이 과정에서 여성결혼이민자의 장점을 개발할 수 있는 방안으로 이
중 언어 전문가로 교육, 양성할 수 있는 방안을 체계화하는 것이 중
요하다. 예컨대, 현재 일부 대학이나 대학원에 진학하여 상담원이나
사회복지사 등 다문화 전문가로 교육을 받고 있는데 정부 차원에서
이에 대한 평가를 바탕으로 좀 더 확대해 나갈 수 있어야 한다. 이
외에도 결혼이민자 적성에 맞는 취업교육이 지속적으로 개발되어야
할 것이다. 경제적인 필요에 비해 취업가능한 일이 적어서 저임금
노동을 하게 되는 경우가 많은데, 이들에 대한 취업교육과 보육서비

스의 지원을 통해 정규직 취업을 위한 고용촉진 지원제도가 필요할 것으로 보인다(김이선, 2008). 또한, 결혼이주여성의 가족이 겪는 문제는 개인에게 한정된 것이 아니라 주변의 인물들과의 관계, 지역사회의 제도 및 사회문화적 특성에서 비롯되는 것이어서 문화적응이라는 맥락에서 이해가 필수적이며, 이에 사회복지사의 다문화역량은 개입의 성패에 매우 중요한 요소가 된다(윤혜미, 2009).

한편, 본 연구에서 경제적 힘듦을 경험하고 있는 상당수 참여자의 경제적인 문제는 중요한 문제임과 동시에 이들이 한국에 이주하고자 하는 주된 문제인 경우가 많다. 한국사회에 경제적 기반이 거의 없고 사회적 자본도 빈약한 현실에서 경제적 문제의 해결은 한국에서의 적응과 정착을 돕고 지역사회의 주체로서 활동하는 데 가장 기본적인 요소라 할 수 있다. Bourdieu(1967)는 "특정한 행위자가 누릴 수 있는 사회자본의 양은 자신이 효과적으로 동원할 수 있는 연결망의 규모와, 그 연결망에 포함된 여러 개인이 소유한 자본의 크기에 달려 있다."(박세경 외, 2008: 29에서 재인용)고 하였다. 이러한 측면에서 농촌지역 결혼이주여성에 대한 사회적 배제를 극복할 수 있는 사회구성원의 다문화에 대한 인식변화와 다문화 관련 지원센터의 역할이 강화되어야 한다. 먼저, 다문화 사회를 살아가는 시민으로서의 역량 강화를 위한 프로그램이 활성화되기 위해서는 우선적으로 기존의 프로그램에서 시민참여 프로그램을 다문화 시민 역량 증진 차원에서 접근하는 것이 필요하다. 그리고 결혼이민자 사회활동 지원 프로그램을 운영하기 위해 센터와 센터 관계자들의 실무교육이 필요하다. 사회활동 프로그램은 개별 기관의 자원과 역량만으로는 운영하기 어렵기 때문에 지역사회 내 관련 자원, 관계자 등을 파악하고 이들과의 네트워크 등을 구축해야 한다. 또한, 실제 지역사회 내 결혼이민자들의 욕구와 수요 등을 파악하여 이를 충족시키기 위한 프로그램 개발 노력도 병행되어야 한다(김이선 외, 2008).

 농촌 다문화가정 결혼이주여성의 지역사회 참여 연구

제3절 함의

1. 이론적 함의

본 연구는 농촌지역 결혼이주여성의 지역사회 참여과정에 관한 연구이다. 근거이론 연구방법을 사용하여 연구결과를 분석하였다. 농촌지역 결혼이주여성의 지역사회 참여과정과 관련하여 이론과 사회복지실천 부문에서의 사회복지적 함의는 다음과 같다.

첫째, 본 연구는 농촌지역 결혼이주여성의 지역사회 참여과정에 대한 경험을 이해하기 위해 질적 연구방법인 근거이론을 활용해서 '자신이 삶의 개척자임을 인식하고 지속적인 사회활동 참여하기'를 핵심범주로 하는 실체이론을 제시하였다. 연구자는 심층면담을 통해 참여자로부터 생생한 자료를 수집하고 이를 근거로 하여 농촌지역 결혼이주여성의 지역사회 참여활동에 대한 현상을 이해할 수 있는 이론적 틀을 마련하고 관련 개념을 밝힌 점에서 의의를 찾을 수 있다.

둘째, 본 연구에서 드러난 중심현상, 인과적 조건, 맥락적 조건, 중재적 조건, 작용/상호작용 전략, 결과에 대한 분석 내용은 농촌지역 결혼이주여성의 지역사회 차원의 정책적, 실천적 개입전략 수립에 대한 기초지식을 제공한다는 측면에서 의의가 있다 할 것이다. 결혼이주여성이 한국사회의 통합과정에서 겪게 되는 지역사회 차원의 다양한 장애경험과 이에 대처하는 지지적 체계의 영향과 이를 토대로 한 지역사회 뿌리내기기와 미래설계 과정을 참여자의 시각에서 이해하려고 하였다.

셋째, 본 연구를 통해 도출된 농촌지역 결혼이주여성의 지역사회 참여과정에 대한 과정분석과 유형분석은 이들 여성의 사회참여 과정에 대한 보다 다층적이고 심도 있는 이해를 가능하게 함으로써, 지역사회 정착단계별 지원방안을 마련하는 데 기초적인 자료를 제공할 수 있을 것이다.

넷째, 본 연구는 결혼이주여성이 적응과정에 대한 체계적이고 다면적인 이해를 지역사회라는 창을 통해 어떻게 조망하고 재해석하여 적응해 가는지 맥락적인 이해를 하는 데 도움이 될 것이다. 또한, 본 연구는 "환경 속의 인간(person - in environment)"에 대한 사회복지실천 지식을 기초로 하여 일선 사회복지사들이 다문화 사회복지실천의 핵심요소인 문화적 역량(cultural competency, Weaver, 2005: 63 - 64), 문화 간 의사소통(Lacroix, 2003: 34 - 35)이라는 실천원리를 토대로 사회복지 실천현장에서 적용 가능한 실천지식을 제공하는 데 활용될 수 있을 것이다.

2. 정책적 함의

본 연구의 결과를 토대로 다음과 같은 정책적 함의를 도출하고 이에 적합한 정책적, 제도적 개선을 제안한다.

첫째, 지역사회 차원에서 농촌지역 결혼이주여성들의 참여의 권리가 보장되어야 한다. 다문화 사회통합 정책 수립을 위해 민−관의 파트너십을 형성하고 확대하기 위해서는 시민사회와 이주외국인 대표의 실질적 참여를 보장하는 거버넌스적 의사결정기구를 설립해야 한다. 현행 다문화가족지원법(2008)에는 국가와 지방자치단체의 책무(법 제2조)로서 ① 국가 및 지방자치단체는「다문화가족지원법」다문화가족지원 관련 정책정보, 이민자 정착 성공사례, 보육시설 등의 기관 소개, 한국문화 소개 등을 수록한 생활안내책자 등 정보지를 발간하여 배포한다. ② 국가 및 지방자치단체는 집합교육, 방문교육, 온라인교육 등 다양한 방법을 활용하여 결혼이민자 등에 대한 사회적응 교육을 실시하고, 결혼이민자 등의 취업 및 창업을 촉진하기 위하여 능력 및 적성을 고려한 직업교육·훈련을 실시한다(시행령 제2조(생활정보 제공 및 교육 지원)) 등의 규정만 있을 뿐 이들의 권익보호와 권리실현을 위한 중요 의사결정에 참여할 수 있는 제도적 지원방안이 마련되어 있지 않아 명목상의 참여에 머물러 있음을 알 수 있다. 농촌지역 결혼이주여성들이 지역 현안에 대한 의사결정 과정에 참여영역과 참여방법에 대한 구체적인 절차들이 지방자치단체의 다문화 지원조례에 반영되어야 할 것이다.

둘째, 현행 중앙부처의 결혼이민자에 대한 서비스 추진 체계는 다문화가족지원센터를 제외하고는 일정한 선정 절차를 거쳐 단기간에 사업 단위로 지원하는 방식이 지배적이다. 이러한 방식은 체계적이고 장기적이며 지역사회 차원의 다양한 기관 간의 네트워크 활용을 통한 서비스 기획과 추진에 한계가 있다. 이러한 지역사회 차원의 거버넌스 방식은 2기(2011−2014년) 지역사회복지계획에 결혼이주여성과 그 가족의 욕구를 반영하여 지역사회 내의 서비스 기관 간 네트워크를 단위로 비교적 안정적으로 지원하는 방안이 강구될 필요가 있다. 즉, 현행 지역사회 차원의 네트워크인 지역복지협의체 등을 적극 활용하는 방안도 있을 것이다.

셋째, 농촌지역 결혼이주여성을 지역사회의 중요한 인적자원 개발과 활용의 측면에서 접근해야 한다. 지역의 다문화관련 관련단체로 구성된 네트워크는 다문화가정 자녀보육 및 교육 지원, 다문화가정 고용복지 증진을 위한 연구 및 교육활동 등을 전개하기 위해 가칭 '00시(군) 다문화고용지원네트워크'의 창설을 제안한다. 구체적인 사업 내용으로는 다문화콘텐츠 개발, 다문화가정 고용복지 증진을 위한 자원개발 및 지역네트워크 강화, 다문화 영역의 서비스 및 관련자격 연구개발, 현지 맞춤형 직업교육 및 창업교육을 통한 정착 지원 등의 수행을 제시할 수 있다. 이와 함께 취업처 연계 개발, 맞춤형 취업을 위한 Job Coaching, 취업로드맵 만들기, 고용주의 다문화 시민교육 등이 마련되어야 한다.

제4절 제언 및 연구한계

본 연구의 후속연구를 위한 제언은 다음과 같다.

첫째, 농촌지역 결혼이주여성의 지역사회 참여 과정과 참여유형에서 사회적 지지체계의 영향력이 중요함을 발견할 수 있었다. 따라서 후속연구에서 사회적 지지체계의 시작단계부터 확대단계에 이르기까지의 지역사회 차원의 특성과 관련된 보다 심도 깊은 논의의 필요성을 제기한다.

둘째, 농촌지역 결혼이주여성들이 지역사회에 참여하는 과정에서 지역단위의 다양한 지원서비스의 내용들 중 특정 지원의 편중과 과잉화를 어떤 태도로 취사선택하는지에 따라 참여유형이 달라지는지에 대한 논의를 토대로 지역서비스의 효율화와 연계된 연구가 진행되어야 할 것이다.

셋째, 결혼이주여성의 지역사회 참여과정에 대한 경험을 농촌과 도시지역 유형을 반영한 비교 연구를 통해, 농촌지역에서 도시지역으로 혹은 도시지역에서 농촌지역으로 지리적 공간을 넘나드는 과정에서 정착과정과 유형을 복합적으로 탐색하는 연구가 필요하다.

한편, 본 연구의 한계는 다음과 같다.

첫째, 본 연구는 참여자를 선정함에 있어 전남지역의 1개 시 면지역과 5개 군의 농촌지역 결혼이주여성으로 한정되어 다양한 농촌지역의 특성을 반영하지 못하였고, 둘째, 농촌지역 결혼이주여성의 출신국별, 생애주기별 지역사회 참여과정에 대한 분석을 통해 이에 대응하는 실천적 함의를 제시하지 못한 점이다. 셋째, 농촌지역 결혼이주여성 남편의 인적·사회적 자본의 차이에 따른 결혼이주여성의 지역사회 참여활동 양상이 어떻게 다른지를 반영하지 못하였다.

농촌지역 결혼이주여성들의 지역사회 참여과정은 '**현실문제 직면 과정**', '**삶의 돌파구 찾기 과정**', '**미래를 위한 준비과정**'으로 파악되었다.

강대선·류기형(2007), "지역사회복지계획의 기반조성을 위한 지역사회응집력과 지역사회참여의 관계에 관한 연구", 『한국사회복지학』 제59권(1), 한국사회복지학회.

강유진(1999), "한국남성과 결혼한 중국조선족 여성의 결혼생활실태에 관한 연구", 『한국가족관계학회지』 제4권(2), 한국가족관계학회.

경기도여성개발연구원(2007), 경기도내 국제결혼 이민자가족 실태조사 및 정책적 지원방안 연구.

경남일보, "편견에 눈물 흘리는 다문화 가정", 2007. 12. 24.

구차순(2007), "결혼이주여성의 적응에 관한 근거이론연구", 부산대학교 대학원 박사학위논문.

권복순(2009), "한국어 능력, 자아존중감이 결혼이주여성의 문화적응스트레스에 미치는 영향: 대구지역 베트남, 필리핀, 중국여성을 중심으로", 『한국사회복지학』 제61권(2), 한국사회복지학회.

권복순·차보현(2006), "농촌지역 코시안가정주부의 의사소통능력, 문화적 정체성이 결혼만족도에 미치는 영향", 『한국사회복지학』 제58권(3), 한국사회복지학회.

권 승(2009), "다문화사회 구현을 위한 지방정부의 과제: 담당공무원의 인식분석을 기반으로", 『한국사회복지정책』 제36권(1), 한국사회복지정책학회.

김영주(2006), 『충남 국제결혼가족 실태 및 지원 정책 방안에 관한 연구』, 충청남도여성정책개발원.

김오남(2006), "이주여성의 부부갈등 결정요인 연구", 가톨릭대학교 대학원 박사학위논문.

김은실·김정선(2007), "지구/지역 시대 개인들의 행위 전략으로서 국제 결혼: 새로운 아시아/지역으로서의 충남 J마을 사례 연구", 이화여자대학교 한국여성연구원 편, 『지구화시대의 현장 여성주의』, 이화여자대학교출판부.

김이선(2008), "다문화사회의 전개 양상과 문화정책 방향", 『다문화사회를 향한 전망과 정책적 대응』, 한국여성정책연구원.

김이선·김민정·한건수(2006), 『여성 결혼이민자의 문화적 갈등 체험과 소통 증진을 위한 정책 과제』, 한국여성개발원.

김이선·양인숙·황정임·고혜원(2008), 『결혼이민자의 사회·경제적 통합 진전을 위한 브릿지 프로그램(Bridge Program) 추진방안』, 한국여성정책연구원.

김종해(1995), "도시지역 지역사회행동의 주민참여요인에 관한 연구: 부천시 조례 제정 운동을 중심으로", 서울대학교 대학원 박사학위논문.

김주현(2006), "가정폭력피해여성이 폭력에서 벗어나는 과정에 관한 근거이론 연구", 이화여자대학교 대학원 박사학위논문.

박세경·김형용·강혜규·박소현(2008), 지역복지 활성화를 위한 사회자본 형성의 실태와 과제, 한국보건사회연구원.

박용순(2006), 『지역사회복지론』. 학지사.

박재규(2006), 국제결혼 이주여성의 농촌생활 적응 관련 요인 분석, 『농촌경제』 제29권(3), 한국농촌경제연구원.

박재규·이윤애(2005), 『전라북도 농촌지역 국제결혼 이주여성 정착지원을 위한 프로그램 개발』, 전북발전연구원.

신경림 역(2001), 질적연구 근거이론의 단계. Anselm Strauss & Juliet Corbin 저, 서울: 현문사.

신경림 역(2003), 질적간호연구방법. Janice, M. Morse & Peggy Ann Field 저, 서울: 이화여자대학교 출판부.

신경림·김미영 역(2003), 근거이론 연구방법론. Scheriber, Rita Sara and Phyllis Noerager Stern, *Using Grounded Theory in Nursing*, 서울: 현문사.

신경희(2004), "국제결혼가족의 부부갈등요인에 관한 연구 - 한국남성과 필리핀 여성의 부부관계를 중심으로", 조선대학교 대학원 석사학위논문.

신란희(2005), "국제결혼 여성의 가족, 일 그리고 정체성: 우즈베키스탄과 필리핀 여성의 생애사 연구", 서울대학교 대학원 석사학위논문.

양순미(2006), "농촌 국제결혼부부의 적응 및 생활실태에 대한 비교분석", 『농촌사회』 제16집(2), 한국농촌사회학회.

양애경·이선주·최훈석·김선화(2007), "결혼이민자에 대한 지역사회 수용성 연구", 『다민족·다문화사회를 향한 한국사회의 도전과 전망』, 한국여성정책연구원.

양철호·김영자·손순용·양선화·신봉관·조지현(2003), "외국인 주부의 인권과 복지에 관한 연구" 『사회복지정책』 제16권, 한국사회복지정책학회.

유용식·손호중(2009), "다문화 사회 대응정책 우선순위에 관한 연구", 『한국사회복지정책』 제36권(2), 한국사회복지정책학회.

유태균 · 이선혜 · 서진환 역(2004), 『사회복지 질적 연구방법의 이론과 활용』, Sherman, Edmunf and William J. Reid(1994), *Qualitative Research in Social Work*, 서울: 나남출판.

윤혜미(2009), "결혼이민자 가족을 위한 임파워먼트 기반의 사회복지실천 연구", 『한국사회복지학』 제61권(4), 한국사회복지학회.

윤형숙(2004), "국제결혼 배우자의 갈등과 적응", 한국사회학회 · 한국문화인류학회 공동연구, 『한국의 소수자, 실태와 전망』, 경기도: 한울 아카데미.

이선주(2008), 『여성결혼이민자를 위한 사회서비스 현황과 정책과제』, 한국여성정책연구원.

이순형(2008), 『농촌 여성결혼이민자 정착지원방안』, 농림부.

이용균(2007), "결혼 이주여성의 사회문화 네트워크의 특성: 보은과 양평을 사례로", 『한국도시지리학회지』 제10권(2), 한국도시지리학회.

이태옥(2005), "국제결혼 이주여성 가족과 사회적 지지망 연구: 영광지역 여성을 중심으로", 광주대학교 사회복지전문대학원 석사학위논문.

이효선(2005), 『사회복지실천을 위한 질적 연구 - 이론과 실제 - 』, 학현사.

인진미(2006), "노인의 지역사회 참여요인 - 인천시를 중심으로 - ", 가톨릭대학교 대학원 석사학위논문.

임경혜(2004), "국제결혼 사례별로 나타난 가족문제에 따른 사회복지적 대책에 관한 연구", 대구대학교 사회복지대학원 석사학위논문.

임형백(2007), "한국농촌의 국제결혼의 특징", 『농촌지도와 개발』 제14권(2), 한국농촌지도학회지.

장명선(2008), 『서울시 다문화가족 실태 및 지원체계 구축방안 연구』, 서울시정개발연구원.

장미혜 · 김혜영 · 정승화 · 김효정(2008), 『다민족 · 다문화사회로의 이행을 위한 정책 패러다임 구축(Ⅱ)』, 한국여성정책연구원.

장지표(2008), "다문화 사회통합프로그램 이수제", 다문화 사회통합프로그램 구축방안 마련을 위한 공청회 자료집, 법무부출입국외국인정책본부.

정은희(2004), "농촌지역 국제결혼 가정 아동의 언어발달과 언어환경", 『언어치료연구』 제13권(3), 한국언어치료학회.

정진경 · 양계민(2004), "문화적응이론의 전개와 현황", 『한국심리학회지』 제21권(2), 한국심리학회.

조용환(1999), "질적 기술, 분석, 해석", 『교육인류학연구』 제2권(2), 한국교육인류학회.

지종화 · 정명주 · 차창훈 · 김도경(2009), "다문화 정책 이론 확립을 위한 탐색적 연구", 『사회복지정책』 제36권(2), 한국사회복지정책학회.

쯔지모토 도시코(2006), "디아스포라로서의 형성을 위한 이주여성의 저항과 전략-한국으로 이주한 필리핀여성들의 경험을 중심으로-", 성공회대학교 대학원 박사학위논문.

채정민(2003), "북한이탈주민의 남한내 심리적 문화적응 기제와 적응형태", 고려대학교 대학원 박사학위논문.

최금해(2005), "한국남성과 결혼한 중국 조선족 여성들의 한국에서의 적응기 생활체험과 사회복지서비스에 관한 연구", 『한국가족복지학』 제15호, 한국가족복지학회.

______(2006), "한국남성과 결혼한 중국 조선족 여성들의 한국생활 적응에 관한 연구", 서울대학교 대학원 박사학위논문.

최명민·이기영·최현미·김정진(2009), 『문화적 다양성과 사회복지』, 서울: 학지사.

최일섭·류진석(1996), 『지역사회복지론』, 서울대학교출판부.

최종렬(2008), "다문화주의의 이론적 지형과 쟁점", 『다문화사회를 향한 전망과 정책적 대응』, 한국여성정책연구원.

최혜지(2009), "이주여성의 문화적응유형과 관련 특성에 관한 연구", 『한국사회복지학』 제61권(1), 한국사회복지학회.

통계청(2007), 『2006년도 혼인·이혼 통계 결과』.

한국농촌경제연구원(2007), 『농업전망』.

한승준(2008), "동화주의 모델의 위기론과 대안론-프랑스의 선택을 중심으로", 한국행정학회 하계학술대회발표논문집.

홍기원(2006), 『다문화정책의 방향과 문화적 지원 방안 연구』, 한국문화정책연구원.

홍현미라(2005), "지역사회 변화전략으로써의 자원개발과정에 관한 연구-사회자본(Social Capital) 관점 적용-", 이화여자대학교대학원 박사학위논문.

홍현미라, 권지성, 장혜경, 이민영, 우아영(2008), 사회복지 질적 연구방법론의 실제, 서울: 학지사.

Berry, J. W., & D. L. Sam(1997), Acculturation and Adaptation, pp. 291-326. in *Handbook of Cross-Cultural Psychology volume 3(2nd ed.)*, edited by Berry, Segall and Kagitcibasi, Boston: Allyn & Bacon.

Cashmore, E.(1996), *Dictionary of Race and Ethnic Relations*, New York, NY: Routledge.

Constable, Nicole(2003), A Transnational Perspective on Divorce and Marriage: Filipina Wives and Workers, *Identites: Global Studies in Culture and Power* 10.

Creswell, J. W.(1998), *Qualitative inquiry and research design: choosing among five tradition.* CA: Sage. 질적연구방법론, 조흥식 외 역, 학지사.

Dochery, I., & Goodlad, R.(2000), Civic culture, community and citizen participation contrasting neighbourhoods, *Urban studies* 38(12).

Howard, M. O., McMillen, J. C., & Pollio, D. E.(2003), Teaching evidence－based practice: Toward a new paradigm for social work education, *Research on social work practice, 13.*

Kwon, Young Hee(2005), Searching to Death for "Home"?: A Filipina Immigrant Bride's Subaltern Rewriting, *NWSA Joural* 17(2).

Lacroix, M.(2003), Culturally Appropriate Knowledge and Skills Required for Effective Multicultural Practice with Individuals, Families, and Small Group, pp. 23－46, In A. Al－Krenawi, & J. R. Graham (Eds.), *Multicultural Social Work on Canada*, Ontario, Canada: Oxford University Press.

Lan, Pei－Chia(2003), They Have More Money but I Speak Better English!: Transnational Encounters between Filipina Domestics and Taiwanese Employers, *Identites: Global Studies in Culture and Power* 10.

Lincoln, Y. S., & Guba, E. G.(1985), *Naturalistic Inquiry.* Beverly Hills, CA: Sage.

Markovic, M., & L. Manderson(2000), Nowhere is at home: adjustment strategies of recent immigrant women from the republics in southeast Queensland, *Journal of Sociology 36(3)*: 317－326.

Oberg, K.(1960), Cultural shock: Adjustment to new cultural environments, *Practical Anthropology 7*: 177－182.

Rosen, A.(1999), Social work research and the quest for effective practice, *Social Work Research, 23.*

Soydan, H.(2007), Improving the teaching of evidence－based practice: Challenges and priorities, *Research on social work practice, 17.*

Srrauss, A., & Corbin, J.(1998), *Basics of Qualitative Research: techniques and procedures for developing grounded theory*, 2nd ed., London: Sage Publications.

Suzuki, Noube(2003), Transgressing "Victims", Reading Narratives of "Filipina Brides" in Japan, *Critical Asian Studies* 35(3).

Weaver, H. N.(2005), *Explorations in Cultural competence*, Belmont, CA: Books/Cole.

[부록 1]

연구 참여 동의서

본 연구의 목적은 농촌지역 결혼이주여성이 결혼 후 지역사회에서 살아가면서 지역사회의 다양한 활동영역에 어떻게 참여하게 되었는지, 참여과정에서 어려움과 이에 대처방법은 어떠했는지, 이러한 참여의 경험이 어떤 의미를 가지고 있는지에 대한 연구결과를 토대로 결혼이주여성의 지역사회 참여 활동을 지원할 수 있는 방안을 마련코자 하는 데 있습니다.

연구자는 참여자가 지역사회 활동에 참여하는 과정에서 겪게 되는 경험과정에 대해 질문할 것이며, 면담시간에 소요되는 시간은 약 90~120분 정도 걸릴 것입니다. 면담내용은 녹음될 것이며, 녹음된 내용은 본 연구목적 이외의 목적으로 사용되지 않을 것입니다. 또한 녹음된 내용은 모두 무기명으로 인용될 것입니다.

적극 협조 부탁드립니다.

본인은 면담에 스스로 응하고 면담내용을 녹음테이프로 기록하는 것을 허락합니다. 또한 연구가 끝난 후에는 녹음테이프가 폐기될 것으로 알고 있습니다. 연구결과물이 발행되더라도 본인의 이름이 연구에 관련되지 않는다는 것을 알고 있습니다.

이 연구에 참여하는 동안 본인에게 어떠한 비용이나 위험이 따르지 않는다는 것을 설명을 통해 알고 있으며, 이 연구에 관한 모든 궁금한 점에 대해 질문하고 대답을 들을 수 있다는 것을 설명 들었습니다. 또한 연구 참여 도중 대답하기 싫은 질문에 대해서는 답변을 거부할 수 있으며, 원하지 않을 경우 언제든지 연구 참여를 철회할 수 있음을 설명 들었습니다.

2009년　월　일

참여자 :

연구자 :

다문화가족지원법
[시행 2010. 3. 19] [법률 제9932호, 2010. 1. 18, 타법개정]

제1조(목적) 이 법은 다문화가족 구성원이 안정적인 가족생활을 영위할 수 있도록 함으로써 이들의 삶의 질 향상과 사회통합에 이바지함을 목적으로 한다.

제2조(정의) 이 법에서 사용하는 용어의 뜻은 다음과 같다.
1. "다문화가족"이란 다음 각 목의 어느 하나에 해당하는 가족을 말한다.
가. 「재한외국인 처우 기본법」 제2조제3호의 결혼이민자와 「국적법」 제2조에 따라 출생 시부터 대한민국 국적을 취득한 자로 이루어진 가족
나. 「국적법」 제4조에 따라 귀화허가를 받은 자와 같은 법 제2조에 따라 출생 시부터 대한민국 국적을 취득한 자로 이루어진 가족
2. "결혼이민자등"이란 다문화가족의 구성원으로서 다음 각 목의 어느 하나에 해당하는 자를 말한다.
가. 「재한외국인 처우 기본법」 제2조제3호의 결혼이민자
나. 「국적법」 제4조에 따라 귀화허가를 받은 자

제3조(국가와 지방자치단체의 책무) ① 국가와 지방자치단체는 다문화가족 구성원이 안정적인 가족생활을 영위할 수 있도록 필요한 제도와 여건을 조성하고 이를 위한 시책을 수립 · 시행하여야 한다.
② 국가와 지방자치단체는 이 법에 따른 시책 중 외국인정책 관련 사항에 대하여는 「재한외국인 처우 기본법」 제5조부터 제9조까지의

규정에 따른다.

제4조(실태조사 등) ① 여성가족부장관은 다문화가족의 현황 및 실태를 파악하고 다문화가족 지원을 위한 정책수립에 활용하기 위하여 3년마다 다문화가족에 대한 실태조사를 실시하고 그 결과를 공표하여야 한다. <개정 2010.1.18>

② 여성가족부장관은 제1항에 따른 실태조사를 위하여 관계 공공기관 또는 관련 법인·단체에 대하여 필요한 자료의 제출 등 협조를 요청할 수 있다. 이 경우 자료의 제출 등 협조를 요청받은 관계 공공기관 또는 관련 법인·단체 등은 특별한 사유가 없는 한 이에 협조하여야 한다. <개정 2010.1.18>

③ 여성가족부장관은 제1항에 따른 실태조사를 실시함에 있어서 외국인정책 관련 사항에 대하여는 법무부장관과의 협의를 거쳐 실시한다. <개정 2010.1.18>

④ 제1항에 따른 실태조사의 대상 및 방법 등에 필요한 사항은 여성가족부령으로 정한다. <개정 2010.1.18>

제5조(다문화가족에 대한 이해증진) 국가와 지방자치단체는 다문화가족에 대한 사회적 차별 및 편견을 예방하고 사회구성원이 문화적 다양성을 인정하고 존중할 수 있도록 다문화 이해교육과 홍보 등 필요한 조치를 하여야 한다.

제6조(생활정보 제공 및 교육 지원) ① 국가와 지방자치단체는 결혼이민자등이 대한민국에서 생활하는데 필요한 기본적 정보를 제공하고, 사회적응교육과 직업교육·훈련 등을 받을 수 있도록 필요한 지원을 할 수 있다.

② 제1항에 따른 정보제공 및 교육에 필요한 사항은 대통령령으로 정한다.

제7조(평등한 가족관계의 유지를 위한 조치) 국가와 지방자치단체는 다문
    화가족이 민주적이고 양성평등한 가족관계를 누릴 수 있도록 가족
    상담, 부부교육, 부모교육, 가족생활교육 등을 추진하여야 한다. 이
    경우 문화의 차이 등을 고려한 전문적인 서비스가 제공될 수 있도
    록 노력하여야 한다.

제8조(가정폭력 피해자에 대한 보호·지원) ① 국가와 지방자치단체는 다
    문화가족 내 가정폭력을 방지하기 위하여 노력하여야 한다.
    ② 국가와 지방자치단체는 가정폭력의 피해를 입은 결혼이민자등에
    대한 보호 및 지원을 위하여 외국어 통역 서비스를 갖춘 가정폭력
    상담소 및 보호시설의 설치를 확대하도록 노력하여야 한다.
    ③ 국가와 지방자치단체는 결혼이민자등이 가정폭력으로 혼인관계
    를 종료하는 경우 의사소통의 어려움과 법률체계 등에 관한 정보의
    부족 등으로 불리한 입장에 놓이지 아니하도록 의견진술 및 사실확
    인 등에 있어서 언어통역, 법률상담 및 행정지원 등 필요한 서비스
    를 제공할 수 있다.

제9조(산전·산후 건강관리 지원) 국가와 지방자치단체는 결혼이민자등
    이 건강하고 안전하게 임신·출산할 수 있도록 영양·건강에 대한
    교육, 산전·산후 도우미 파견, 건강 검진과 그 검진 시 통역 등 필
    요한 서비스를 지원할 수 있다.

제10조(아동 보육·교육) ① 국가와 지방자치단체는 아동 보육·교육을
    실시함에 있어서 다문화가족 구성원인 아동을 차별하여서는 아니
    된다.
    ② 국가와 지방자치단체는 다문화가족 구성원인 아동이 학교생활
    에 신속히 적응할 수 있도록 교육지원대책을 마련하여야 하고, 특
    별시·광역시·도·특별자치도의 교육감은 다문화가족 구성원인

아동에 대하여 학과 외 또는 방과 후 교육 프로그램 등을 지원할
수 있다.
③ 국가와 지방자치단체는 다문화가족 구성원인 아동의 초등학교
취학 전 보육 및 교육 지원을 위하여 노력하고, 그 아동의 언어발
달을 위하여 한국어교육을 위한 교재지원 및 학습지원 등 언어능
력 제고를 위하여 필요한 지원을 할 수 있다.

제11조(다국어에 의한 서비스 제공) 국가와 지방자치단체는 제5조부터
제10조까지의 규정에 따른 지원정책을 추진함에 있어서 결혼이민자
등의 의사소통의 어려움을 해소하고 서비스 접근성을 제고하기 위
하여 다국어에 의한 서비스 제공이 이루어지도록 노력하여야 한다.

제12조(다문화가족지원센터의 지정 등) ① 여성가족부장관은 다문화가족
지원 정책의 시행을 위하여 필요한 경우에는 다문화가족 지원에 필
요한 전문인력과 시설을 갖춘 법인이나 단체를 다문화가족지원센터
(이하 "지원센터"라 한다)로 지정할 수 있다. <개정 2010.1.18>
② 지원센터는 다음 각 호의 업무를 수행한다.
　　1. 다문화가족을 위한 교육 · 상담 등 지원사업의 실시
　　2. 다문화가족 지원서비스 정보제공 및 홍보
　　3. 다문화가족 지원 관련 기관 · 단체와의 서비스 연계
　　4. 그 밖에 다문화가족 지원을 위하여 필요한 사업
③ 지원센터에는 다문화가족에 대한 교육 · 상담 등의 업무를 수행
하기 위하여 관련 분야에 대한 학식과 경험을 가진 전문인력을 두
어야 한다.
④ 국가와 지방자치단체는 제1항에 따라 지정한 지원센터에 대하
여 예산의 범위에서 제2항 각 호의 업무를 수행하는 데에 필요한
비용의 전부 또는 일부를 보조할 수 있다.
⑤ 지원센터의 지정기준, 지정기간, 지정절차 등에 필요한 사항은

대통령령으로, 제3항에 따른 전문인력의 기준 등에 필요한 사항은
여성가족부령으로 각각 정한다. <개정 2010.1.18>

제13조(다문화가족 지원업무 관련 공무원의 교육) 국가와 지방자치단체는
다문화가족 지원 관련 업무에 종사하는 공무원의 다문화가족에 대
한 이해증진과 전문성 향상을 위하여 교육을 실시할 수 있다.

제14조(사실혼 배우자 및 자녀의 처우) 제5조부터 제12조까지의 규정은
대한민국 국민과 사실혼 관계에서 출생한 자녀를 양육하고 있는
다문화가족 구성원에 대하여 준용한다.

제15조(권한의 위임과 위탁) ① 여성가족부장관은 이 법에 따른 권한의
일부를 대통령령으로 정하는 바에 따라 특별시장, 광역시장, 도지
사, 특별자치도지사(이하 "시·도지사"라 한다) 또는 시장·군수·
구청장(자치구의 구청장을 말한다)에게 위임할 수 있다. <개정
2010.1.18>
② 국가와 지방자치단체는 이 법에 따른 업무의 일부를 대통령령으로
정하는 바에 따라 비영리법인이나 단체에 위탁할 수 있다.

제16조(민간단체 등의 지원) ① 국가와 지방자치단체는 다문화가족 지원
사업을 수행하는 단체나 개인에 대하여 필요한 비용의 전부 또는
일부를 보조하거나 그 업무수행에 필요한 행정적 지원을 할 수 있
다.
② 국가와 지방자치단체는 결혼이민자등이 상부상조하기 위한 단
체의 구성·운영 등을 지원할 수 있다.

부칙 〈제8937호, 2008.3.21〉

① (시행일) 이 법은 공포 후 6개월이 경과한 날부터 시행한다.
② (결혼이민자가족지원센터에 관한 경과조치) 이 법 시행 당시 보건복지
　　가족부장관, 시·도지사 또는 시장·군수·구청장이 지정·운영중인
　　결혼이민자가족지원센터는 이 법에 따라 지정된 다문화가족지원센터
　　로 본다.

부칙 〈제9932호, 2010.1.18〉 (정부조직법)

제1조(시행일) 이 법은 공포 후 2개월이 경과한 날부터 시행한다. <단서
　　생략>

제2조 및 제3조 생략

제4조(다른 법률의 개정) ①부터 <43>까지 생략
　　<44> 다문화가족지원법 일부를 다음과 같이 개정한다.
제4조제1항·제2항 전단·제3항, 제12조제1항 및 제15조제1항 중 "보건
　　복지가족부장관"을 각각 "여성가족부장관"으로 한다.
제4조제4항 및 제12조제5항 중 "보건복지가족부령"을 각각 "여성가족부
　　령"으로 한다.
　　<45>부터 <137>까지 생략

제5조 생략

이형하 ───

▌약력

1988년 전남대학교 사학과 졸업
2004년 동신대학교 대학원 사회복지학과 석사·박사 졸업
2004~2006년 보건복지부 국민연금 옴부즈맨
2009~2010년 광주광역시교육성보원 콘텐츠개발사업(다문화가정·교육분야)
　　　　　　　제안서 기술평가위원
2009~2010년 한국사회복지학회 편집위원
2009~2010년 한국사회복지정책학회 이사, 한국청소년복지학회 이사
2004~현재 광주여자대학교 사회복지학과 교수

▌주요 논저

「자활사업 참여 빈곤층의 자활효과성에 영향을 미치는 요인에 관한 연구」
(박사학위논문, 2004)
「대도시지역 노인과 농촌지역 노인의 공동체 의식 관련 요인 비교 연구」
(한국노인복지학회, 2005)
「광주광역시 노인소득보장정책과 일자리 창출 정책의 과제」
(광주발전연구원, 2009)
「문화수도 조성기반 구축을 위한 다문화가정 외국인력 활용방안 연구」
(공저, 광주발전연구원, 2009)
「사회복지사업법 제2조의 사회복지사업에 포함되는 법률에 관한 연구」
(공저, 한국사회복지정책학회, 2009)
「사회복지법상 권리구제에 관한 연구: 행정심판 관련 권리구제조항의 문제점과
개선방향을 중심으로」(공저, 한국사회복지정책학회, 2010)
『사회복지법제』(공저, 2010)
『사회복지개론』(공저, 2010)

농촌 다문화가정 결혼이주여성의 지역사회 참여 연구

지은이 | 이형하
펴낸이 | 채종준
기   획 | 문진현
편   집 | 박재규
마 케 팅 | 김봉환
아트디렉터 | 양은정
표지디자인 | 이효정

초판인쇄 | 2010년 7월 30일
초판발행 | 2010년 7월 30일

펴낸곳 | 한국학술정보㈜
주   소 | 경기도 파주시 교하읍 문발리 파주출판문화정보산업단지 513-5
전   화 | 031) 908-3181(대표)
팩   스 | 031) 908-3189
홈페이지 | http://ebook.kstudy.com
E - mail | 출판사업부 publish@kstudy.com
등   록 | 제일산-115호(2000. 6. 19)

ISBN   978-89-268-1207-5 93330 (Paper Book)
        978-89-268-1208-2 98330 (e-Book)

이담 Books 는 한국학술정보(주)의 지식실용서 브랜드입니다.